高等职业教育教学改革创新教材

GONGCHENG XIANGMU
GUANLI

工程项目管理

李晓东 刘义军 袁 波 主 编

聂 田 唐晨曦 吴骏青 刘鑫悦 副主编

富媒体智能型教材

东北财经大学出版社 大连
Dongbei University of Finance & Economics Press

图书在版编目（CIP）数据

工程项目管理 / 李晓东，刘义军，袁波主编. —大连：东北财经大学出版社，2025.7.—（高等职业教育教学改革创新教材）. —ISBN 978-7-5654-5631-2

Ⅰ. F284

中国国家版本馆 CIP 数据核字第 2025U6X289 号

工程项目管理

GONGCHENG XIANGMU GUANLI

东北财经大学出版社出版

（大连市黑石礁尖山街 217 号　邮政编码　116025）

网　　址：http://www.dufep.cn

读者信箱：dufep@dufe.edu.cn

大连市东晟印刷有限公司印刷　　东北财经大学出版社发行

幅面尺寸：185mm×260mm　　字数：377 千字　　印张：17

2025 年 7 月第 1 版　　　　　　2025 年 7 月第 1 次印刷

责任编辑：郭海雷　石建华　徐　群　　责任校对：刘贤恩

封面设计：原　皓　　　　　　　　　　版式设计：原　皓

书号：ISBN 978-7-5654-5631-2　　　定价：42.00 元

前 言

科学管理工程项目对于提高投资效益、节约社会资源具有至关重要的作用。随着《国家职业教育改革实施方案》、《中华人民共和国职业教育法》以及《教育强国建设规划纲要（2024—2035年）》的相继出台，培养专业的工程项目管理人才，以适应我国经济建设的新形势，显得尤为迫切。建设工程项目管理作为建筑工程技术人员、施工管理人员的核心工作任务，是建筑工程技术、工程造价、工程管理等专业高技能人才不可或缺的基本技能，也是高等职业教育土建大类专业的一门核心课程。鉴于建筑科技的迅猛发展，承担高技能应用型人才培养的院校需紧跟时代步伐，编写与学生从业岗位需求紧密相连的教材。本书依据教育部2025年发布的高等职业教育土建大类专业教学标准，遵循中华人民共和国国家标准《建设工程项目管理规范》（GB/T 50326—2017），以施工员、国家注册建造师等职业岗位能力的培养为导向，结合国家现行建设工程项目标准、规范、规程进行编写。

党的二十大报告提出："发展绿色低碳产业，健全资源环境要素市场化配置体系，加快节能降碳先进技术研发和推广应用，倡导绿色消费，推动形成绿色低碳的生产方式和生活方式。"可见，绿色建筑、低碳环保、节能减排的需求日益增加，推动建筑行业向低碳、环保、可持续方向转型，建筑施工行业必须加快科技创新步伐，提升项目管理和施工技术水平，以适应更加严格的市场需求和行业竞争。本书注重理论联系实际，总结教学与实际应用中的经验，突出针对性与实用性。内容方面，本书力求将现代项目管理的基本思想与我国工程建设领域的建筑施工模式相结合，并融入本专业领域的发展趋势、实际施工过程中应遵循的新规范以及施工员、监理员和建造师的职业资格标准，以反映工程项目管理的先进经验和技术手段。

全书共分为10个教学单元，涵盖工程项目管理概述、建设工程项目组织、建设工程施工合同管理、建设工程项目质量管理、建设工程项目进度控制、建设工程项目成本控制、建设工程项目职业健康安全与环境管理、建设工程项目资源管理、建设工程项目后管理、建设工程项目风险管理等内容。为方便教学，本书配有PPT教学课件和习题参考答案，任课教师可登录东北财经大学出版社的网站（www.dufep.cn）免费下载使用。

本书由广西机电职业技术学院李晓东教授、刘义军教授、袁波高级工程师担任主编，聂田、唐晨曦、吴骏青、刘鑫悦担任副主编。各位编者分工明确，共同完成了本书的编写工作。在编写过程中，我们参考了相关文献资料，在此向众多专家学者表示衷心的感谢。由于编者水平有限，书中难免存在不足之处，恳请广大读者和专家学者批评指正。

编　者

2025年2月

目　录

教学单元 1
工程项目管理概述

教学目标

☐ 知识目标：了解建设工程项目的组成和特点；理解建设工程项目管理的概念、特点及发展趋势；熟悉建设工程项目管理的目标和任务；了解建设工程项目管理的内容和方法。

☐ 能力目标：能够有效地运用所学知识，分析确定项目管理相关分类，具备确定建设工程项目管理目标及方法的能力。

☐ 素养目标：了解当前的城市更新政策。在加强城市基础设施建设改造、完善城市功能、修复城市生态系统、保护和传承城市历史文化过程中获得职业自豪感，掌握项目管理的精髓。

1.1　工程项目管理相关概念、特点与分类

1.1.1　项目概述

1）项目的概念

"项目"广泛地存在于我们的工作和生活中，并对我们的工作和生活产生重要影响。"项目"一词还广泛地应用在社会经济文化生活的各个方面，如建筑工程项目、开发项目、科研项目、社会项目等。人们经常用"项目"来表示某一种事物，因此，"项目"已成为一个专业术语，有特定的含义。总之，项目可定义为：在一定的约束条件下（主要是限定时间、限定资源），具有明确目标的有组织的一次性工作或任务。如开发建设一个住宅小区、研发新型汽车发动机、筹办亚运会等，都属于一个项目。

中国的故宫、长城，古希腊的阿尔忒弥斯神庙等许多建筑工程，都是凝聚着古人智慧而完成的建设工程项目。从古至今，只要是项目，就必然会涉及项目管理的问题。受到科技水平和人们认知水平的局限，古代的项目管理只能依靠工人的经验进行，根本谈不上系统化和科学化。

现代的工程项目管理在20世纪50年代开始兴起，除了成本、时间、质量三大要素外，也把客户满意度上升为企业与项目管理的关键要素，这就需要激发项目经理的工作积极性，督促他带领项目团队有效地完成工作。

2）项目的特征

项目通常具有如下基本特征：

（1）项目的一次性或单件性

项目的一次性或单件性是项目最显著的特征。任何项目从总体上看都是一次性的，不可重复的，它必然经历前期策划、批准、计划、实施、运行等全过程，最后结束。项目的一次性，意味着项目实施过程一旦出现较大失误，其损失不可挽回。项目的一次性或单件性决定了只有根据项目的具体特点和要求有针对性地对项目进行科学管理，才能保证项目一次性成功。

项目的一次性是项目管理区别于企业管理的最显著的标志之一。通常的企业管理工作，特别是企业的职能管理工作，虽然具有阶段性，但它是循环的、有继承性的，而项目管理是一个独立的管理过程，它的组织、计划、控制都是一次性的。

（2）项目的目标性

目标是项目存在的前提，任何项目都有预定的目标。目标可以概括为能效、时间和成本。

①能效。如某工业产品开发项目，能效目标包括产品的特性、使用功能、质量等方面；大型演唱会的能效目标为其达到的社会效果。

②时间。项目的时间目标主要是指一个项目必须在限定的时间内完成，通常由项目准备时间、项目持续时间、项目结束时间构成。如某城市的地铁工程项目在某年某月某日正式通车。

③成本。成本目标是以尽可能少的消耗（投资、成本）达到预定的项目目标，实

现预期的功能要求，收到预期的经济效益。

（3）项目的约束性

项目的约束性主要源于项目成功实施的条件，主要有资金约束、人力资源及其他物质资源约束和其他条件约束等。

①资金约束。无论是科研项目、工业产品研发项目还是建设项目，都不可能没有投资方面的限制。通常情况下必须按照投资者所拥有的或能够提供的资金情况进行项目的策划，必须按照项目的实施计划合理安排资金使用计划。如建设项目的投资限额设计，充分体现了资金对项目的约束性。

②人力资源及其他物质资源约束。一个项目从前期策划、批准、设计、计划、实施到运行，每个阶段必须有与之相适应的人力资源进行组织、协调和管理工作，以保证项目的实现（如建设工程项目需要的人力资源有技术咨询类的、管理类的、鉴定类的，还要有具体操作的各技术工种类）。如果缺乏某一方面的人力资源，项目目标可能会缺乏保障。除此之外，任何项目的完成都要有相应的物质资源，也受相关的约束（如建设项目需要的物质资源主要有建筑材料、完成建设项目的各种建筑施工机械、实验设备、仪器仪表等）。当缺乏某些物质资源时，项目可能就会发生变更，甚至修正项目设计方案。

③其他条件约束。项目受技术、信息资源、地理条件、气候条件、空间条件限制，有的项目可能还会受到历史文化背景的限制。

（4）项目的整体性

项目中的一切活动或资源的投入都是相互关联的，构成密不可分的统一的整体，如果缺少某些活动、过程或资源投入，项目就会受到影响，甚至失败。

（5）项目的不可逆性

项目是按一定程序进行的活动，不可逆转，必须保证一次性成功。因此项目具有一定的风险性。

3）项目的分类

项目按专业特征可分为科研实验项目、工程项目、维修项目、咨询服务项目等。工程项目是项目中数量最多的一类。

1.1.2 建设工程项目

建设工程项目是指为完成依法立项的新建、改建、扩建等各类工程而进行的有起止时间的、达到规定要求的一组相互关联的受控活动组成的特定过程，包括策划、勘察、设计、采购、施工、试运行、竣工验收和考核评价等。例如，具有一定接待能力的客运站、具有一定长度和等级的公路、具有一定生产能力的工厂或车间、具有一定意义的公共设施、具有一定规模的住宅小区、具有代表性意义或深刻文化内涵的广场景观等建设项目。

微课 1-2

建设工程项目

1）建设工程项目的组成

建设工程项目分为单项工程、单位工程、分部工程和分项工程。

（1）单项工程

单项工程是指在一个建设项目中，具有独立设计文件，竣工后可以独立发挥生产能力或效益的一组配套齐全的工程项目。单项工程是建设项目的组成部分，一个建设项目可以仅包括一个单项工程，也可以包括多个单项工程。如工厂中能独立生产的车间。

（2）单位工程

单位工程是单项工程的组成部分，通常根据能否达到独立组织施工的要求，将工程项目所包含的不同性质的工作内容划分为若干单位工程。

该部分能够单独进行招标投标，能够独立组织施工，能够单独核算，但建成后一般不能单独发挥生产能力和投资效益。如一个车间通常由土建工程、管道安装工程、设备安装工程和电气安装工程等单位工程组成。

（3）分部工程

分部工程是单位工程的组成部分，应按专业性质、建筑部位、构建性质等确定。如土建工程包括：地基与基础工程、主体结构工程、建筑装饰装修工程、建筑屋面工程、建筑节能工程等。

（4）分项工程

分项工程是分部工程的组成部分，一般按主要工程、材料、施工工艺、设备类别等进行划分，如钢筋工程、模板工程等。分项工程是计算工、料及资金消耗的最基本构成要素。

2）建设工程项目的特点

（1）建设工程项目的目标性

建设工程项目具有明确的建设目标，包括宏观目标和微观目标。政府部门主要控制项目宏观的经济效果、社会效益和环境影响；投资者主要控制投资成本、质量和项目的周期；项目承建者主要控制项目实施过程中的安全、质量、工期、施工成本、健康与环保。

（2）建设工程项目的单一性和单件性

建设工程项目的单一性和单件性主要体现在工程项目设计的单一性和施工的单件性。每一个工程项目的最终产品均有特定的功能和用途，每个建筑工程项目都有自己的特性。

（3）建设工程项目的程序性

建设工程项目程序是指在策划决策、勘察设计、建设准备、施工、生产准备、竣工验收、投入生产或交付使用的整个建设过程中，各阶段之间存在严格的先后次序，可以进行合理交叉，但不能任意颠倒次序。工程项目建设程序是工程建设过程中客观规律的反映。

（4）建设工程项目的约束性

建设工程项目除具有一般项目的约束性以外，主要在实施阶段受下列条件约束：

①时间约束。建设工程项目必须在合理的时间内完成。

②资源约束。建设工程项目控制在一定的人力、物力和投资总额的范围内。

③质量约束。建设工程项目利用科学的管理方法和手段，必须达到预期的质量标准、生产能力、技术水平和效益目标。

（5）建设工程项目的风险性

由于建设工程项目投资额度大、建设周期长、体积庞大、利用的资源广泛，受自然、经济、社会等因素影响较大，因此具有很大的风险性。

（6）建设工程项目管理的复杂性

工程项目在建设过程中参与单位众多，各单位之间的责任界定复杂，沟通、协调困难，导致项目管理复杂，管理难度大。另外，工程项目在实施阶段主要在露天作业，受自然条件影响大，施工作业条件差，施工过程设计变更多，组织管理任务繁重，导致项目管理复杂。

3）建设工程项目的分类

（1）按性质分类

按性质不同，建设工程项目可分为新建项目、扩建项目、改建项目、迁建项目和恢复项目。

①新建项目，是指从无到有、"平地起家"的建设项目。现有企事业和行政单位一般不应有新建项目，有的单位如果基础薄弱需要再兴建的项目，其新增的固定资产价值超过原有全部固定资产价值（原值）3倍以上时，才算新建项目。

②扩建项目，是指现有企事业单位在原有场地内或其他地点，为扩大生产能力或增加经济效益而增建的生产车间、独立的生产线或分厂的项目；事业和行政单位在原有的业务系统的基础上扩充规模而进行的新增固定资产项目。

③改建项目，是指挖潜、节能、安全、环境保护等工程项目。

④迁建项目，是指原有企事业单位根据自身生产经营和事业发展的要求，按照国家调整生产力布局的经济发展战略的需要或出于环境保护等其他特殊要求，搬迁到异地而建设的项目。

⑤恢复项目，是指原有企事业单位和行政单位，因在自然灾害或战争中使原有固定资产遭受全部或部分报废，需要进行投资重建来恢复生产能力和业务工作条件、生活福利设施等的工程项目。这类项目，无论是按原有规模恢复建设，还是在恢复过程中同时进行扩建，都属于恢复项目。但对尚未建成投产或交付使用的项目，受到破坏后，若仍按原设计重建的，原建设性质不变；如果按新设计重建，则根据设计的内容来确定其性质。

工程项目按其性质分为上述五类，在项目总体设计完成以前，其建设性质始终是不变的。

（2）按用途分类

按用途不同，建设工程项目可分为生产性项目和非生产性项目。

①生产性项目，是指直接用于物质资料生产或直接为物质资料生产服务的工程项目，包括工业建设项目和非工业建设项目。工业建设项目，包括工业、国防和能源建设项目。非工业建设项目，如：农业建设项目，包括农、林、牧、渔、水利建设项目；基础设施建设项目，包括交通、邮电、通信建设项目，地质普查、勘探等建设项目；商业服务建设项目，包括商业服务、饮食、仓储、综合技术服务等建设项目。

②非生产性项目，是指用于满足人们物质文化、福利需要的建设项目和非物质资料生产部门的建设项目。主要包括：办公用房，是指国家各级党政机关、社会团体、企业管理机关的办公用房；居住用房，是指住宅、公寓、别墅等；公共建筑，是指科

学、教育、文化艺术、广播电视、卫生、博览、体育、社会福利事业、咨询服务、宗教、金融、保险等建筑；其他工程项目，不属于上述各类的项目。

（3）按规模分类

为适应工程项目分级管理的需要，国家规定基本建设项目分为大型、中型和小型三类，更新项目分限额以上和限额以下两类。现行的划分标准如下：

①按投资额划分的基本建设项目，属于生产性的工程项目中的能源、交通、原材料部门的项目，投资额度达到 5 000 万元以上为大中型项目；其他部门和非工业项目，投资额度达到 3 000 万元以上为大中型项目。

②按生产能力或使用效益划分的工程项目，以国家对各行各业的具体规定作为标准。

③更新改造项目只按投资额度标准划分。能源、交通、原材料部门投资额度达到 5 000 万元以上的工程项目和其他部门投资额度达到 3 000 万元以上的项目为限额以上项目，否则为限额以下项目。

（4）按建设项目的经济效益、社会效益和市场需要分类

建设工程项目可分为竞争性项目、基础性项目和公益性项目。

①竞争性项目，主要是指投资效益比较高、竞争性比较强的工程项目。

②基础性项目，主要是指具有自然垄断性和建设长期性、投资额度大而收益低的基础设施和需要政府重点扶持的一部分基础工业项目，以及直接增强国力的符合经济规模的支柱产业项目。

③公益性项目，主要包括科技、文教、卫生、体育和环保设施，公、检、法政权机关和政府机关、社会团体办公设施，国防建设等。公益性项目的投资主要由政府安排资金。

（5）按投资来源分类

按投资来源不同，建设工程项目分为政府投资项目和非政府投资项目。

按照其营利性不同，政府投资项目又分为经营性政府投资项目和非经营性政府投资项目。

（6）按专业分类

按专业不同，建设工程项目分为建筑工程项目、土木工程项目、线路管道安装工程项目、装饰工程项目。

①建筑工程项目亦称房屋建筑工程项目，是指产出物为房屋工程兴工构建及相关活动构成的过程。

②土木工程项目是指产出物为公路、铁路、桥梁、隧道、水利工程、矿山、高耸构筑物等兴工构建及相关活动构成的过程。

③线路管道安装工程项目是指产出物为安装完成的送变电、通信等线路，给水排水、污水、化工等管道，机械、电气、交通等设备，动工安装及相关活动构成的过程。

④装饰工程项目是指构成装饰产品的抹灰、油漆、木作、建筑物的高级装饰等。

（7）按作业阶段分类

按作业阶段不同，建设工程项目可分为预备工程项目、筹建工程项目、实施工程项目、建成工程项目、投产工程项目和收尾工程项目。

（8）按管理者分类

按管理者不同，建设工程项目可分为建设项目、工程勘察设计项目、工程监理项目、工程施工项目和工程开发项目，它们的管理者分别是建设单位、勘察设计单位、监理单位、施工单位和开发单位。

1.1.3　项目管理

1）项目管理的概念

项目管理是指在一定的约束条件下，为达到项目目标（在规定的时间内和预算费用内，达到所要求的质量标准）而对项目所实施的计划、组织、指挥、协调和控制过程。

项目管理的目的是保证项目目标的实现，由于项目具有一次性和单件性的特点，要求项目管理具有针对性、系统性、程序性和科学性。只有运用系统工程的理论、观点和方法对项目进行管理，才能保证项目的顺利完成。

2）项目管理知识体系

项目管理知识体系（PMBOK）是指项目管理专业知识的总和，该体系由美国项目管理学会（PMI）开发。国际标准化组织（ISO）以该体系为基础，制定了项目管理标准 ISO 10006。

项目管理知识体系包括9个知识领域，分别为：项目范围管理、项目时间管理、项目成本管理、项目质量管理、项目人力资源管理、项目沟通管理、项目采购管理、项目风险管理和项目综合管理。

（1）项目范围管理

项目范围管理，是指对项目应该包括什么和不应该包括什么进行定义和控制的过程。其具体内容包括：项目核准、范围规划、范围定义、范围核实和范围变更控制。

（2）项目时间管理

项目时间管理，是指项目按期完成所必需的一系列管理活动。其具体内容包括：活动定义、活动安排、活动时间安排估算、进度计划和进度控制。

（3）项目成本管理

项目成本管理，是指为确保项目在批准的预算范围内完成所需要的各个过程。其内容包括：资源计划、成本估算、成本预算和成本控制。

（4）项目质量管理

项目质量管理，是指为满足利益相关者的需要而展开的活动。项目质量管理包括工作质量管理和项目产出物的质量管理。其具体内容包括：质量策划、质量保证和质量控制。

（5）项目人力资源管理

项目人力资源管理，是指对项目组织中的人员进行招聘、培训、组织和调配，同时对成员的思想、心理和行为进行恰当的诱导、控制、协调，充分发挥其主观能动性的过程。其具体内容包括：组织规划、人员招聘和团队建设。

（6）项目沟通管理

项目沟通管理，是指为项目信息合理收集和传输，以及最终处理所需实施的一系列过程。其具体内容包括：沟通规划、信息传输、进展报告和管理收尾。

（7）项目采购管理

项目采购管理，是指在整个项目生命期内，有关项目组织从外部寻求和采购各种项目所需资源的管理过程。其具体内容包括：采购规划、询价与招标、供方选择、合同管理和合同收尾。

（8）项目风险管理

项目风险管理，是指系统识别和评估项目风险因素，并采取必要的对策控制风险的过程。其具体内容包括：风险识别、风险评估、风险对策和风险控制。

（9）项目综合管理

项目综合管理，是指在项目生命期内协调所有其他项目管理知识领域所涉及的活动的过程。其具体内容包括：项目计划制订、项目计划实施和综合变更控制。

1.1.4　建设工程项目管理

建设工程项目管理涉及的过程和参与者如图1-1所示。

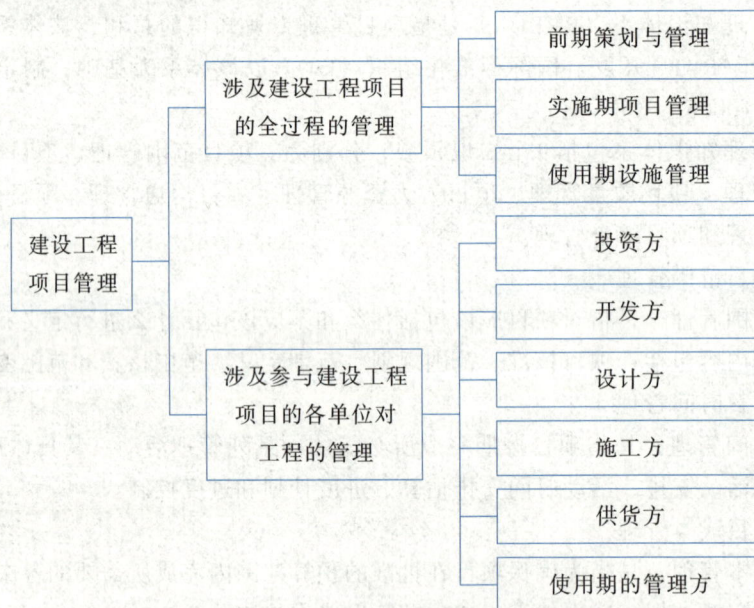

微课 1-3

建设工程项目
管理核心内容

图1-1　建设工程项目管理示意图

1）建设工程项目管理的概念

建设工程项目管理是指项目组织运用系统工程的理论和方法对建设项目周期内的所有工作（包括项目建议书、可行性研究、评估论证、设计、采购、施工、验收、后评价等）进行计划、组织、指挥、协调和控制的过程。

2）建设工程项目管理的特点

建设工程项目管理是一次性任务的管理，它具有如下特点：

（1）目标性

建设工程项目管理具有明确的目标，项目整体、项目的某个组成部分、某个阶段、某一段时间、某一个管理者均有具体的目标。项目的全过程主要有安全目标、质量目标、进度目标、成本目标，这几方面的目标既相对独立又相互制约。建设工程项目管理的重点是在约束的条件下，充分调动和利用各种资源完成既定任务，实现预期目标。

（2）全过程性和综合性

建设工程项目各阶段既有明确的界限又有机衔接，不可间断，这就决定了建设项目管理是对建设项目周期的全过程的管理，如对建设项目要实施可行性研究、勘察设计、招标投标、施工等各阶段全过程的管理。在工程项目建设过程中，每个阶段又包含进度、质量、投资（成本）以及安全等方面的管理，因此建设工程项目管理是全过程的综合性的管理。

（3）动态性

建设工程项目管理要素（人、机、料、法、环、资金）的动态性决定了建设工程项目管理的动态性，在建设工程项目管理过程中，要采用动态控制的方法，即阶段性地检查计划值与实际值的偏差，制定整改措施，纠正偏差，修订计划目标，使目标得以实现。

（4）以项目经理为核心

建设工程项目管理是一个复杂的系统工程，具有较大责任和风险，涉及人力、物力、财力，技术、信息，设计、施工、监理，工程验收及结算等多方面多元化的关系。为了更好地进行工程项目管理的计划、组织、指挥、协调和控制，必须实行以项目经理为核心的管理模式，必须授予项目经理必要的权力，使其能够及时处理项目实施中产生的各种问题。

3）建设工程项目管理的发展趋势

为适应建设项目大型化、大规模融资及分散项目风险等方面的需求，建设工程项目管理呈现出集成化、国际化、信息化的趋势。

（1）建设工程项目管理集成化

在项目组织方面，业主变自行管理模式为委托项目管理模式。由项目管理咨询公司作为业主代表或业主的延伸，根据其自身情况（资质、人才和经验），以系统和组织运作的手段、方法对项目进行集成化管理。

（2）建设工程项目管理国际化

随着我国经济快速发展，进入我国的跨国公司和跨国项目越来越多，许多项目已通过国际招标、咨询等方式运作，我国企业走出国门在海外投资和经营的项目也不断增加。国内市场走向国际化，国内外市场全面融合，使得项目管理的国际化成为趋势和潮流。

（3）建设工程项目管理信息化

伴随着网络时代和信息时代的到来，项目管理的信息化成为必然趋势，在工程项目管理中广泛采用计算机网络技术，实现了项目管理的网络化、信息化。目前，许多项目管理单位使用项目管理软件进行项目管理，并实现了远程控制和远程验收。

1.2   建设工程项目管理的目标和任务

1.2.1   建设工程项目管理的目标

建设工程项目管理是对项目全过程的计划、组织、指挥、协调和控制，建设工程项目管理的核心任务是控制项目目标（造价、质量、进度），最终实现项目的功能，以满足使用者的需求。

建设工程项目的造价、质量、进度三大目标是一个相互关联的统一的整体，三大目标之间对立统一、相互制约，在管理过程中应注意统筹兼顾，合理确定三大目标。

1）建设工程项目的造价目标

建设工程项目的造价目标是在保证建设项目质量目标的前提下，在目标工期内，保证以既定的投资完成工程建设任务而作出的规定。

2）建设工程项目的质量目标

建设工程项目的质量目标是指对工程项目实体、功能和使用价值，以及参与工程建设的有关各方工作质量的要求或需要的标准、水平，也就是对项目符合有关法律、法规、规范、标准程度和满足业主要求程度作出的明确规定。

3）建设工程项目的进度目标

建设工程项目进度目标就是项目最终动用的计划时间，也就是工业项目负荷联动试车、民用及其他建设项目交付使用的计划时间。

1.2.2   建设工程项目管理的任务

建设工程项目管理的任务是在项目可行性研究、投资决策的基础上，对勘察设计、建设准备、施工及竣工验收等全过程的一系列活动进行规划、协调、监督、控制和总结评价，通过合同管理、组织协调、目标控制、风险管理、信息管理和环境保护等措施，保证项目质量、进度、造价等目标得到有效控制。

1）合同管理

建设工程项目合同体系包括：咨询服务合同、工程总承包合同、勘察设计合同、施工合同、材料及设备采购合同、项目管理合同、监理合同、造价咨询合同。

合同管理主要是对各类合同订立和履行过程的管理，包括：合同文件的选择，合同条件的谈判、协商，合同的签订，合同履行过程中的检查、变更、违约和纠纷的处理，以及总结评价等。

2）组织协调

组织协调是实现项目管理目标必不可少的手段和方法，在项目实施过程中，参与项目的各方需要处理和协调众多的复杂的业务组织关系。组织协调有三个层面，其一是外部环境的协调，如与政府部门、资源供应及社区环境协调等；其二是项目参与单位之间的协调；其三是参与单位内部各部门、各层次及个人之间的协调。

3）目标控制

目标控制是指项目管理人员在动态的环境中为保证既定目标的实现而进行的一系列检查和调整活动的过程。项目目标控制贯穿于项目的全过程。

4）风险管理

随着工程项目规模大型化和技术的复杂化，业主及参与各方所面临的风险类型越来越多，遭遇风险的损失程度越来越大，为保证投资效益，必须对风险进行识别、评估，提出风险对策。

5）信息管理

信息管理是项目目标控制的基础，其主要任务是及时、准确地向各级领导、各参与单位，以及各类人员提供其所需要的信息。建设项目的各参与单位应建立完善的信息收集制度，做好信息编目和流程设计工作，实现信息检索和传递科学有序，并且利用好现有的信息资源。

6）环境保护

工程项目建设可以改造环境、为人类造福，优秀的建筑作品可以增添社会景观和历史人文价值。为避免项目在建设中对环境造成破坏，应在工程建设中强化环保意识，切实有效地防止和克服对自然环境、生态平衡、空气、水质、历史文化的破坏，对周围建筑物和地下管网扰动现象的发生。项目管理者必须充分研究和掌握国家或地区有关环境保护的法规。对环境保护有要求的项目，在可行性研究和项目决策阶段必须提出环境影响评估报告，严格按照工程建设程序向环保行政主管部门报批。在项目实施阶段做到主体工程与环境保护措施同时设计、同时施工、同时投入运行。

1.3 建设工程项目管理的内容、程序、类型和方法

1.3.1 建设工程项目管理的内容

根据《建设工程项目管理规范》（GB/T 50326—2017），建设工程项目管理的内容包括：建立项目管理组织、编制项目管理规划、项目目标控制（项目进度控制、项目质量控制、项目资金控制、项目成本控制）、项目资源管理（人力资源管理、材料管理、项目机械设备管理、项目技术管理、项目资金管理）、项目合同管理、项目信息管理、项目现场管理、项目组织协调、项目竣工管理、项目考核评价、项目回访保修。

从广义上理解，建设工程项目管理还应包括项目招标投标管理和合同的签订。下面择其要点进行介绍。

1）建立项目管理组织

（1）由项目建设的参与方根据需要确定项目管理组织，并选聘称职的项目负责人或项目经理。

（2）选用恰当的组织方式，建立项目管理机构，明确责、权、利。

（3）根据项目的需要建立各项管理制度。

2）编制项目管理规划

项目管理规划是对项目管理目标、内容、方法、步骤、重点等进行预测和决策作出安排的文件。按照《建设工程项目管理规范》（GB/T 50326—2017），项目管理规划包括项目管理规划大纲和项目管理实施规划两大类。

项目管理规划大纲的内容有：项目概况、项目实施条件分析、项目管理目标、项

目组织结构、质量目标和施工方案、工期目标和施工总进度计划、成本目标、项目风险预测、项目安全目标、项目现场管理和施工平面图、招标投标和签订合同、文明施工与环境保护。

项目管理实施规划的内容有：工程概况、施工部署、施工方案、进度计划、资源供应计划、施工准备工作计划、施工平面图、施工技术组织措施、项目风险管理、项目信息管理、技术经济指标计算与分析。

3）项目目标控制

项目目标控制主要是控制进度目标、质量目标、成本目标、职业健康安全目标。

4）项目资源管理

项目资源管理主要针对项目的人力、机械设备、材料、技术、资金进行管理。

5）项目合同管理

项目合同管理是项目管理的核心，贯穿于项目管理的全过程。建立合同管理制度，应设立专门机构或安排专门人员负责合同的管理工作。

合同管理应包括合同的订立、实施、控制和综合评价等工作。

6）项目信息管理

项目信息管理是一项复杂的管理活动，工程的目标控制、动态管理必须依靠信息管理。

7）项目现场管理

施工现场是建筑企业的主战场，是企业经济目标向物质成果转化的场所。加强现场管理是施工企业管理工作的重要方面。施工项目现场管理的好坏，直接体现企业的管理水平和整体实力。现场管理工作主要从三个阶段（即项目施工准备阶段、项目施工阶段及项目竣工验收阶段）入手，对项目目标保证体系、管理要素实施动态控制。

1.3.2　建设工程项目管理的程序

工程项目管理工作是指项目建设相关各方的管理工作，是项目管理机构按一定逻辑关系完成项目管理目标的工作流程。下面主要介绍项目业主或项目管理公司、项目承建单位、项目监理单位进行工程项目管理的程序。

1）项目业主或项目管理公司进行项目管理的程序

（1）确定项目管理机构。

（2）编制项目管理规划大纲。

（3）项目工作结构分解。

（4）项目分标策划。

（5）招标和合同策划。

（6）项目目标实施与控制。

（7）工程竣工验收。

（8）项目后评价。

2）项目承建单位进行项目管理的程序

（1）确定项目管理机构。

（2）确定项目经理。

（3）编制项目管理规划大纲。

（4）编制投标文件。

（5）签订工程合同。

（6）企业法定代表人与项目经理签订"项目管理目标责任书"。

（7）项目经理部编制"项目管理实施规划"。

（8）进行项目开工前的准备工作。

（9）在项目施工过程中按"项目管理实施规划"进行管理。

（10）竣工验收阶段的竣工结算、清理债权债务、资料和工程移交。

（11）对项目进行经济分析，编制项目管理报告。

（12）企业管理职能部门对项目管理工作进行考核评价。

（13）项目经理部解体。

（14）保修期间，企业根据"工程质量保修书"和相关约定，进行项目回访保修。

3）项目监理单位进行项目管理的程序

（1）确定项目监理机构。

（2）确定项目总监理工程师。

（3）编制监理规划。

（4）项目实施过程对投资、进度、质量的控制。

（5）审核签证有关竣工文件。

1.3.3　建设工程项目管理的类型

在建设工程项目的决策和实施过程中，由于各阶段的任务和实施的主体不同，而且各主体在项目中所处的地位不同，发挥的作用不同，形成了项目管理的不同类型。通常，建设工程项目管理的类型包括：业主方项目管理、工程总承包方项目管理、设计方项目管理、施工方项目管理、供货方项目管理。

1）业主方项目管理

业主方项目管理包括投资方和开发方的项目管理，它是全过程项目管理，贯穿于项目从决策到实施的各个环节。业主方项目管理目标有投资目标、进度目标和质量目标。

业主方项目管理的主要任务包括：投资管理、安全管理、进度管理、质量管理、合同管理、信息管理、组织和协调。

2）工程总承包方项目管理

工程项目总承包的方式有多种，有项目设计、施工任务的综合承包方式，也有设计、采购和施工承包（即EPC承包）方式。工程项目总承包方的项目管理涉及项目实施全过程，即设计前的准备阶段、设计阶段、施工阶段、动用前的准备和保修。

总承包方项目管理目标包括：项目总投资目标、项目总承包成本目标、项目的进度目标和项目的质量目标。

项目总承包方项目管理的主要任务包括：安全管理、投资与成本控制、质量管理、进度管理、信息管理，以及其他与总承包方相关各方的组织与协调。

3）设计方项目管理

勘察设计单位的项目管理工作主要涉及项目设计阶段、设计前的准备阶段、施工阶段和动用前的准备阶段和保修阶段。设计方项目管理的目标要服从于工程项目总体目标。

设计方项目管理的任务主要包括：与设计有关的安全管理、成本管理、进度管理、质量管理、合同管理、工程造价管理，以及其他与设计有关的组织和协调。

4）施工方项目管理

施工方是对承担施工任务的单位的统称，它可能是施工总承包方、分包方，也可能是仅提供劳务的参与方。尽管施工方的角色不同，其管理工作及管理工作的重点不同，但施工方管理工作大都集中在施工阶段，有时也涉及设计准备阶段、设计阶段、动用前的准备阶段和保修阶段。

施工方项目管理目标有项目施工质量（Quality）、成本（Cost）、工期（Delivery）、安全和现场标准化（Safety）、环境保护（Environment）五方面目标（简称 QCDSE 目标体系）。

施工方项目管理的任务主要包括：与施工有关的安全管理、质量管理、成本管理、进度管理、合同管理、信息管理，以及其他与施工有关的组织和协调。

5）供货方项目管理

供货方的项目管理工作主要在施工阶段进行，但也涉及设计前的准备阶段、设计阶段、动用前的准备阶段和保修阶段，应根据供应合同所界定的任务进行相关的管理，以适应建设工程项目总目标的要求。

供货方项目管理目标包括：供货成本目标、供货进度目标和供货质量目标。

供货方项目管理任务主要包括：与供货有关的安全管理、成本管理、进度管理、质量管理、信息管理，以及其他与供货有关的组织和协调。

1.3.4　建设工程项目管理的方法

1）工程项目管理的一般方法

（1）按项目管理方法划分

工程项目管理方法有行政管理方法、经济管理方法、技术管理方法和法律管理方法。

①行政管理方法，是指上级单位或领导人，包括项目负责人和各职能部门，利用其行政地位和权力，通过发布指令进行审查、组织、协调、监督、指导、检查、考核、激励等手段进行管理。其管理方法直接、迅速、有效。采用行政管理方法要注意的是：指令要少一些，指导要多一些；批评要少一些，激励要多一些。项目建设的各方各层管理均可以采用该方法，一般情况下，项目经理主要使用行政管理方法。

②经济管理方法，是指用经济类手段进行管理，如实行经济承包责任制，制定经济分配及激励办法以调动积极性，制订项目资金收支计划，制定物资管理办法等。该方法主要适用于项目承建单位。

③技术管理方法，是指综合运用管理技术对项目实施管理的方法。其具体有目标

管理法、网络计划法、价值工程法、数理统计法、线性规划法、ABC分类法等。该
方法适用于参与项目的各方对项目的管理。

④法律管理方法，是指通过贯彻有关建设法律、法规、制度、标准等加强对项目
的管理。该方法贯穿于项目全过程，适用于参与项目的各方对项目的管理。

（2）按项目管理性质划分

工程项目管理的方法有阶段化管理、量化管理和优化管理。

①阶段化管理。阶段化管理是指从立项之初直到项目交付使用全过程的管理。根
据工程项目的特点，可将项目管理分为若干阶段，依据项目每个阶段的目标不同、工
作重点不同确定其方法和手段。

②量化管理。在项目管理过程中，尽可能将各种目标、投入、成果等分类量化，
做到责任清楚，用明确的模块或子系统表达目标和所需资源，把各项指标存入数据
库，为管理工作提供参考和依据。

③优化管理。优化管理是贯穿于项目管理全过程的不断完善的管理活动。这种
管理活动是从项目实际出发，有目的、有计划地推进优化基础管理（工作规范化、
计量标准化、信息系统化、定额严格化）、优化质量管理（强化质量意识、落实质
量责任制、建立质量信息反馈系统）、优化成本管理（预测目标成本、分解目标成
本、控制目标成本、分析目标成本）、优化资源管理、优化现场管理（建立安全、
文明施工保证体系，消除生产现场一切松、散、脏、乱、差现象）、优化全员素质。

（3）按项目管理目标划分

工程项目的管理方法有进度管理方法、质量管理方法、成本管理方法和安全管理
方法。

2）建设工程项目管理的方法

建设工程项目管理的主要方法是项目目标管理法，而实现各项目标的方法有进
度目标控制的网络计划方法，质量目标控制的全面质量管理方法，成本目标控制的
可控责任成本方法，安全目标控制的安全责任制法等。该方法主要适用于项目承建
单位。

（1）目标管理法

目标管理法是建设工程项目管理的基本方法，是项目参与方普遍采用的方法。目
标管理法的主要步骤如下：

①确定建设工程项目组织内部各层次、各部门的职责分工，提出需完成的工作任
务和工作效率要求。

②将项目组织的任务转化为具体的目标，既要明确成果性目标（如质量、进度、
安全、文明施工），又要明确效率性目标（成本、劳动生产率、机械效率）。

③落实目标，包括落实目标的责任主体，明确主体的责权利，落实监督检查的责
任人及监督检查的方法，落实保证目标实现的条件。

④对目标的执行过程进行协调和控制，发现偏差及时分析原因并予以纠正。

⑤对目标的控制的执行结果进行评价。

（2）网络计划方法

网络计划方法是建设工程项目进度控制的主要方法，项目业主方的项目招标、监

理方的进度控制、承包方的投标及进度控制，都离不开网络计划，网络计划已被公认为进度控制的最佳方法。

（3）全面质量管理方法

全面质量管理方法是建设工程项目质量控制的主要方法。全面质量管理方法可以归纳为"三全、一多样"。"三全"是指管理主体是建设项目管理全部机构和全体成员，管理对象是项目建设的全过程；"一多样"是指管理方法多样。全过程的质量管理主要体现在对工序、分项工程、分部工程、单位工程、单项工程、建设项目等形成的全过程和所涉及的各种要素的全面管理。多样的质量管理方法用于质量管理可采用一般技术法（编制切实可行的施工组织设计、图纸会审、技术交底、技术复核）、试验方法（各种检验、试验、化验）、检查验收法（预验收、隐蔽工程验收、结构工程验收、其他验收、单位工程验收）、多单位控制方法（业主和设计单位控制、质量监督部门控制、监理单位控制、项目经理部控制、操作者自控）。

（4）可控责任成本方法

可控责任成本方法，是通过明确项目实施过程中的每个责任单元的责任人可控责任成本目标，在管理过程中主要把握每项生产要素的量与价的控制，实现对项目每项生产要素的控制，最终达到项目成本得以控制的方法。

（5）安全责任制法

安全责任制法是用制度规定每个项目管理成员的安全责任，是安全控制的主要方法。安全责任制法按不同的岗位确定每个人的安全责任，并制定相应检查与考核制度。

▬单元总结 ➡

本单元主要介绍了项目、建设工程项目、项目管理及建设工程项目管理的概念，以及建设工程项目管理的目标和任务、内容、程序、类型和方法。通过本单元的学习，应对建设工程项目管理的基本知识有初步的了解。

▬单元练习 ➡

一、单项选择题

1.建设项目工程总承包方的项目管理工作主要在项目的（   ）。

A.决策阶段，实施阶段，使用阶段   B.实施阶段

C.设计阶段，施工阶段，保修阶段   D.施工阶段

2.施工企业委托工程项目管理咨询对项目管理的某个方面提供的咨询服务属于（   ）项目管理的范畴。

A.业主方   B.设计方   C.施工方   D.供货方

3.下列不属于建设项目总承包方的项目管理的是（   ）。

A.设计前的准备阶段   B.设计阶段

C.施工阶段   D.项目的运营

4.根据《建设工程项目管理规范》，项目管理规划应包括（   ）和项目管理实施规划两类文件。

A.项目管理计划　　　　　　　　　　B.项目管理实施细则

C.项目管理操作规划　　　　　　　　D.项目管理规划大纲

5.以下不属于工程项目管理发展趋势的是（　　　）。

A.集成化　　　　　B.国际化　　　　　C.信息化　　　　　D.精细化

6.下列不属于单项工程的是（　　　）。

A.教学楼的楼地面工程　　　　　　　B.广州的百货大楼

C.某工厂的镀金车间　　　　　　　　D.奥运会主会场国家体育场（鸟巢）

二、简答题

1.什么是项目？项目有哪些基本特征？

2.什么是建设工程项目？建设工程项目如何分类？

3.什么是建设工程项目管理？

4.建设工程项目管理目标有哪几个方面？

5.建设工程项目管理有哪些基本任务？

6.建设工程项目管理有哪些方法？

教学单元 2
建设工程项目组织

教学目标

☐ 知识目标：了解工程项目组织的概念、项目组织构成要素、项目组织方式；理解项目经理部的作用；掌握项目经理部组织人员配备原则；熟悉项目经理部各项制度、项目经理部的组织运行和解体；掌握项目经理的作用、项目经理应具备的素质以及项目经理的责权利。

☐ 能力目标：能够有效地应用所学知识，具备组建项目经理部的能力。

☐ 素养目标：培养求实创新、认真细致的特质；树立崇尚劳动、尊重劳动、热爱劳动的理念。

2.1　项目组织概述

2.1.1　组织及其职能

组织有两种含义。第一种是指组织机构，即按一定的领导体制、部门设置、层次划分、责任分工、规章制度和信息系统等构成的结合体；第二种是指组织行为，即通过一定权力和影响力，对所需要的资源进行合理配置，以实现一定的目标。

微课 2-1

项目组织：组织结构与构成要素

1）组织的必要条件

（1）目标是组织存在的必要前提。

（2）必须有分工与协作。

（3）划分不同层次的权力和责任制度，实现组织目标。

2）组织的基本内容

组织是项目管理的基本职能，其基本内容如下：

（1）组织设计

组织设计包括选定一个合理的组织系统，划分各部门的权力和职责，建立各种基本规章制度。

（2）组织运行

规定组织中各部门之间的相互联系，明确信息沟通和信息反馈渠道，以及各部门之间的协调原则。

（3）组织调整

根据工作需要和客观条件的变化，分析现有组织系统的适应性、有效性和存在的缺陷，对现有组织进行调整和重新组合，包括组织形式的变化、人员变动、规章制度的修订或废止、责任系统和信息系统的调整等。

2.1.2　项目组织构成要素

项目组织构成要素一般包括管理层次、管理跨度、管理部门和管理职责四个方面。各要素之间密切相关，相互制约，在设计组织结构时，必须考虑各要素之间的平衡与衔接。

1）管理层次

管理层次是指从最高管理者到实际工作人员之间的层次（等级）数量。

管理层次通常分为决策层、协调层、执行层和操作层。决策层的任务是确定管理组织的大政方针，它必须精干、高效；协调层主要发挥参谋、咨询职能，其职员应具有较高的业务能力；执行层直接调动和组织人力、财力、物力等具体活动内容，其人员应具有实干精神，并能坚决贯彻管理指令；操作层从事操作和完成具体任务，其人员应具有熟练的业务技能。这四个层次的职能和要求不同，具有不同的职责和权限，从上至下责权递减，人数递增。

管理层次不宜过多，否则就是一种浪费，会使信息传递变慢、指令失真、协调困难。

2）管理跨度

管理跨度是指一名上级领导人员直接领导的下级人数，也指某一个组织单元直接管理下一层次的组织单元的数量。

管理跨度的大小取决于需要协调的工作量。管理跨度的弹性很大，影响因素也很多，它与组织单元分工，管理人员的性格、才能、个人经历、授权程度，以及被管理者的素质有很大关系，此外还与职能的难易程度、工作地点远近、工作的相似程度、工作程序和工作制度有关。组织应确定适当的管理跨度，并在实践中作必要的调整。

3）管理部门

部门的划分要根据组织目标与工作内容确定，形成分工明确、相互配合的组织系统。组织系统中各部门的合理划分对发挥组织效应是十分重要的，如果部门划分得不合理，就会造成控制、协调困难，也会造成人浮于事、资源浪费。

4）管理职责

确定组织系统中各部门的职责，应使纵向的领导、指挥、检查灵活，确保指令传递快、信息反馈及时，同时要使组织各部门在横向之间相互联系，协调一致。

2.1.3　组织活动的基本原理

1）要素有用性原理

一个组织系统中的基本要素有人力、财力、物力、信息、时间等。在组织活动中要根据各要素作用的大小、主次、好坏进行合理安排和使用，充分发挥各要素的作用，做到"人尽其才、财尽其力、物尽其用"，尽最大可能提高各要素的效能。

2）动态相关性原理

组织系统处于静态是相对的，处于动态是绝对的。系统内各要素之间既相互联系，又相互制约，既相互依存，又相互排斥，这种相互作用推动着组织的发展进程。充分发挥组织系统中各要素的作用，是提高组织管理效能的有效途径。

3）主观能动性原理

人是有思想、有感情、有创造力的。组织管理者的主要任务就是把人的主观能动性发挥出来，以取得理想的组织管理效果。

4）规律效应性原理

规律是指客观事物本质的、必然的联系。组织管理者在管理过程中要掌握规律，按规律办事，以达到预期的目标，产生良好的效应。

2.1.4　项目组织的概念

项目组织是指为进行项目管理、实现组织职能而进行的项目组织系统的设计与建立、组织运行和组织调整三方面工作的总称。

项目组织系统的设计与建立是指经过筹划、设计，建成一个可以完成项目管理任务的组织机构，建立必要的规章制度，明确划分岗位、层次、部门的责任和权力，建立形成管理信息系统和责任分工系统，并通过一定的岗位人员和部门人员的规范化活动和信息沟通实现组织目标。

　　组织运行是指按照组织要求由各岗位和各部门实施组织行为的过程，是按照组织分工、工作顺序完成各自的工作。组织运行要解决三个关键性问题：一是人员配置，二是业务界定与接口，三是信息反馈。

　　组织调整是指在组织运行过程中，对照组织目标，检查组织系统中各环节，并对不适应组织运行和发展的各方面进行改进和完善。

　　项目组织打破了传统的组织界限，项目的生产过程和任务可以由不同的部门或不同的企业承担，通过综合、协调、激励，共同完成目标任务。项目组织强调"目标-任务-工作-过程-人员"体系的运行。

2.1.5　项目组织基本结构

　　项目组织主要是由完成项目结构图中各项工作的人、单位、部门组合起来的群体，也包括为项目提供服务或与项目有关的部门，如政府机关、鉴定部门等。如图2-1所示，项目管理者按项目工作流程开展工作，部门成员完成各自的工作任务。

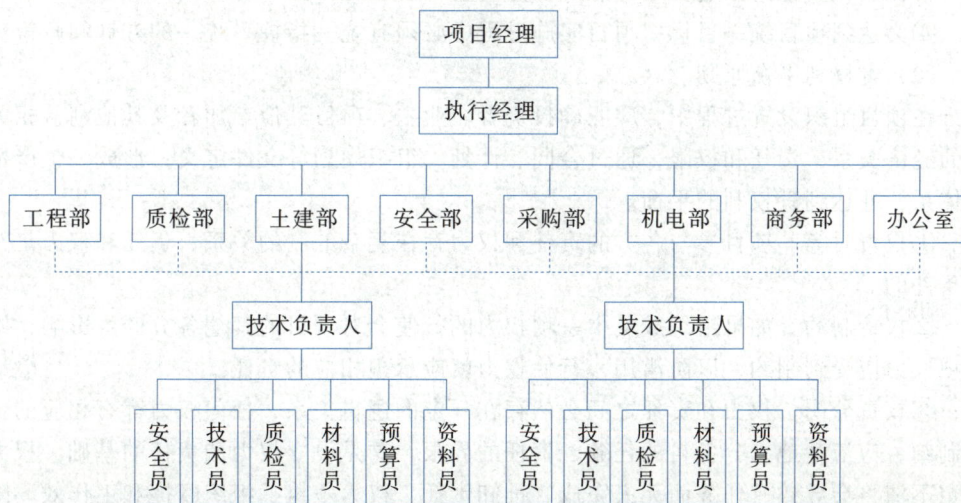

图2-1　某工程项目组织机构图

1）项目组织的结构和层次

（1）项目的所有者或项目上层领导者

　　项目的所有者组织一般由决策层和管理层组成，投资者自身或委托一个项目主持人（业主/项目管理公司）承担项目实施全过程的主要责任和任务，确立目标，选择不同的方案，制订实现目标的计划，通过对项目进行宏观控制保证项目目标的实现。

　　项目上层领导者是项目的发起人，可能包括企业经理、项目投资财团、政府机关、社会团体领导，它属于项目组织的最高层，对整个项目负责，最关心项目整体经济效益。

（2）项目的管理者（项目组织层）

　　项目的管理者由业主指定，为业主提供有效的独立的管理服务，负责项目的具体事务性管理工作，其主要责任是实现业主的投资意图，保护业主利益，保证项目整体目标实现。

（3）项目具体任务的承担者（操作层）

项目的操作层包括承担项目的专业设计单位、施工单位、供应商、技术咨询工程师（工程监理单位），其主要任务和责任有：参与或进行项目设计、计划和实施控制，按合同约定时间、成本、质量完成自己承担的任务，向业主或项目管理者提供信息、报表和相关资料。

该层级可能包括项目合作单位或与项目有关的政府、公共服务部门。

2）项目组织的基本原则

（1）目标统一原则

项目的参加者具有不同的利益和不同的目标，为保证项目顺利实施，实现项目总目标，项目的参加者必须做到以下几点：

①项目参加者应就项目总体目标达成一致。

②在项目的设计、合同、计划、组织管理规范等文件中贯彻落实总目标。

③在项目实施的全过程中，兼顾各方利益，使项目参加者各自实现目标。

④为达到项目统一目标，项目实施过程中必须有统一指挥、统一的方针和政策。

（2）责权利平衡原则

在项目组织设置过程中，应明确投资者、业主、项目其他参加者及其他利益相关者的经济关系、责任和权限，通过合同、计划、组织规划等文件定义，形成一个严密的体系，并达到责权利的平衡。

①权责对等。项目参与各方的责任和权力存在复杂的制约关系，责任和权力是互为条件的。

②权责制约。如果组织成员中一项权力的行使会对项目的其他各方产生影响，则该项权力应受到制约，以防滥用，行使权力就应承担相应的责任。

③权责分明。权力和责任之间必然存在一定的逻辑关系，任何权力都有相应的责任制约，应清楚地划分各自的任务、责任的界限，这是设立权力和责任的基础。权力界定不清将会导致有任务而无人完成、推卸责任、权力争执、组织摩擦和工作效率降低等问题。

④通过合同条款、管理规范、奖励政策对项目的参与者进行保护，项目参与各方按合同约定公平地分担风险，取得收益。例如，承包合同中应设立违约及违约责任承担条款、争议解决条款，以维护发包方和承包方的权益。

（3）适应性和灵活性原则

项目组织设置的适应性和灵活性原则有：

①确保项目组织结构设置适合项目的范围、环境条件以及业主的项目战略。项目的组织形式是灵活多样的，不同的项目有不同的组织形式，甚至一个项目的不同阶段就采用不同的授权和不同的组织形式。

②项目组织应处理好下列关系：兼顾其他利益相关者；处理好项目参与者的有关职能部门（特别是业主方负责进度计划、质量和成本控制的职能部门）的合作关系。

（4）保证项目组织人员责任的连续性和统一性原则

为保证项目目标的实现，保证项目管理的连续性和统一性，主要从如下几个方面入手：

①项目工作最好由一个单位或一个部门全过程、全方位地负责。例如，项目实行"设计-采购-施工"总承包方式。

②防止责任盲区。防止无人负责的情况发生，防止无人承担工作任务的情况出现。

③减少责任连环。在项目建设过程中，过多责任连环会损害组织责任的连续性和统一性。例如在项目实施过程中，业主对工程项目实行"包工部分包料"的发包形式，一旦问题出现，责任分清较难，而且计划、组织、协调也较难。

④保证组织的相对稳定性，包括人员、结构、组织规则和程序的稳定性。

（5）合理授权原则

项目的任何组织单元，为实现项目总目标都要承担一定的工作任务和责任，同时也必须拥有相应的权力、手段和信息去完成任务。

项目组织必须设置合理的组织职权结构和职权关系，没有授权或授权不当将会导致失控或决策渠道阻塞。合理的授权应遵守以下原则：

①根据要完成的任务和预期要取得的结果进行授权，构成目标、责任、权力的逻辑关系，并制定完成程度考核指标。

②根据要完成的任务选择人员，分配职位和职务。

③采用适当的控制手段，确保下层恰当地使用权力，防止失控。

④在组织中保证信息的开放和畅通，使整个项目运作透明。

⑤对有效的授权和有工作成效的下级单位应给予奖励。

⑥谨慎行使授权。

2.2　工程项目管理组织方式

工程项目管理组织方式亦称工程项目管理方式或工程项目管理模式，是指项目建设参与各方之间的生产关系，包括有关各方的经济法律关系和工作（或协作）关系。工程项目管理组织方式的选择取决于工程项目的规模、特点、业主/项目法人的管理能力和工程建设条件等方面。目前国内外已形成多种工程项目管理模式。

微课 2-2

工程项目管理
组织方式

2.2.1　建设单位自行管理模式

建设单位自行管理模式是我国传统的工程项目管理模式。由业主组建项目管理机构进行管理，该机构负责项目建设资金的使用、办理前期手续、委托勘察设计、采购设备材料、招标施工及工程监理，负责竣工验收，在整个建设过程中自行对各方面进行协调、监督、管理，亦称平行发包管理模式。其组织结构如图2-2所示。

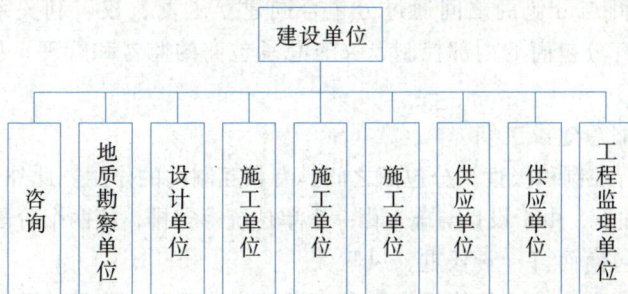

图2-2　建设单位自行管理模式

这种管理模式的特点有：

（1）业主有大量的工作要多次招标，离不开精密的计划及有效控制。

（2）在项目实施中，业主必须负责协调各方关系，易出现责任"盲区"，在这类管理模式中出现争执、索赔情形较多。

（3）业主管理和控制比较精细，必须具有较强的项目管理能力。

（4）业主面对很多承包商（勘察、设计、施工、监理、材料设备供应等单位），管理的单位多，管理跨度大，容易出现项目协调困难、管理混乱和失控现象。

（5）由于临时组建项目班子，有可能会出现管理非专业化、工程管理经验不足的情况，容易造成浪费和损失。

2.2.2　工程项目总承包模式

工程项目总承包是业主将项目的全过程或其中的某个阶段（如设计或施工）综合委托给总承包商，并由其统一协调和监督各分包单位工作。业主仅与总承包商签订合同，而不与各专业分包商签订合同。其组织结构如图2-3所示。

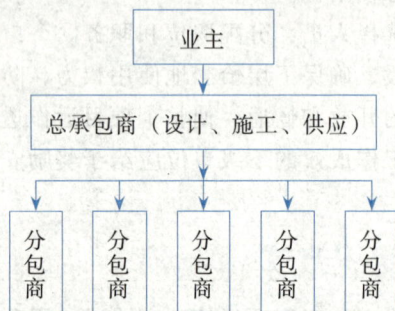

图2-3　工程项目总承包模式

这种管理模式的特点包括：

（1）有利于组织管理

由于业主只与总承包商签订合同，合同结构简单，有利于业主对合同的管理，同时由于合同数量少，业主的组织管理和协调工作量小，可以发挥总承包商多层次协调的积极性。

（2）有利于控制工程造价

由于总承包合同价格可以较早确定，业主承担的风险较小。

（3）有利于控制工程质量

由于总承包商与分包商之间通过分包合同建立了责、权、利关系，在承包商内部，工程质量既有分包商的内部控制，又有总承包商的监督和管理，从而增强了工程质量监控环节。

（4）有利于缩短建设工期

总承包商具有控制积极性，分包商之间具有相互制约的作用。此外，在工程设计与施工总承包的条件下，由于设计与施工由一个单位统筹安排，使两个阶段能够有机衔接。

（5）对总承包商而言，责任重、风险大

需要总承包商具有较高的管理水平和丰富的实践经验，风险大意味着获利的空间也比较大。

2.2.3　工程项目联合体承包管理模式

当工程项目规模巨大或技术复杂、承包市场竞争激烈、由一家公司承包有困难时，可以由几家公司联合起来成立联合体（Joint Venture，JV），去竞争承揽工程任务，以发挥各公司的特长和优势。联合体通常由一家或几家发起，经过协商各自投入联合体的资金份额、机械设备等固定资产及人员数量，签署联合体协议，建立联合体组织机构，产生联合体代表，以联合体名义与业主签订工程承包合同，如图 2-4所示。

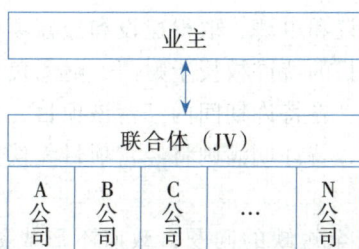

图2-4　工程项目联合体承包管理模式

工程项目联合体承包管理模式的特点如下：

（1）对于业主而言，其所签订的合同结构简单，组织协调工作量小，而且有利于工程造价和建设工期的控制。

（2）对于联合体而言，可以集中各成员单位的资金、技术，设备和管理方面的优势，克服单一公司能力不足的困难，不仅增强了竞争力，而且增强了抗风险能力。

2.2.4　项目管理模式

项目管理模式（Project Management Approach，PMA）是管理公司（一般为具有相当实力的工程公司或咨询公司）受项目业主的委托，根据合同约定，代表业主对工程项目的组织实施进行全过程或若干阶段的管理和服务。项目管理公司作为业主代表，帮助业主进行前期策划、可行性研究、项目计划，以及在设计、采购、施工、试运行等整个实施过程中有效控制工程质量、进度和费用，保证项目的成功实施。

根据项目管理公司的服务内容、合同规定的权限和承担的责任不同，项目管理模式一般可分为两个类型：

（1）项目管理承包型

在这种类型中，项目管理公司与业主签订项目管理承包合同，代表业主管理项目，而将项目的设计、施工任务发包出去，承包商与项目管理公司签订承包合同。有时，项目管理公司也会承担一些设施的设计、采购和施工工作。在这种管理模式下，项目管理公司要承担项目超支的风险。

（2）项目管理咨询型

在这种类型中，项目管理公司按照合同约定，在工程项目决策阶段为业主编制可行性研究报告，进行可行性分析和项目策划；在工程项目实施阶段为业主提供招标代理服务、设计管理、采购管理、施工管理和试运行管理服务。同时代表业主对工程项目进行质量、安全、进度、费用等方面的管理。这种管理模式风险较低，项目管理公司根据合同承担管理责任，并取得相对固定的服务费。

近些年我国实行的工程代建制就属于项目管理模式。

2.2.5　建造–经营–移交承包（BOT）模式

BOT（Build-Operate-Transfer）即建造–经营–移交承包模式，是20世纪80年代兴起的一种带资承包方式。其程序为：由一个或几个大承包商或开发商牵头，联合金融界组成财团，就某一工程项目（一般都是大型基础设施，如隧道、港口、高速公路、电厂等）向政府提出建议和申请，取得建设和经营项目的许可。政府若同意建议和申请，则将建设和经营项目的特许权授予财团。财团负责资金筹集、工程设计和施工的全部工作，项目竣工后，在特许期间内经营该项目，通过向用户收取费用，回收投资，偿还贷款并获得利润，特许期满则将经营项目无偿交给政府经营。

这种模式的特点如下：

（1）解决了政府建设资金短缺的问题，政府不形成债务，不承担建设和经营的风险。

（2）对承包商来说跳出设计、施工的小圈子，实现工程项目前期和后期的总承包，竣工后参与经营管理，利润来源不局限于施工阶段。

（3）承包商要有高超的融资能力、技术经济管理水平和较强的承担风险的能力。

2.2.6　项目业主选择项目管理模式应考虑的因素

项目业主选择项目管理模式时一般应考虑：项目的规模、性质，建筑市场状况，自己的协调管理能力，设计深度与详细程度。另外，建筑市场上承包商的供应情况和建筑法律的完善程度也制约着业主对项目管理模式的选择。

2.3　项目经理部

在项目建设过程中无论是项目业主、设计单位、施工单位，还是工程监理单位，均需建立一个高效的管理机构，并依据项目管理的要求确定机构中各部门的职责和各岗位的职责。本节主要介绍施工单位的项目管理机构——项目经理部。

2.3.1　项目经理部的概念

项目经理部是在企业法人授权及企业的支持下，为工程项目管理建立的一次性的生产组织机构。项目经理部是代表企业履行合同的主体，以实现项目目标为宗旨，负责项目从开始施工到竣工的全过程的管理，并接受企业职能部门的指导、监督、检查和考核。

项目经理部由项目经理、职能部门或各专业技术人员和管理人员组成。项目经理及经理部的成员可从企业内部产生，也可以面向社会招聘。

2.3.2　项目经理部的地位

项目经理部是施工项目管理的核心。从业主的角度看，项目经理部是建设单位成果目标实现的责任承担者，是业主（包括监理单位）监督控制的对象；从企业的角度看，项目经理部既是企业的一个下设机构，又是施工项目的独立利益群体；从项目的施工作业角度看，项目经理部负有管理和服务双重职能。

2.3.3　项目经理部的作用

项目经理部在项目经理的领导下，主要发挥以下作用：

（1）负责项目从开工到竣工的全过程的生产管理工作，对生产要素及各种资源进行有效使用和控制。

（2）执行项目经理的决策意图，并为项目经理提供各种管理信息。

（3）协调与企业及项目经理部各部门之间、管理人员之间的工作关系，发挥每个人的作用，明确共同的目标。

（4）协调与业主、监理及其他合作单位的关系。

2.3.4　项目经理部的构建原则

项目经理部的构建一般遵循以下原则：

（1）根据项目的规模、复杂程度、专业特点设计构建工程项目经理部的结构形式。

（2）项目经理部的人员配备应面向现场，满足现场计划调度、技术质量、成本与核算、劳务与物资、安全与文明作业的需要。

（3）项目经理部是一个一次性的弹性的组织机构，应根据工程的开展情况以及对项目经理部成员的考核情况，对相关管理人员进行动态管理。

2.3.5　项目经理部的结构形式

项目经理部的结构形式是根据工程的规模特点设计的，常见的有如下几种：

（1）直线制

直线制是一种最简单的组织结构形式。在这种组织结构中，各职位均按垂直排列，项目经理进行垂直领导（如图2-5所示）。

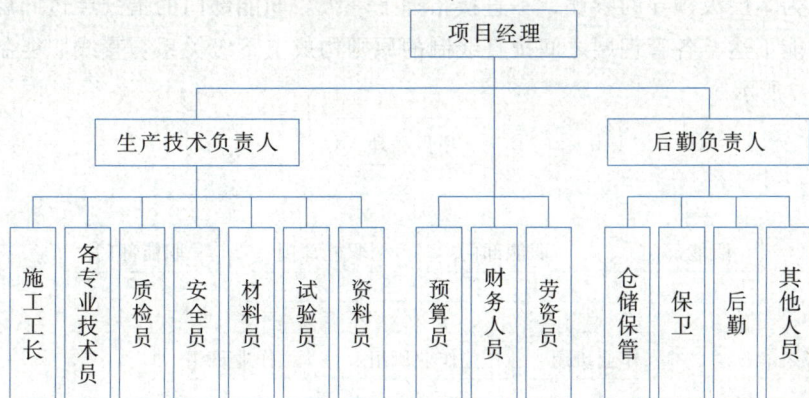

图2-5　直线制项目经理部组织结构图

其特点有：

①组织结构简单，职责分明，指挥灵活。

②权力集中，决策迅速，项目经理承担的责任较大，要求项目经理必须是全能型人才。

③每个工作部门和工作人员都有一个上级，指令线性化。

④这种组织形式适合于中小型项目，无法全面实现管理工作的专业化。

（2）职能制

职能制组织结构是在各管理层之间设置职能部门，各职能部门分别从不同的角度对下级执行者进行业务管理。在职能制组织结构中，各级领导不直接指挥下级，而是指挥职能部门。各职能部门可以在上级领导的授权范围内，就其所辖业务范围向下级执行者发布命令和指示。职能制组织结构如图2-6所示。

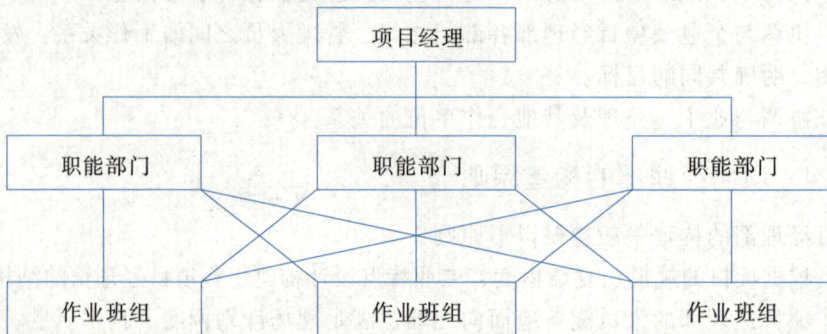

图2-6　职能制项目经理部组织结构示意图

其特点有：

①强调管理业务的专门化，注意发挥各专家在项目管理中的作用。

②管理人员工作单一，易于提高工作质量，可以减轻领导者的负担。

③管理层次及管理关系不容易处理好，容易形成多头领导，造成责任不清。

（3）直线职能制

直线职能制是吸收了直线制和职能制两种组织结构的优点而形成的一种组织结构形式。与职能制相同，直线职能制项目经理部在各管理层之间设置职能部门，但职能部门只作为本层级领导的参谋，不直接指挥下一级。职能部门的指令经过同层级领导的批准才能下达。各管理层之间按直线制的原则构成上下级关系。直线职能制组织结构如图2-7所示。

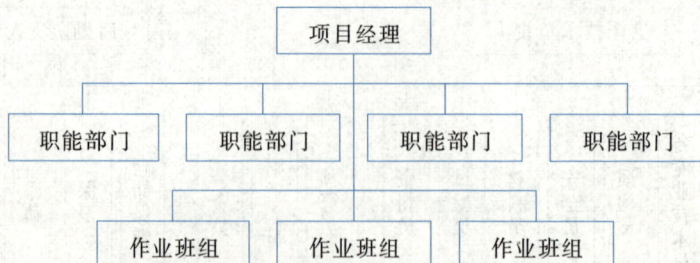

图2-7　直线职能制项目经理部组织结构示意图

其特点有：

①保持直线制统一指挥的特点，又满足了职能制对管理工作专业化分工的要求。

②集中领导，职能清晰，有利于提高管理效率。

③组织结构中横向联系差，信息传递路线长，职能和指挥之间容易产生矛盾。

④不能适应大型复杂项目或涉及多个部门的项目管理需要，局限性较大。

（4）矩阵式

矩阵式组织结构是把按职能划分的部门与按工程项目设立的管理机构，按照矩阵的方式有机地结合起来的一种组织结构形式。各项目管理机构的管理人员是从各职能部门临时抽调的，归项目经理统一管理，待完工交付后，又回到原来的职能部门或到另外的工程项目组织中工作。矩阵式组织结构如图2-8所示。

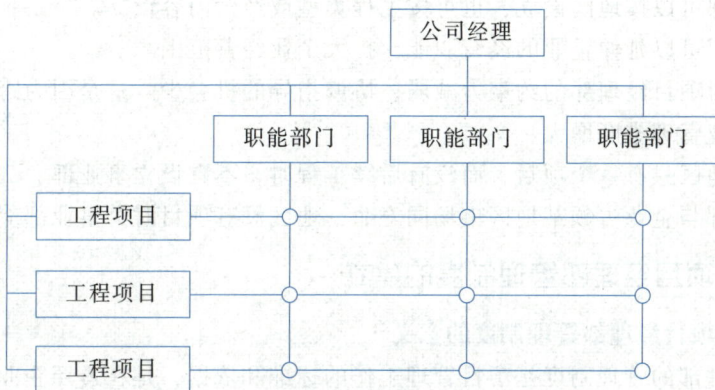

图2-8 矩阵式项目经理部组织结构示意图

其特点有：

①根据任务的实际情况灵活地组建与项目相适应的管理机构，具有较强的机动性和灵活性。

②能够形成以项目任务为中心的管理方式，集中全部资源为各项目服务，项目目标的实现能够得到保证。

③项目组织成员仍属于一个职能部门，可以保证项目组织和项目管理工作的稳定性。

④权力与责任分配趋于灵活，能充分发挥各职能部门的专业作用，保证信息和指令迅速传达。

⑤矩阵组织对企业管理水平、项目管理水平、领导管理艺术、组织机构办事效率、信息沟通等有较高要求。

⑥矩阵中的成员接受项目经理和本部门责任人的双重领导，如果不同领导的目标不一致，就会造成矛盾。

⑦适用于同时承担多个工程项目管理的公司，适用于大型、复杂的施工项目。

（5）事业部制

事业部制项目组织是企业内部派往项目的管理班子，对外可以是一个独立的单位，其结构形式如图2-9所示。

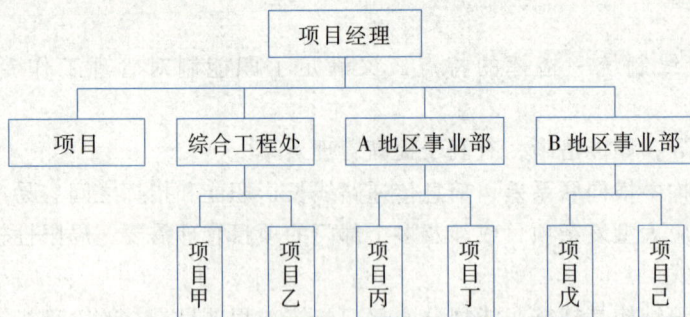

图2-9 事业部制项目经理部组织结构示意图

其特点有：

①企业成立事业部，对企业内部是职能部门，对外可以是一个独立的单位。

②事业部可以按地区设立，也可按工程类型或经营内容设立。

③事业部可以延伸企业的经营职能，扩大企业经营范围。

④企业对项目经理部的约束力减弱，协调指导的机会少。这是因为跨地区设立的事业部让企业管理难度增大。

⑤一个地区只有一个项目，而没有后续工程时，不宜设立事业部。

⑥事业部与企业占领某地区市场同寿命，地区没有项目时，事业部应撤销。

2.3.6 项目经理部管理制度的建立

1）建立项目经理部管理制度的意义

项目经理部的管理制度是项目管理工作的标准和依据，是在遵照企业制度的前提下，针对项目的具体要求制定的，是规范项目管理行为、约束项目实施活动、保证项目目标实现的前提和基础。

2）项目经理部管理制度的作用

项目经理部管理制度的作用主要有两个方面：其一是贯彻国家和企业与施工工程项目有关的法律、法规、制度、条例、规程、方针、政策，指导施工项目管理；其二是规范施工项目经理部、作业人员的行为，使之按规定的程序、标准、要求、方法进行施工和管理活动，防止出现事故和纰漏，从而保证项目目标的顺利实现。

3）项目经理部管理制度的内容

项目经理部管理制度的内容主要包括项目管理人员岗位责任制度、项目技术管理制度、项目安全管理制度、项目质量管理制度、项目安全文明施工及职业健康管理制度。此外，项目经理部管理制度还包括项目组织机构人员管理与考核制度、机械设备管理制度、材料的管理制度、财务管理制度、项目例会管理制度、项目分包管理制度、项目信息管理制度、项目分配与奖惩管理制度等。

2.3.7 项目经理部的部门设置及人员配置

1）项目经理部设置程序

（1）根据项目的招标及投标文件设置项目经理部的组织形式及管理任务。

（2）根据项目管理目标进行目标分解与责任划分。

（3）确定项目经理部的管理层次，设立职能部门与工作岗位。

（4）确定人员职责、分工、权限及信息反馈程序。

（5）制定工作制度、考核制度、奖惩制度。

2）项目经理部的职能部门及职能人员

项目经理部的职能部门及职能人员配置要满足工程项目合同目标的管理需要，要实现对项目的质量管理、进度管理、成本管理、安全管理、文明施工管理和资源与信息的管理。通常要设立如下部门：

（1）工程技术部门。负责施工组织设计、计划与统计、生产调度、技术管理、安全与文明施工等工作。

（2）经营核算部门。负责预结算、合同管理、施工索赔、成本核算、资金收支、劳动力配置。

（3）物资采购部门。负责材料设备的询价、购置计划、采购、运输、保管，以及工器具的租赁、使用与保管。

（4）质量与安全监督部门。主要负责工程质量、职业健康安全管理、环境保护等工作。

（5）试验与计量部门。主要负责测量、试验、计量工作。

项目经理部的职能人员配置，可以根据工程项目部门的结构形式及各部门的职责配备相关的专业技术人员和其他管理人员。

2.3.8　项目经理部的运行

项目经理部主要有如下几个方面的工作：

（1）根据项目管理规划对管理目标进行分析，对责任目标的运行进行分解，划分各部门的岗位职责及人员责任，严格界定业务接口。

（2）在项目经理的领导下制定项目经理部规章制度及管理标准。

（3）按合同目标实施全过程目标控制及资源优化的动态管理。

（4）按计划完成阶段性的工作任务并实现其目标。

（5）进行阶段性的工作总结，采用 PDCA 管理方法管理各项工作。

（6）对施工项目目标管理进行阶段性的分析、考核评价，对各职能部门或各岗位人员工作实施考核。

（7）协调企业内部、项目经理部内部以及外部的各种关系。

（8）进行工程项目竣工阶段的工作。

（9）做好项目竣工后的总结与评价工作。

2.3.9　项目经理部的解体

1）项目经理部解体程序

项目经理部解体前，成立以项目经理为首的善后工作小组，其人员由工程技术负责人、预算员、财务、材料各一人组成，主要负责剩余材料的处理、工程款的回收、财务账目的移交，以及与各合作方的有关遗留问题善后事宜，善后工作一般为三个月（从批准项目经理部解体之日算起）。

　　在施工项目全部竣工交付验收签字之日起15天内，项目经理部根据工作需要向企业工程管理部门提交项目经理部解体报告，向与企业有关部门提供留守人员名单及时间安排，经有关部门审批后执行。

　　企业工程管理部门主要负责项目经理部解体后工程项目保修期间的善后工作，包括因质量问题造成的返（维）修。

2）项目经理部的解体条件

　　项目经理部是一次性的生产管理项目组织，工程竣工后，具备下列条件即可解体并做好善后处理工作：

　　（1）工程已经竣工验收，工程结算工作已完成。

　　（2）与各分包单位及其他合作单位结算完毕。

　　（3）已与发包单位订立"工程质量保修书"。

　　（4）"项目管理目标责任书"已履行完毕，经企业管理层审核合格。

　　（5）各项善后工作已与企业主管部门协商一致，并办理完有关手续。主要是向相关管理部门交接项目管理文件、资料、账册、办公设备、印鉴、管理人员的考核资料等。

2.4　项目经理

微课2-3

项目经理——
全面解析项目
经理的角色与
职责

　　施工企业项目经理（简称项目经理）是项目经理部的最高决策者，他的管理理念、管理水平直接影响项目经理部的工作效果和业绩；项目经理是企业的形象代表，优秀的项目经理既是企业的经济效益和社会效益的直接责任人，又是实现业主项目目标的执行人。

2.4.1　项目经理的概念

　　项目经理是指受企业法人委托，对工程项目施工过程全面负责的项目最高管理者，是建筑施工企业法定代表人在工程项目上的代表，是企业法人一次性授权的代理人。项目经理在项目管理中处于核心地位，是项目责、权、利的主体。

2.4.2　项目经理的素质

　　项目经理在项目管理中发挥重要作用，其知识结构、能力、综合素质必须达到一定的标准。按照项目及项目管理的要求，项目经理应具备下列素质：

　　（1）符合项目管理要求的能力，善于领导、组织、协调与沟通。

　　（2）相应的管理执业资质、经验和业绩。

　　（3）项目管理需要的法律、法规知识，经营管理、专业技术等专业知识。

　　（4）良好的职业道德和团结合作精神，遵纪守法、爱岗敬业、诚实信用、尽职尽责。

　　（5）多谋善断、思维敏捷、坚决果断。

　　（6）年富力强、体魄健康、精力充沛、意志坚韧。

2.4.3　项目经理责任制

1）项目经理责任制的概念

项目经理责任制是以工程项目为对象，以项目经理全面负责为前提，以"项目管理目标责任书"为依据，以实现项目最佳经济效果为目的，以创建优质工程为目标，实行从工程项目开工到竣工验收的一次性、全过程的管理。

2）项目经理责任制的作用

项目经理责任制有利于明确项目经理部与企业、职工三者之间的责、权、利；有利于项目的规范化、科学化管理；有利于保证和提高工程质量，缩短工期，降低成本，保证安全与文明施工。

3）项目经理责任制的特点

项目经理全面负责，统一指挥，项目管理班子全员参与管理，全体成员根据职责分工承担相应的责任，并享有相应的利益。

项目经理责任制体现了"目标突出、责任明确、利益直接、奖罚严明、考核严格"的管理特点，权力与责任、利益与风险同在。

2.4.4　项目管理目标责任书

项目管理目标责任书是由企业法定代表人根据施工合同和经营管理目标要求明确规定项目经理部应达到的成本、质量、进度和安全等控制目标的文件。

项目管理目标责任书是在项目实施之前，由企业法定代表人或其授权人与项目经理协商制定的明确各方权利和义务关系的文件。

项目管理目标责任书的内容如下：

（1）明确企业各业务部门与项目经理部之间的关系。

（2）项目经理部使用作业队伍的方式、项目所需材料供应方式和机械设备供应方式。

（3）应达到的项目进度目标、项目质量目标、项目安全目标和项目成本目标。

（4）在企业制度规定以外的、由法定代表人向项目经理委托的事项。

（5）企业对项目经理部人员进行奖惩的依据、标准、办法及应承担的风险。

（6）项目经理解职和项目经理部解体的条件及方法。

2.4.5　项目经理责权利

1）项目经理的职责

（1）代表企业实施施工项目管理，贯彻执行国家法律、法规、方针、政策和强制性标准，执行企业的管理制度，维护企业的合法权益。

（2）履行项目管理目标责任书规定的义务。

（3）建立质量管理体系和安全管理体系并组织实施。

（4）组织编制项目管理实施规划，包括进度计划和施工技术方案，制定安全生产和保证质量的各项措施。

（5）对进入现场的生产要素进行优化配置和动态管理；进行现场安全文明施工管理，发现和处理突发事件。

（6）对工程项目施工进行有效的控制，执行有关技术规范和标准，积极推广应用新技术，确保工程质量和工期，努力提高经济效益。

（7）在授权范围内负责与企业管理层、劳务作业层、各协作单位、发包人、分包人和监理工程师等的协调，解决项目中出现的问题。

（8）按项目管理目标责任书处理项目经理部与国家、企业、分包单位以及职工之间的利益分配。

（9）参与工程竣工验收，准备结算资料，接受审计。

（10）分析总结项目经理部工作成果，处理项目经理部的善后工作。

（11）协助企业进行项目的检查、鉴定和评奖申报。

2）项目经理的权限

项目经理在授权期限和授权范围内行使如下权力：

（1）以企业法定代表人的代表身份处理与所承担的工程有关的外部关系，受委托签署有关合同。

（2）经授权组建项目经理部，确定项目经理部的组织结构，组建项目管理班子，选择、聘任管理人员，确定管理人员的职责。

（3）主持项目经理部工作，组织制定施工项目的各项管理制度，并定期进行考核、评价和奖惩。

（4）指挥工程项目的生产经营活动，调配并管理进入工程的人力、资金、物资等生产要素。

（5）根据企业法定代表人授权或按照企业的规定选择、使用作业队伍。

（6）在企业财务制度规定的范围内，根据企业法定代表人授权和施工项目管理的需要，决定资金的投入和使用，决定项目经理部的计酬办法，进行合理的经济分配。

（7）企业法定代表人授予的其他管理权力。

3）项目经理的利益

项目经理的利益可分为两大类，其一是物质兑现，其二是精神奖励。项目经理应享有以下利益：

（1）获得基本工资、岗位工资和绩效工资。

（2）除按项目管理目标责任书可获得物质奖励外，还可获得表彰、记功、"优秀项目经理"等荣誉称号。

（3）经考核和审计，未完成项目管理目标责任书确定的项目管理责任目标或造成亏损的，应按其中有关条款承担责任，并接受经济或行政处罚。

项目经理在进行工程项目施工管理的过程中，应当接受企业领导和上级有关部门的工作检查及职工民主管理机构的监督。

4）项目经理的任务和工作程序

（1）项目经理的任务

项目经理的任务主要包括：

①确定项目管理机构，制定项目总体管理目标，进行目标分解，实现总体控制。

②选配相关人员，明确各岗位人员职责，制定项目管理规章制度。

③组织项目经理部开展日常事务性工作，及时签订（变更）合同，对重大技术措

施、进度、人事任免、财务工作、资源调配等管理工作作出决策。

④协调项目组织内部及外部的经济、技术合作关系。

⑤建立项目经理部内部及对外的信息系统。

⑥实施合同，处理好合同履行过程中的各类问题，处理好总包与分包的关系，处理好与项目相关各单位之间的关系，配合业主和监理单位监督，保证项目顺利完成。

（2）项目经理的工作程序

项目经理的工作程序依次为：编制项目管理规划大纲；编制投标书并进行投标；签订施工合同；项目经理接受企业法定代表人的委托组建项目经理部；企业法定代表人与项目经理签订项目管理目标责任书；项目经理部编制项目管理实施规划；进行项目开工前的准备；施工期间按项目管理实施规划进行管理；在项目竣工验收阶段进行竣工结算、清理各种债权债务、移交资料和工程，进行经济分析，编制项目管理总结报告并送企业管理层及有关职能部门；企业管理层组织考核委员会对项目管理工作进行考核评价并兑现项目管理目标责任书中的奖惩承诺；项目经理部解体，在保修期满前企业管理层根据工程质量保修书的约定进行项目回访保修。

2.4.6　注册建造师与项目经理的关系

（1）建造师是专业资格人员的名称，项目经理是岗位名称。建造师是一种执业资格，而项目经理是依存于项目存在的、被授权的一次性岗位任职，项目结束后，该项目经理不复存在。

（2）建造师与项目经理从事的工作都是工程的管理，但执业范围不同，建造师执业的范围大，可涉及建设项目的多个方面的管理，而项目经理从事的只是建造师执业范围中的一部分管理工作。

（3）我国全面实施建造师执业资格制度后仍要坚持落实项目经理岗位责任制。

◁▭ 单元总结 ▭▷

本单元的主要内容包括：项目组织的基本概念、工程项目管理组织方式、项目经理和项目经理部。课程重点是组织结构设计、团队协作与沟通、项目进度与质量管理。难点是组织结构的动态调整和跨部门协调。通过本单元学习，学生能够掌握项目组织的概念，了解不同类型项目组织结构的特点和适用场景。在实际工作中，学生可以将所学知识应用于国家基建和民生工程，提升专业技能，培养社会责任感和职业自豪感。

◁▭ 单元练习 ▭▷

一、单项选择题

1.项目组织存在的前提是（　　　）。

A.目标　　　　　　　　　　　　B.分工

C.权力与责任制度　　　　　　　D.合作

2.项目所有者关注的是项目的（　　　）。

A.整体经济效益 　　　　　　　　B.局部经济效益

C.工期 　　　　　　　　　　　　D.质量

3.EPC工程总承包方的项目管理工作涉及的阶段是（　　　）。

A.决策-设计-施工-动用前准备

B.决策-施工-动用前准备-保修期

C.设计前的准备-设计-施工-动用前准备

D.设计前的准备-设计-施工-动用前准备-保修期

4.某建设工程项目设立了采购部、生产部、后勤保障部等部门，但在管理中采购部和生产部均可在职能范围内直接对后勤保障部下达工作指令，则该组织结构模式为（　　　）。

A.矩阵式组织结构 　　　　　　　B.线性组织结构

C.职能组织结构 　　　　　　　　D.事业部制组织结构

5.有关项目经理的主要工作的表述中错误的是（　　　）。

A.建立工作基础，包括了解项目情况及工作任务、分析项目相关人员、领取项目的工作大纲

B.正式启动项目，包括组建项目团队、召开项目启动会议、组织制订项目团队各项具体工作计划

C.管理团队的工作，包括开展项目实施中的指导、对项目全过程进行全面控制，做好内外关系的协调

D.项目结束，主要工作有项目成果总结与报送、项目资料整理、项目后续工作安排、宣布项目团队工作结束

二、多项选择题

1.项目经理部的特点有（　　　）。

A.是一个一次性的组织 　　　　　B.是一个一成不变的组织

C.是实现动态管理的组织 　　　　D.是一个人员固定的组织

E.是由项目经理领导的管理机构

2.简单项目、小型项目、承包内容单一的项目，应采用（　　　）项目组织。

A.直线制 　　　　　　　　　　　B.矩阵式

C.直线职能制 　　　　　　　　　D.事业部制

E.混合工作队制

3.建设工程施工管理过程中，项目经理在企业法定代表人授权范围内可以行使的管理权力有（　　　）。

A.对外进行纳税申报 　　　　　　B.制定企业经营目标

C.选择施工作业队伍 　　　　　　D.组织项目管理班子

E.指挥工程项目建设的生产经营活动

4.项目经理在结束项目阶段的主要工作有（　　　）。

A.项目后续工作安排 　　　　　　B.项目成果总结与报送

C.编制项目工作计划 　　　　　　D.做好内外关系的协调

E.项目资料整理

5.项目经理部可宣告解体的条件有（　　　）。

A.工程已经竣工验收

B.与各分包单位尚未结算完毕

C.已协助本施工单位与建设单位签订了工程质量保证书

D.项目管理目标责任书已经履行完毕，经企业管理层审计合格

E.施工现场最后清理完毕

三、判断题

1.PMA 是 Project Management Approach 的英文简称。　　　　　　　　　（　　　）

2.项目经理部是施工现场管理的一次性且具有弹性的施工生产经营管理机构，随项目的开始而产生，随项目的完成而解体。　　　　　　　　　　　　　　　　（　　　）

3.线性组织结构存在两个指令源。　　　　　　　　　　　　　　　　（　　　）

4.矩阵式组织结构形式具有双重领导。　　　　　　　　　　　　　　（　　　）

四、简答题

1.项目组织的必要条件有哪些？

2.项目组织构成要素有哪些？

3.项目组织的基本原则是什么？

4.项目管理模式有哪几种？

5.简述项目经理应具备的知识、素质和能力。

6.什么是项目经理责任制？

教学单元 3
建设工程施工合同管理

● 教学目标

● 单元总结
● 单元练习

教学目标

□ 知识目标：了解建设工程施工招标投标管理的内容；理解建设工程施工合同的概念及特点；了解建设工程施工合同的基本内容，熟悉施工合同示范文本；掌握建设工程施工合同控制、变更管理及索赔管理。

□ 能力目标：能够有效地应用所学知识，分析解决合同管理相关问题，具备独立编制建设工程施工合同文件及处理合同管理问题的能力。

□ 素养目标：发挥艰苦奋斗的精神，积极进取、敢于拼搏、吃苦耐劳、勤勉敬业、无私奉献；树立工程人严谨求实的工作作风和精益求精的价值追求。

3.1　建设工程施工招标投标管理

如何找到有能力承担施工任务、保质保量地交付工程，并且经济合理的施工单位，是建设单位的重要任务。在市场经济环境中，建设单位可以通过适当的竞争方式选择优秀的施工单位，如采用招标投标的方式。当然，建设单位也可以根据工程性质或实际情况采用询价或委托承包的方式选择施工单位。

3.1.1　施工招标的内容

1）招标投标项目的确定

从理论层面来说，在市场经济环境中，建设单位可以自由选择是否采用招标方式或者采用何种招标方式去选择施工单位。但是，为了保障公共利益、公众安全，规范招标投标活动，提高工作效率、降低成本、预防腐败，《中华人民共和国招标投标法》（以下简称《招标投标法》）规定在中华人民共和国境内进行下列工程建设项目（包括项目的勘察、设计、施工、监理以及与工程建设有关的重要设备、材料等的采购），必须进行招标：

（1）大型基础设施、公用事业等关系社会公共利益、公众安全的项目。

（2）全部或者部分使用国有资金投资或者国家融资的项目。

（3）使用国际组织或者外国政府贷款、援助资金的项目。

以上所列项目的具体范围和规模标准，在国家发展改革委于 2018 年 3 月 27 日以第 16 号令形式公布的《必须招标的工程项目规定》中有明确的规定。以上规定范围内的项目，其勘察、设计、施工、监理以及与工程建设有关的重要设备、材料等的采购达到下列标准之一的，必须招标：

（1）施工单项合同估算价在 400 万元人民币以上。

（2）重要设备、材料等货物的采购，单项合同估算价在 200 万元人民币以上。

（3）勘察、设计、监理等服务的采购，单项合同估算价在 100 万元人民币以上。同一项目中可以合并进行的勘察、设计、施工、监理以及与工程建设有关的重要设备、材料等的采购，合同估算价合计达到前款规定标准的，必须招标。

2）招标方式的确定

根据《招标投标法》规定，招标有公开招标和邀请招标两种方式。

（1）公开招标

公开招标，是指招标人以招标公告的方式邀请不特定的法人或者其他组织投标，也称为无限竞争性招标。

公开招标的优点是为投标人提供公平竞争的平台，同时招标人有较大的选择范围，充分竞争有利于造价合理、工期缩短和质量优良。缺点是投标人的资质参差不齐、招标的工作量大、耗时长、费用高。

（2）邀请招标

邀请招标，是指招标人以投标邀请书的方式邀请特定的法人或者其他组织投标，也称为有限竞争性招标。招标人采用邀请招标方式的，应当向三个以上具备承担招标项目的能力、资信良好的特定的法人或者其他组织发出投标邀请书。

微课 3-1

依法必须招标的工程建设项目及其规模

《中华人民共和国招标投标法实施条例》规定，国有资金占控股或者主导地位的依法必须进行招标的项目，应当公开招标；但有下列情形之一的，可以邀请招标：

技术复杂、有特殊要求或者受自然环境限制，只有少量潜在投标人可供选择；采用公开招标方式的费用占项目合同金额的比例过大。

邀请招标的优点是耗时短、工作量小、费用少。缺点是竞争小，不利于招标人选择最优的投标人，不利于招标人取得最优的报价、最优的投资效益。如果需采用邀请招标，必须由相关部门批准。

微课 3-2

工程招投标有哪些分类

3）自行招标与委托招标

为保证项目顺利实施，建设工程施工招标前应具备以下条件：

（1）招标人已经依法成立。

（2）初步设计及概算应当履行审批手续的，已经批准。

（3）招标范围、招标方式和招标组织形式等应当履行核准手续的，已经核准。

（4）有相应资金或资金来源已经落实。

（5）有招标所需的设计图纸及技术资料。

建设工程施工招标活动可以由招标人自行办理，也可以委托招标代理机构代为办理。招标人自行招标的，需要具有与建设工程相对应的编制招标文件、组织评标活动的能力。根据《招标投标法》第十二条的规定，依法必须进行招标的项目，招标人自行办理招标事宜的，应当向有关行政监督部门备案。招标人具有编制招标文件和组织评标能力，是指招标人具有与招标项目规模和复杂程度相适应的技术、经济等方面的专业人员。

招标人委托招标的，招标人有权自行选择招标代理机构，委托其办理招标事宜。根据《招标投标法》第十三条的规定，招标代理机构是依法设立、从事招标代理业务并提供相关服务的社会中介组织。招标代理机构应当具备下列条件：

（1）有从事招标代理业务的营业场所和相应资金。

（2）有能够编制招标文件和组织评标的相应专业力量。

4）招标信息的发布与修正

（1）招标信息的发布

微课 3-3

工程招标的原则和程序

依法必须招标项目的招标公告和公示信息，除依法需要保密或者涉及商业秘密的内容外，应当按照公益服务、公开透明、高效便捷、集中共享的原则，依法向社会公开。依法必须招标项目的招标公告和公示信息应当在"中国招标投标公共服务平台"或者项目所在地省级电子招标投标公共服务平台（以下统一简称"发布媒介"）发布。除在发布媒介发布外，招标人或其招标代理机构也可以同步在其他媒介公开，并确保内容一致。依法必须招标项目的资格预审公告和招标公告，应当载明以下内容：

①招标项目名称、内容、范围、规模、资金来源。

②投标资格能力要求，以及是否接受联合体投标。

③获取资格预审文件或招标文件的时间、方式。

④递交资格预审文件或投标文件的截止时间、方式。

⑤招标人及其招标代理机构的名称、地址、联系人及联系方式。

⑥采用电子招标投标方式的，潜在投标人访问电子招标投标交易平台的网址和

方法。

⑦其他依法应当载明的内容。

招标人或其招标代理机构应当对其提供的招标公告的真实性、准确性、合法性负责。拟发布的招标公告应当由招标人或其招标代理机构盖章，并由主要负责人或其授权的项目负责人签名。采用数据电文形式的，应当按规定进行电子签名。招标人或其招标代理机构发布招标公告，应当遵守招标投标法律法规关于时限的规定。招标人应当按照招标公告、资格预审公告或者投标邀请书规定的时间、地点发售招标文件或者资格预审文件，招标文件或者资格预审文件的发售期不得少于5日。

（2）招标信息的修正

对依法必须招标项目的招标公告和公示信息进行澄清、修改，或者暂停、终止招标活动，应采取公告形式向社会公布。

招标人对已发售的招标文件进行澄清或修改，应采取书面形式告知所有获得招标文件的潜在投标人。澄清或修改的书面文件应在投标截止时间至少15日前发出，并作为招标文件的组成部分。不足15日的，招标人应当顺延提交投标文件的截止时间。

招标人也可以对已发出的资格预审文件进行必要的澄清或修改。澄清或修改的内容可能影响资格预审申请文件编制的，招标人应当在提交资格预审申请文件截止时间至少3日前，以书面形式通知所有获取资格预审文件的潜在投标人；不足3日的，招标人应当顺延提交资格预审申请文件的截止时间。

5）资格预审

招标人可以根据需要招标的工程项目实际情况，要求潜在投标人或者投标人提供有关资质、业绩和能力等证明材料，对潜在投标人或者投标人进行资格审查。

资格审查分为资格预审和资格后审。资格预审是招标人在投标前对申请参加投标的潜在投标人进行的资格审查。经审核通过的潜在投标人，才可以参加后续的投标活动。资格后审是招标人在开标后对投标人进行的资格审查。一旦进行了资格预审，后期就不再进行资格后审，但另有规定的除外。

资格预审和资格后审的审查内容基本相同，都是对潜在投标人或投标人的资质、技术、信誉、业绩、资金等多方面进行资格审查。资格预审可以有效控制投标人数量，减少评标工作量，为不合格潜在投标人节约投标成本。资格后审可以用于投标人较少、工期紧迫、项目简单的建设工程。

资格预审应当按照资格预审文件载明的标准和方法进行。招标人应当合理确定提交资格预审文件的时间。依法必须进行招标的项目提交资格预审申请文件的时间，自资格预审文件停止发售之日起不得少于5日。

资格预审结束后，招标人应当及时向资格预审申请人发出资格预审结果通知书。未通过资格预审的申请人不具有投标资格。通过资格预审的申请人少于3个的，应当重新招标。

招标人采用资格后审办法对投标人进行资格审查的，应当在开标后由评标委员会按照招标文件规定的标准和方法进行。

6）标前会议

标前会议是招标人在投标前按照投标人须知组织召开的会议，也是投标预备会或者招标文件交流会，会议主要针对招标文件中存在问题的内容加以解释、修改或者补充说明，会后招标人将会议纪要以书面形式发给每一位投标人。会议纪要等文件作为招标文件的补充文件，具有同等法律效力。

招标人为保证投标人编制投标文件所需要的合理时间，有充分的时间研究招标文件的补充或修改内容，可以在标前会议上根据实际情况确定延长投标截止时间。根据《招标投标法》的规定，依法必须进行招标的项目，自招标文件开始发出之日起至标人提交投标文件截止之日止，最短不得少于20日。

7）评标

评标由招标人依法组建的评标委员会负责。依法必须进行招标的项目，其评标委员会由招标人的代表和有关技术、经济等方面的专家组成，成员人数为五人以上单数，其中技术、经济等方面的专家不得少于成员总数的三分之二。

评标委员会应当按照招标文件确定的评标标准和方法，对投标文件进行评审和比较；设有标底的，应当参考标底。评标委员会完成评标后，应当向招标人提出书面评标报告，并推荐合格的中标候选人。招标人根据评标委员会提出的书面评标报告和推荐的中标候选人确定中标人。招标人也可以授权评标委员会直接确定中标人。

国有资金占控股或者主导地位的依法必须进行招标的项目，招标人应当确定排名第一的中标候选人为中标人。排名第一的中标候选人放弃中标、因不可抗力不能履行合同、不按照招标文件要求提交履约保证金，或者被查实存在影响中标结果的违法行为等情形，不符合中标条件的，招标人可以按照评标委员会提出的中标候选人名单排序依次确定其他中标候选人为中标人，也可以重新招标。

3.1.2　施工投标的内容

1）研究招标文件

招标文件是投标的重要依据，施工单位在取得投标资格后应该仔细地分析研究招标文件，充分理解其内容和具体要求，最好组建投标小组研究。招标文件的研究重点包括投标人须知、合同条款、设计图纸、工程量清单、技术标准和要求等，尤其是其中的特殊要求。

2）进行各项调查研究

调查研究是进一步了解工程实际情况的重要步骤，潜在投标人应对建设工程的现场条件、市场经济环境和参与各方主体进行调查，全面地、仔细地调查了解现场及其周围的政治、经济、人文、地理等情况。在投标报价时适当考虑，做到事先有准备。

3）复核工程量

对于招标文件中提供的工程量清单，投标人需要进行复核，因为这直接影响投标报价的高低及技巧，以及中标的可能性。例如，某投标人已大体确定工程总价，对部分工程量可能增加的项目，采用不平衡报价法，提高其综合单价；而对部分工程量可能减少的项目，降低其综合单价。还有，在工程量复核中若发现计算单位、工程数量等方面的错误及清单项目遗漏，必要时可找招标人进行核对，要求招标人澄清或修改，这也直接影响投标报价和合同条款的补充修改。

4）选择施工方案

施工方案是投标报价的基础，其中涉及的人工、材料、机械的消耗量就决定了投标报价的高低。投标人应根据设计图纸、经复核的工程量、技术要求及规范，以及开工/竣工日期、市场价格等，制订施工方案。

施工方案一般由施工单位的技术负责人负责制订，主要包括施工方法、施工进度安排、施工机具、劳动力计划、质量保证措施、安全生产保证措施等，在保证工期、质量等要求下，降低施工成本。

5）投标报价计算

投标报价计算是投标人对承包建设工程施工任务所要发生的各种费用的计算，包括计算工程成本、单价分析、确定利润，选择报价技巧和策略，确定最终报价。此外，投标报价的计算与合同计价方式有关。

6）正式投标

投标人按照招标文件的要求，完成投标文件的编制并按要求密封后，可以按照规定的时间和地点，向招标人正式提交投标文件。

为保证投标有效，投标人应在投标截止日之前提交投标文件，否则招标人可以拒收，视为无效投标。投标人应当按照招标文件的要求编制投标文件，投标文件应当对招标文件提出的实质性要求和条件作出响应。投标人要按要求对投标文件进行密封签章，并提交规定的投标担保。

3.2　施工合同概述

施工阶段是建设工程实体和功能实现的关键阶段。施工阶段保证工程质量、缩短工期、控制造价是建设工程顺利实施的重要衡量指标，为此承发包双方要签订施工合同来约束双方的权利和义务。

3.2.1　施工合同的概念

建设工程施工合同是指发包人（建设单位）和承包人（施工单位）就完成具体建设工程施工任务，明确双方权利和义务的书面协议。

建设工程施工合同是建设工程合同的主要合同之一，必须遵守国家法律政策，遵守自愿、公平、诚实信用等原则。建设工程施工合同是将设计图纸转化成满足使用功能、质量等要求的建筑产品，它是双务有偿合同。合同双方当事人（建设单位和施工单位）必须具备签订合同的资格和履行合同的能力。建设工程施工合同应当采用书面形式订立。

3.2.2　施工合同的特点

建筑产品具有一次性、建设周期长、施工技术复杂等特殊性，因此决定了其施工合同相对于其他标的物合同具有以下特点：

1）合同的标的物特殊

建设工程施工合同的标的物是各类建筑产品。建筑产品的固定性及流动性决定其区别于其他合同的标的物，具有单件性的特点。建筑产品规模庞大，所需投入的人力、物力、财力也较多，每个施工合同执行过程都具有一次性的特点。

2）合同的履行时间长

建筑产品的规模庞大、技术复杂，建设周期都比较长，尤其是施工阶段的时间长。根据施工难易程度和工程量的大小，施工合同的履行时间短则几个月，长则几年。在施工过程中，时间越长，不确定性因素越多，合同履行过程中双方承担的风险就越大。

3）合同的内容全面

由于施工合同标的物和履行时间的特点，在实施过程中会面临诸多问题，因此就要求在合同内容方面要尽量详尽。施工合同除了包括工程范围、工期、质量、造价等内容，还包括双方的权利和义务、材料和设备供应、进度款的拨款和结算、工程变更、竣工验收、质量保修、违约责任等。

4）合同的管理严格

为保护合同双方的合法权益，促使双方认真履行义务和职责，从合同的签订到合同的履行，从合同主体到合同客体都涉及严格的监督和管理。施工合同的管理除了要遵守相应的法律规范外，还要接受建设工程行政主管部门、市场监督管理部门、税务部门等监督机构的管理，以提高建设项目的经济效益和社会效益。

3.2.3　施工合同的类型

建设工程施工合同按照计价方式的不同可以分为总价合同、单价合同和成本加酬金合同。

1）总价合同

总价合同也称总价包干合同，是指根据合同规定的工程施工内容和有关条件，当施工内容和有关条件不发生变化时，建设单位应付给施工单位的价款是一个规定金额的合同形式。

总价合同可以分为固定总价合同和变动总价合同。

（1）固定总价合同，即合同总价固定，不再因为环境的变化和工程量的增减而变化。此时，施工单位承担了价格和工程量的全部风险。因此，采用固定总价合同，施工单位必须明确工程施工任务和内容、业主的要求和条件，充分考虑价格变动及不可预见因素的影响。固定总价合同适用于工程量小、工期短、工程任务和范围明确的工程项目

（2）变动总价合同，即可调总价合同，是指在施工过程中，由于通货膨胀等原因而使涉及的人工、材料成本增加时，可以按照合同约定对合同总价进行相应调整的合同形式。同样，由于设计变更、工程量变化和其他工程条件变化所引起的费用变化也可以进行调整。此时，可调整部分的风险由建设单位承担，施工单位的风险相对降低。变动总价合同适用于施工时间在一年以上的工程项目，而一年左右的项目一般实行固定总价合同，有利于建设单位进行投资控制。

2）单价合同

单价合同是指根据工程内容和估算的工程量，确定每项工程内容的单位价格，在支付价款时则根据完成的实际工程量乘以确定的单位价格支付工程款的合同形式。在

招标投标签约时会有总价，但在工程结算时以单价优先。因此，建设单位和施工单位都不用承担工程量的变化带来的调整工程价款的风险。

单价合同可分为固定单价合同和变动单价合同。

（1）固定单价合同，即合同单价固定不变，不受其他因素的影响。

（2）变动单价合同，即可调单价合同，是指根据合同约定的工程量变化幅度，或者通货膨胀等影响因素达到某种程度时，可以调整单价，并约定如何调整单价的合同形式。因此，相对于固定单价合同，采用变动单价合同时，施工单位承担的风险要小。

3）成本加酬金合同

成本加酬金合同，即成本补偿合同，是指工程完工后的最终合同价格，按照工程的实际成本再加上一定的酬金进行计算的合同形式。采用这种合同形式是因为在签订合同时，工程的成本往往不能确定，只能确定酬金的取值比例或者计算原则等。成本加酬金合同有成本加固定费用合同、成本加固定比例费用合同、成本加奖金合同、最大成本加费用合同等形式。此时，施工单位不承担任何工程量或价格变化带来的风险，而由建设单位承担，所以不利于建设单位的投资控制，也不利于施工单位的成本控制。成本加酬金合同通常适用于时间特别紧迫（如抢险、救灾工程）或者工程技术复杂不能预先确定的工程项目。

（1）成本加固定费用合同

合同双方根据工程规模、技术要求及复杂性、估计工期及所涉及的风险等讨论确定一个固定数目的报酬作为施工单位的管理费及利润，对人工、材料、机械台班等直接成本则按照实际情况实报实销。这种合同形式虽不能鼓励承包商控制施工成本，但是承包商为尽快得到报酬，会尽力缩短工期。也可以在固定费用的基础上，根据工期、质量和成本等因素，给承包人另加一定的奖金，以鼓励承包人积极履行合同。

（2）成本加固定比例费用合同

对人工、材料、机械台班等直接成本加一定比例的费用作为报酬，报酬部分的比例在签订合同时由双方确定。这种合同形式的报酬随直接成本的增加而增加，不利于降低成本。

（3）成本加奖金合同

根据报价书中的估算成本制定一个底点和顶点，一般为估算成本的 60% ~ 75% 和 110% ~ 135%。若承包人在估算成本的顶点以下完成则可得到奖金，超过顶点则要对超出部分支付相应的罚款。若承包人在估算成本的底点以下完成则可加大酬金或酬金的百分比。当然，一般约定罚款不超过原先约定的最高酬金。这种合同形式在一定程度上有利于承包人节约成本，适用于在招标投标阶段仅能制定估算成本时使用。

（4）最大成本加费用合同

当设计深度达到可以报总价的深度时，投标人报一个工程成本总价和一个固定的酬金（包括各项管理费、风险费和利润），这就是最大成本加费用合同，即在成本基础上加固定酬金的方式。如果实际成本超过合同中规定的工程成本总价，由承包商承担所有的额外费用，因此称为最大成本；若节约了成本，节约的部分在合同中约定如何分配。

不同的合同形式给合同双方带来的风险不同，双方要根据实际情况谨慎选择。

3.3　施工合同的订立

3.3.1　合同订立的概念

合同订立是指两个及两个以上当事人通过平等协商，达成一致意见，建立合同关系的法律行为。

订立合同是合同当事人之间明确相互之间的权利和义务的方式，是当事人意思表示一致的外在表现。合同当事人可以是自然人、法人或其他组织，必须具备与所订立合同相适应的民事权利能力和民事行为能力。建设工程施工合同的订立，承包方还需满足相应的资质条件，而自然人是没有相应资质的，故自然人不可以作为施工承包方，其签订的施工合同无效。

3.3.2　合同订立的形式

订立合同的形式，有书面形式、口头形式和其他形式。法律法规规定或双方当事人约定采用书面形式的，应当采用书面形式。

1）口头形式

口头形式是以口头语言（如电话等）进行意思表示的方式而订立合同的形式。它的主要优点是简便、迅速、易行，缺点是发生争议时难以举证和划分责任。

2）书面形式

书面形式是指以合同书、信件和数据电文（如电报、电传、传真、电子数据交换和电子邮件）等可以有形地表现所载内容的形式。它的优点是合同内容规范化，解决争议时举证方便，便于监督管理，保护双方的权益。建设工程合同应当采用书面形式。

3）其他形式

除上述的口头形式和书面形式外，合同订立还可采用其他形式。如根据当事人的行为或特定情形能够推定的合同形式（如推定形式），或者根据交易习惯所采用的形式（如默示形式），都属于法律认可的合同形式。

3.3.3　合同订立的程序

当事人订立合同的过程包括要约和承诺两个阶段。

1）要约

根据《中华人民共和国民法典》（以下简称《民法典》）第四百七十二条的规定，"要约是希望和他人订立合同的意思表示"。发出要约的人是要约人，接受要约的人是受要约人。

要约的意思表示应当符合以下条件：内容具体确定；表明经受要约人承诺，要约人即受该意思表示约束。

（1）要约邀请

要约邀请又称要约引诱，是指希望他人向自己发出要约的意思表示。买卖公告、招标公告、招股说明书、债券募集办法、基金招募说明书、商业广告和宣传、寄送的价目表等为要约邀请。商业广告和宣传的内容符合要约条件的，构成要约。

要约邀请区别于要约，要约邀请只是当事人希望对方主动向自己提出订立合同的意思表示，属于当事人为订立合同的预备行为，一般没有特定的相对人。

（2）要约生效

根据《民法典》第四百七十四条和第一百三十七条的规定：以对话方式作出的意思表示，相对人知道其内容时生效；以非对话方式作出的意思表示，到达相对人时生效。以非对话方式作出的采用数据电文形式的意思表示，相对人指定特定系统接收数据电文的，该数据电文进入该特定系统时生效；未指定特定系统的，相对人知道或者应当知道该数据电文进入其系统时生效。当事人对采用数据电文形式的意思表示的生效时间另有约定的，按照其约定。要约一经生效，要约对要约人具有法律约束力。

（3）要约撤回和撤销

根据《民法典》第四百七十五条和第一百四十一条的规定：要约可以撤回。撤回意思表示的通知应当在意思表示到达相对人之前或者与意思表示同时到达相对人。

根据《民法典》第四百七十六条和第四百七十七条规定：要约可以撤销。撤销要约的意思表示以对话方式作出的，该意思表示的内容应当在受要约人作出承诺之前为受要约人所知道；撤销要约的意思表示以非对话方式作出的，应当在受要约人作出承诺之前到达受要约人。

有下列情形之一的，要约不得撤销：要约人以确定承诺期限或者其他形式明示要约不可撤销；受要约人有理由认为要约是不可撤销的，并已经为履行合同做了合理准备工作。

有下列情形之一的，要约失效：要约被拒绝；要约被依法撤销；承诺期限届满，受要约人未作出承诺；受要约人对要约的内容作出实质性变更。

2）承诺

承诺是受要约人同意要约的意思表示。承诺一经作出，并送达要约人，合同即成立。根据《民法典》第四百八十条的规定：承诺应当以通知的方式作出；但是，根据交易习惯或者要约表明可以通过行为作出承诺的除外。

承诺应当在要约确定的期限内到达要约人。要约没有确定承诺期限的，承诺应按规定到达：要约以对话方式作出的，应当即时作出承诺；要约以非对话方式作出的，承诺应当在合理期限内到达。

（1）承诺生效

承诺通知到达要约人时生效。承诺不需要通知的，根据交易习惯或者要约的要求作出承诺的行为时生效。

（2）承诺撤回

承诺可以撤回。撤回承诺的通知应当在承诺通知到达要约人之前或者与承诺通知同时到达要约人。

（3）新要约

受要约人对要约的内容作出实质性变更，或者受要约人超过承诺期限发出承诺的，或者在承诺期限内发出承诺，按照通常情形不能及时到达要约人的，除要约人及时通知受要约人该承诺有效的以外，为新要约。有关合同标的、数量、质量、价款或者报酬、履行期限、履行地点和方式、违约责任和解决争议方法等的变更，是对要约内容的实质性变更。

3.3.4 施工合同无效情形

（1）承包人未取得资质、超越资质等级或者没有资质的实际施工人借用有资质的建筑施工企业名义订立的建设工程施工合同。

（2）必须进行招标的建设工程项目，未招标或者中标无效而订立的建设工程施工合同。

（3）承包人非法转包、违法分包建设工程而与他人订立的建设工程施工合同。

①非法转包是指承包单位承包建设工程，不履行合同约定的责任和义务，将其承包的全部建设工程转给他人或者将其承包的全部建设工程肢解以后以分包的名义分别转给其他单位承包的行为。

②违法分包是指承包单位具有下列行为：

A.总承包单位将建设工程分包给不具备相应资质条件的单位的。

B.建设工程总承包合同中未有约定，又未经建设单位认可，承包单位将其承包的部分建设工程交由其他单位完成的。

C.施工总承包单位将建设工程主体结构的施工分包给其他单位的。

D.分包单位将其承包的建设工程再分包的。

E.承包人将工程分包给不具备相应资质条件的单位。

F.肢解分包也是违法分包，是指建设单位将应当由一个承包单位完成的建设工程分解成若干部分发包给不同的承包单位的行为。

需要注意，建设工程可以分包，但是不得违反法律的有关规定。

3.4 施工合同的内容

建设工程施工合同（以下简称施工合同）包括建设工程施工总承包合同和建设工程施工分包合同。建设工程施工分包合同又包括专业工程分包合同和劳务作业分包合同。

一般情况下，在施工总承包合同中，发包人是建设单位或取得项目总承包资格的项目总承包单位，承包人是取得相应施工总承包资质的施工单位。分包合同的发包人是签订施工总承包合同的承包人，一般继续称之为承包人或总承包人；分包合同的承包人是专业工程施工单位或劳务单位，一般称之为分包人。

3.4.1 施工合同示范文本

为了规范和指导建设工程施工合同双方当事人的签约行为，维护合同当事人的合法权益，依据《中华人民共和国合同法》（现已被《民法典》替代）、《中华人民共和国建筑法》（以下简称《建筑法》）、《招标投标法》以及相关法律法规，住房城乡建设部、国家工商行政管理总局（现国家市场监督管理总局）对《建设工程施工合同（示范文本）》（GF-2013—0201）进行了修订，制定了《建设工程施工合同（示范文本）》（GF-2017—0201）（以下简称《示范文本》）。与 2013 版《示范文本》相比，2017 版《示范文本》主要针对"缺陷责任"与"质量保证金"两项内容进行了修改。

《示范文本》规定了施工合同双方的一般权利和义务，有利于引导和规范建设施工行为。《示范文本》为非强制性使用文本，适用于房屋建筑工程、土木工程、线路管道和设备安装工程、装修工程等建设工程的施工承发包活动，合同当事人可结合建设工程具体情况，根据《示范文本》订立合同，并按照法律法规规定和合同约定承担相应的法律责任。

3.4.2　施工合同文件的组成及解释顺序

1）《示范文本》的组成

《示范文本》由合同协议书、通用合同条款和专用合同条款三部分组成。

（1）合同协议书

《示范文本》合同协议书共计 13 条，主要包括：工程概况、合同工期、质量标准、签约合同价和合同价格形式、项目经理、合同文件构成、承诺以及合同生效条件等重要内容，集中约定了合同当事人基本的合同权利、义务。

（2）通用合同条款

通用合同条款是合同当事人根据《建筑法》《民法典》等法律法规的规定，就工程建设的实施及相关事项，对合同当事人的权利义务作出的原则性约定。

通用合同条款共计 20 条，具体条款分别为：一般约定、发包人、承包人、监理人、工程质量、安全文明施工与环境保护、工期和进度、材料与设备、试验与检验、变更、价格调整、合同价格、计量与支付、验收和工程试车、竣工结算、缺陷责任与保修、违约、不可抗力、保险、索赔和争议解决。前述条款安排既考虑了现行法律法规对工程建设的有关要求，也考虑了建设工程施工管理的特殊需要。

（3）专用合同条款

专用合同条款是对通用合同条款原则性约定的细化、完善、补充、修改或另行约定的条款。合同当事人可以根据不同建设工程的特点及具体情况，通过双方的谈判、协商对相应的专用合同条款进行修改补充。在使用专用合同条款时，应注意以下事项：

①专用合同条款的编号应与相应的通用合同条款的编号一致。

②合同当事人可以通过对专用合同条款的修改，满足具体建设工程的特殊要求，避免直接修改通用合同条款。

③在专用合同条款中有横道线的地方，合同当事人可针对相应的通用合同条款进行细化、完善、补充、修改或另行约定；如无细化、完善、补充、修改或另行约定，则填写"无"或画"/"。

2）施工合同文件的组成部分

施工合同文件的组成部分，除了《示范文本》的协议书、通用条款和专用条款三部分，还包括投标文件及其附件、中标通知书、有关的技术标准及规范、技术文件、图纸、工程量清单、工程报价或预算文件等。

3) 施工合同文件的解释顺序

施工合同文件中的各组成部分之间应能够相互说明、互为解释。但是，在实际工程中，有可能存在各组成部分内容不一致的情况，这就需要明确各组成部分的优先解释顺序。一般可以根据通用条款中规定的合同文件的优先解释顺序，或者合同当事人在专用条款中约定。双方另行约定的原则是将签署日期较近的文件或内容较重要的文件排在其他文件的前面，即更加优先解释。

除合同双方当事人在专用条款中另有约定外，通用条款中规定的组成本合同文件的优先解释顺序如下：

（1）合同协议书。

（2）中标通知书（如果有）。

（3）投标函及其附录（如果有）。

（4）专用合同条款及其附件。

（5）通用合同条款。

（6）技术标准和要求。

（7）图纸。

（8）已标价工程量清单或预算书。

（9）其他合同文件。

上述各项合同文件包括合同当事人就该项合同文件所作出的补充和修改，属于同一类内容的文件，应以最新签署的为准。

在合同订立及履行过程中形成的与合同有关的文件均构成合同文件组成部分，并根据其性质确定优先解释顺序。

3.4.3　施工合同的主要内容

《民法典》第七百九十五条规定：施工合同的内容一般包括工程范围、建设工期、中间交工工程的开工和竣工时间、工程质量、工程造价、技术资料交付时间、材料和设备供应责任、拨款和结算、竣工验收、质量保修范围和质量保证期、相互协作等条款。因此，施工合同示范文本主要包括以下几部分内容：

（1）词语定义与解释。

（2）合同双方的一般权利和义务（包括代表业主利益进行监督管理的监理人员的权利和职责）。

（3）工程施工的进度控制。

（4）工程施工的质量控制。

（5）工程施工的费用控制。

（6）施工合同的监督与管理。

（7）工程施工的信息管理。

（8）工程施工的组织与协调。

（9）施工安全管理与风险管理。

知识链接

在《建设工程施工合同（示范文本）》（GF-2017—0201）的词语定义与解释中，对合同当事人及其他相关方相关词语赋予如下的含义（第1.1.2项）。

1.合同当事人，是指发包人和（或）承包人。

2.发包人，是指与承包人签订合同协议书的当事人及取得该当事人资格的合法继承人。

3.承包人，是指与发包人签订合同协议书的，具有相应工程施工承包资质的当事人及取得该当事人资格的合法继承人。

4.监理人，是指在专用合同条款中指明的，受发包人委托按照法律规定进行工程监督管理的法人或其他组织。

5.设计人，是指在专用合同条款中指明的，受发包人委托负责工程设计并具备相应工程设计资质的法人或其他组织。

6.分包人，是指按照法律规定和合同约定，分包部分工程或工作，并与承包人签订分包合同的具有相应资质的法人。

7.发包人代表，是指由发包人任命并派驻施工现场在发包人授权范围内行使发包人权利的人。

8.项目经理，是指由承包人任命并派驻施工现场，在承包人授权范围内负责合同履行，且按照法律规定具有相应资格的项目负责人。

9.总监理工程师，是指由监理人任命并派驻施工现场进行工程监理的总负责人。

3.5　施工合同的管理

3.5.1　施工合同管理的概念

施工合同管理是指对建设工程施工合同的签订、履行、变更和解除的全过程进行监督和检查，对合同履行过程中出现的问题进行处理，以确保合同依法订立和顺利履行。施工合同管理的内涵主要体现为以下两点：

（1）施工合同管理贯穿于合同签订、履行、终止直至归档的全过程。

（2）施工合同管理的目的是合同双方通过各自在合同履行过程中进行的计划、组织、协调等一系列管理工作，促使建设工程各部门、各参与方、各环节之间相互衔接、密切配合，以确保工程建设顺利实施。

3.5.2　施工合同管理的内容

施工合同管理包括合同订立、履行、控制、变更、索赔、终止、解除、争议解决和综合评价等内容。具体内容包括：

（1）合同管理人员对合同履行情况进行监督检查。

（2）企业组织对项目经理及负责人员进行《民法典》中合同相关规定及有关知识的培训。

（3）建立健全建设工程施工合同管理制度。

（4）做好施工合同履行情况的统计分析。

（5）组织和配合各部门做好施工合同的鉴证、公证和调解、仲裁及诉讼活动。

3.5.3　施工合同管理机构及人员的设置

1）施工合同管理机构的设立

施工合同管理机构是施工企业的重要组织机构，因此企业会组织专业人员成立合同管理机构来管理合同的谈判、签订、履约、修改、存档等一系列活动。

2）施工合同管理专业人员的配备

施工合同管理机构应配备专业人员，具体落实合同管理工作。对于大型企业来说，合同管理人员应当分工明确，专人负责；对于中小型企业来说，可依据合同管理工作量决定合同管理人员的数量，其工作分工可按合同性质、种类确定，也可按合同实施阶段确定。

3）企业内部施工合同管理的协作

企业内部机构和人员对于合同管理的协作，是指由企业内部各相关职能部门各司其职，分别参与合同的谈判、起草和修改等工作，并建立会审和监督机制，配合实施合同管理制度。

> **知识链接**

合同管理人员的任务主要包括以下几方面：

（1）向项目经理和项目管理职能人员、各工程小组、所属的分包人提供帮助，并进行工作上的指导，如经常性地解释合同，对来往信件、会谈纪要等进行合同法律审查等。

（2）对工程实施进行有力的合同控制，保证承包人正确履行合同，保证整个工程按合同有计划、有步骤、有秩序地施工，防止失控现象的出现。

（3）及时预见和避免合同问题，以及由此引起的各种责任，防止合同争执或因争执造成的损失。

（4）向各级管理人员和发包人提供工程合同实施的情况报告，提供决策建议和意见。

3.5.4　施工合同管理的主要工作

1）施工合同的策划与签订管理

承包人必须按照招标文件的要求编制投标文件，所以合同的主要内容是参考"发包人要求"而确定的。

（1）承包人的合同策划主要有投标决策、投标策略与技巧的选择，合同谈判策略的确定、招标文件及合同文本的分析。

（2）在确定中标后及合同签订前，承包人与发包人可以就非实质性内容进行谈判，双方达成一致意见后，进行合同评审，最后正式签订合同。

2）施工合同的实施管理

（1）合同的实施计划

为了确保施工合同中各项内容的顺利实施，承包人应编制施工合同实施计划，做好总体的协调安排。

（2）合同的实施控制

承包人应定期对施工合同执行情况进行监督和检查，做好合同实施的跟踪控制，发现问题及时解决，并督促责任人改进工作。合同的实施控制主要包括合同交底、合同跟踪与诊断、合同变更管理和索赔管理等工作。这是施工合同管理的重要内容，在后续单元会详细展开讲解。

3）施工合同的档案管理

（1）合同资料的收集。合同文件包括许多资料和文件；在合同分析过程中又产生许多合同分析文件；在合同实施过程中每天也会产生许多合同资料，如记工单、领料单、图纸、报告、指令、信件等。

（2）资料的加工。原始资料必须经过信息加工才能成为可供决策的信息，成为工程报表或报告文件。

（3）资料的保存。合同管理过程中涉及的全部资料要注意做好存档工作，直到合同结束。

（4）资料的提供、调用和输出。合同管理人员负责向各方提供所需要的合同资料，并报告工程实施的具体情况。

3.5.5　施工合同管理的重要性

对于任何工程项目来说，建设工程施工合同是必不可少的。建设工程施工合同在工程中有着特殊的地位和作用。

（1）建设工程施工合同明确了工程实施和管理的主要目标及其他相关的具体问题，是合同双方在工程建设过程中进行各种经济活动的重要依据。建设工程施工合同在工程施工前签订，确定了工程完工后所要达到的三大目标：

①工期目标，包括工程开工、竣工时间以及施工过程中重要施工活动的具体时间安排等。

②质量目标，包括具体的质量、技术、功能等方面的要求，即建设工程施工质量标准、技术规范、工程项目建成后达到的生产能力等。

③费用目标，包括工程施工总费用、各分部分项工程的费用、价款支付形式和支付时间等。

（2）合同决定了双方的经济关系，即规定了双方在合同实施过程中的责任、权利和义务。从本质上讲，合同双方的利益诉求是不一致的。在工程建设过程中，不可避免会出现各方协调不一致的情况。合同是调节合同当事人之间经济关系和保证工程顺利实施的有效手段，它可以在双方保护自身权益的前提下，约束对方较好地履行义务。

（3）合同是双方参与施工活动的最高行为准则，具有法律效力，受到法律的保护和制约。若一方未能正常履行合同约定的责任和义务，或者明确表示不再履行合同，则要弥补对方的损失并会受到相应的处罚，但特殊情况（如不可抗力因素等）除外。

（4）合同管理是将工程建设各方各部分协调统一的管理行为。随着工程规模的增大，一项工程往往需要几个或几十个单位参与建设，此时协调关系就显得尤为重要了。若有一方违约，不仅给自身造成损失，而且会影响后续的合作伙伴及整个工程建设。因此，合同管理能够保障工程建设过程中每个环节都保质保量地按时完成，维护施工的正常秩序。

（5）合同是合同双方争执解决的重要依据。主要体现在两个方面：一方面，争执的判定以合同文件作为依据，即通过合同条款的约定来判定争执的性质和责任等；另一方面，争执的解决方法和程序在合同均中有明确的规定。

3.6　施工合同的控制

施工合同确定了工程管理的控制目标，是合同双方进行经济活动的依据。施工合同的控制必须协调和处理各专业施工、材料和设备供应及运输等方面的关系，保证施工过程有序地按计划实施。

3.6.1　施工合同交底

施工合同交底是在合同实施前由合同管理人员向项目管理人员和各工程小组负责人就合同的主要内容进行分析、解读和说明，让大家熟悉合同中的主要内容和规定，了解合同双方的责任和义务，将合同实施的具体工作和责任落实到各责任人。

在传统施工管理的交底中，管理人员通常比较重视技术交底（设计图纸交底），往往对合同交底工作的重视程度不够，会严重影响管理人员在合同实施中责任的分解和目标的实现。合同交底的主要内容有：

（1）合同的主要内容。

（2）合同关系及合同有关各方之间的权利与义务。

（3）各项合同任务的分解和落实。

（4）合同工期目标及目标控制的具体要求和方法。

（5）合同质量控制目标及合同规定执行的技术规范和标准，明确工程验收标准和程序。

（6）预算控制目标、合同价款支付方式及调整条件。

（7）材料和设备的采购、验收的相关规定。

（8）索赔的时机和处理策略。

（9）合同双方的违约责任及争议解决的方式和要求。

（10）合同履行中应注意的问题及可能遇到的风险和相关建议等。

3.6.2　施工合同跟踪检查

合同实施过程中的跟踪检查是对合同的履行情况进行监督和控制，以保证合同顺利实施及合同目标得以实现。施工合同跟踪检查主要从两个方面进行：一方面是施工单位合同管理人员对项目经理部合同履行情况进行的跟踪检查；另一方面是项目经理部自身对合同履行情况进行的跟踪检查。

1）合同跟踪检查的依据

（1）合同及合同文件（包括编制的各种计划、方案等）。

（2）各种实际工程文件（包括原始记录、报表、验收报告等）。

（3）项目管理人员对现场情况的直观了解（包括现场巡视、交谈、会议、质量检查等）。

2）合同跟踪检查的对象

（1）对具体施工任务的跟踪检查

①工程范围：是否按合同要求完成，有无合同规定以外的施工任务。

②工程质量：是否符合合同要求，包括材料、设备、构件的质量以及施工质量。

③工程进度：是否在计划时间内完成，工期有无延长及延长的原因分析等。

④工程成本：是否与计划成本一致，成本超支还是节约及其原因分析等。

（2）对工程小组或分包人工作的跟踪检查

工程施工任务是由不同的工程小组或分包人分别完成的，施工单位应对其工程任务实施情况进行跟踪检查，并组织协调关系，给予建议或意见，以保证总体任务的顺利完成。在实际工程中，往往由于某一工程小组或分包人的工程质量或进度拖延等问题影响整个工程进度。总承包人应对分包人的工作进行协调和管理，并承担由此造成的损失，这也是总承包人合同管理的重要任务。

（3）对业主和监理工程师工作的跟踪检查

①业主是否及时并完整地提供了工程施工的必要条件，如场地、图纸、资料等。

②业主和监理工程师是否及时给予了指令和答复等。

③业主是否及时并足额地支付了应付的工程款。

（4）对工程总体的跟踪检查

从整体上把握工程实施情况，系统地组织协调各组成部分，保证合同顺利实施。

3.6.3 施工合同偏差分析

由于实际情况发生变化，合同的具体实施与目标计划之间存在一定程度上的偏离，我们称之为偏差。通过合同的跟踪检查，管理人员可以发现合同实施中存在的偏差，并对产生偏差的原因进行分析，采取有效的纠偏措施，不断调整合同实施，使之按照目标计划进行。

1）偏差产生的原因

根据合同跟踪检查结果，对比实际情况与目标计划，管理人员可以分析偏差的成因，为下一步的纠偏工作提供依据。分析偏差产生的原因可以采用鱼骨图、因果关系分析图、成本量差/价差/效率差分析等定性或定量的方法。产生偏差的原因可能有以下几种情况：

（1）工程进度的超前或拖延。

（2）工程施工顺序没有按照计划执行。

（3）工程成本超支，如人工费、材料费上涨。

（4）新增附加工程或其他大的工程量增加。

（5）施工作业效率低或资源消耗量大等情况。

初步分析产生偏差的原因后，再进一步深入分析其具体原因。如可能导致施工作业效率低的原因有内因和外因两个方面：内因方面，如施工组织管理效率低，新技术、新设备缺少培训，施工人员技术熟练度低，工人施工作业积极性不高等；外因方面，如设计图纸修改频繁，施工环境条件不利等。产生偏差的原因可能是多方面的，还需要进一步分析各个具体因素带来的影响。

2）偏差的责任分析

偏差的责任分析就是分析引起这些偏差的责任人是谁，即由谁承担责任。按照合同规定，偏差原因分析具体详细、有理有据，那么偏差的责任界定就越清楚，这也往往是索赔的重要依据。

3）实施趋势的分析

针对合同偏差分析结果，要考虑采取何种措施或不采取何种措施，以及采取不同措施时，合同实施的趋势是如何的，并对未来可能产生的风险提出应对预案。趋势分析主要有以下几方面：

（1）最终的工程成果，包括总工期是否延误、总成本是否超支、质量标准是否符合、是否能达到生产能力（或功能要求）等。

（2）施工方将承担的后果，如被罚款、清算，甚至被起诉，以及对施工方的企业形象、经营战略的影响等。

（3）最终工程经济效益（或利润）水平。

3.6.4　施工合同纠偏措施

根据合同偏差分析的结果，管理人员可以有针对性地采取纠偏措施。

（1）组织措施，如增加人员投入，调整组织结构和任务分工，改善工作流程和调整工作计划等。

（2）技术措施，如变更技术（包括设计和施工的技术）方案，调整设计，改进施工方法和改变施工机具等。

（3）经济措施，如增加投入，落实加快进度所需资金，采取经济激励措施等。

（4）合同措施，如强化合同管理，进行合同变更，签订附加协议，采取索赔等。

3.7　合同变更管理

合同变更是指在工程施工过程中，由于实际环境或相关条件的变化，各方根据合同约定对施工程序、内容、数量、质量等方面的变化作出的适当处理。

3.7.1　合同变更的原因

合同变更的原因主要有以下几个方面：

（1）业主原因

业主对工程项目的新要求，如改变工程规模、使用功能、质量标准，修改项目计划、投资计划等。

（2）设计原因

设计人员的设计错漏、设计调整导致的设计图纸修改，或者其他原因导致原设计方案的改变。

（3）施工原因

施工组织管理不当导致施工方法、施工顺序、施工工艺的改变。

（4）环境原因

不可预见外部因素和工程周围环境变化导致的工程变更。

（5）合同原因

合同实施中出现问题导致原合同条款的修正和补充。

3.7.2　合同变更的范围

根据《示范文本》第 10.1 款变更的范围，除专用合同条款另有约定外，合同履行过程中发生以下情形的，应按照本条约定进行变更：

（1）增加或减少合同中任何工作，或追加额外的工作。

（2）取消合同中任何工作，但转由他人实施的工作除外。

（3）改变合同中任何工作的质量标准或其他特性。

（4）改变工程的基线、标高、位置和尺寸。

（5）改变工程的时间安排或实施顺序。

根据国际咨询工程师联合会（FIDIC）制定的《施工合同条件》，变更的内容可能包括以下几个方面：

（1）改变合同中所包括的任何工作的数量。

（2）改变任何工作的质量和性质。

（3）改变工程任何部分的标高、基线、位置和尺寸。

（4）削减任何工作，但要交他人实施的工作除外。

（5）任何永久工程需要的任何附加工作、工程设备、材料或服务。

（6）改动工程的施工顺序或时间安排。

3.7.3　合同变更的程序

变更指示一般通过监理工程师发出，监理工程师发出变更指示前应征得发包人同意。承包人收到经发包人签认的变更指示后，方可实施变更。未经许可，承包人不得擅自对工程的任何部分进行变更。涉及设计变更的，应由设计人提供变更后的图纸和说明。如变更超过原设计标准或批准的建设规模，发包人应及时办理规划、设计变更等审批手续。

据统计，工程变更是索赔的主要起因。这是由于变更会引起工期的拖延或费用的增加，影响到合同双方的利益，因此在变更管理中要重视变更的相关规定，尤其按照变更程序提出变更。根据《示范文本》第 10.3 款，一般变更的程序如下：

1）发包人提出变更

发包人提出变更的，应通过监理人向承包人发出变更指示，变更指示应说明计划变更的工程范围和变更的内容。

2）监理人提出变更建议

监理人提出变更建议的，需要以书面形式向发包人提出变更计划，说明计划变更工程范围和变更的内容、理由，以及实施该变更对合同价格和工期的影响。发包人同意变更的,由监理人向承包人发出变更指示。发包人不同意变更的,监理人无权擅自发出变更指示。

3) 变更执行

承包人收到监理人下达的变更指示后,认为不能执行的,应立即提出不能执行该变更指示的理由。承包人认为可以执行变更的,应当书面说明实施该变更指示对合同价格和工期的影响,且合同当事人应当按照变更估价的相关约定确定变更估价。

不仅发包人和监理工程师可以提出变更,设计单位或者承包人也可以提出变更要求和建议,需经业主或监理工程师按施工合同文件相关规定审查和批准。

根据《示范文本》第10.5款,承包人提出合理化建议的,应向监理工程师提交合理化建议说明,说明建议的内容和理由,以及实施该建议对合同价格和工期的影响。

除专用合同条款另有约定外,监理工程师应在收到承包人提交的合理化建议后7天内审查完毕并报送发包人,发现其中存在技术缺陷的,应通知承包人修改。发包人应在收到监理工程师报送的合理化建议后7天内审批完毕。合理化建议经发包人批准的,监理工程师应及时发出变更指示,由此引起的合同价格调整按照变更估价相关约定执行。发包人不同意变更的,监理工程师应书面通知承包人。

合理化建议降低了合同价格或者提高了工程经济效益的,发包人可对承包人给予奖励,奖励的方法和金额在专用合同条款中约定。

3.8　施工索赔管理

3.8.1　索赔的概念

索赔是指在合同履行过程中,合同一方因对方不履行或者未能正确履行合同所约定的义务而受到损失,向对方提出赔偿要求。

在建筑市场上,索赔是发包人和承包人保护自身正当权益、弥补工程损失的有效手段。一般认为,索赔是双向的,发包人和承包人都可以向对方提出索赔要求。任何一方也都可以对对方提出的索赔要求进行反驳和反击,或者防止对方提出索赔,这种行为被认为是反索赔。

在施工承发包活动中,承包人提出索赔的频率较高,而发包人提出的索赔数量相对较少。因此,通常将承包人向发包人提出的补偿要求称为索赔,将发包人向承包人提出的补偿要求称为反索赔。发包人可通过扣拨工程款、冲账、没收履约保函、扣留质量保证金等方式实现对承包人的索赔。承包人向发包人提出的索赔的处理比较困难,因此通常将其作为索赔管理的重点研究对象。

3.8.2　索赔的分类

1) 按索赔当事人不同分类

(1) 发包人与承包人之间的索赔。

(2) 承包人与分包人之间的索赔。

（3）发包人或承包人与供货人之间的索赔。

（4）发包人或承包人与保险人之间的索赔。

2）按索赔目的不同分类

（1）发包人或分包人向承包人要求延长工期，推迟竣工日期。

（2）费用索赔，一般是指承包人向发包人或分包人向承包人要求补偿经济损失，调整合同价格。

3）按索赔事件的影响不同分类

（1）工程延期索赔

工程延期索赔是由于发包人未按合同要求提供施工条件，如未及时交付图纸、施工场地等，或者非承包人原因导致工程停工，或者不可抗力等原因造成施工中断、工期拖延，承包人向发包人提出的索赔。

（2）工程缩短工期索赔

工程缩短工期索赔，是由于发包人或监理工程师要求承包人加快施工速度，缩短工期，使得承包人增加了人力、物力、财力的额外开支而提出的索赔。同样，承包人要求分包人加快施工进度，分包人也可以向承包人提出索赔。

（3）工程变更索赔

工程变更索赔，是由于发包人或监理工程师要求增加或减少工程量或者增加附加工程、修改设计、变更工程顺序等，造成工期延长或费用增加，承包人为此向发包人提出索赔。

（4）合同被迫终止索赔

合同被迫终止索赔，是由于发包人或承包人违约或者发生不可抗力事件造成合同非正常终止或合同无法继续履行，致使另一方因受到经济损失而提出索赔。

（5）不可预见因素索赔

不可预见因素索赔，是指在施工过程中，一个有经验的承包人通常不能预见的不利施工条件或外界障碍，如地质条件与发包人提供的资料不一致，遇到未预见的岩石、淤泥、地质断层、地下水等，造成承包人的经济损失和工程延期，对此向发包人提出索赔。

（6）不可抗力事件索赔

不可抗力事件索赔，是指一方无法控制的、在签订合同前不能对之进行合理防备的、发生后该方不能合理避免或克服的、不主要归因于他方的事件造成损失而进行的索赔。通常，不可抗力事件导致承包人的损失，由发包人承担。

（7）其他索赔

其他索赔，如货币贬值、汇率变化、物价变化、政策法令变化等原因引起的索赔。

3.8.3　索赔的起因

与其他行业相比，建筑业是一个发生索赔情形较多的行业，这是由建筑产品自身的生产特点、市场经营方式决定的。合同中确定的价格和工期是在投标时的合同条件、工程环境和实施方案下拟定的，但是由于主客观的干扰因素引起原来的某些因素变化，使得工期延长和费用增加，因此合同一方提出索赔以弥补损失。索赔的发生主要有以下几个方面的原因：

（1）合同一方违约，不履行或未能正确履行合同约定的义务和责任。

（2）合同错误，如合同条款内容不全面、描述错误、前后矛盾等，以及使用的设计图纸或技术规范不恰当等。

（3）合同变更，如发包人新变更指令等。

（4）外部环境变化，包括法律法规、物价和自然条件的变化等。

（5）不可抗力因素，如遭遇恶劣的气候条件、地震、海啸、战争等。

3.8.4　索赔成立的条件

1）索赔事件

索赔事件，也称为干扰事件，是指致使实际情况与合同规定情况不一致，并最终引起工期和费用产生变化的各类事件。在工程实施过程中，发包人或承包人可以实时监督是否存在索赔事件，从中发现索赔机会，提出索赔。承包人提出常见的索赔事件包括：

（1）发包人违反合同规定给承包人造成工期延期和费用的损失。

（2）工程变更（包括设计变更、发包人或监理工程师提出的工程变更、承包人提出并经监理工程师批准的变更）给承包人造成工期延期和费用的损失。

（3）监理工程师对合同文件的解释歧义、提供技术资料不准确，或者不可抗力因素导致施工条件的改变，给承包人造成工期延期和费用的损失。

（4）发包人要求提前完工或缩短工期而造成承包人的费用增加。

（5）发包人延误支付工程款造成承包人的损失。

（6）非承包人的原因导致工程暂时停工。

（7）法律法规、物价等变化及其他事件。

2）索赔成立的前提条件

索赔的成立，应该同时具备以下三个前提条件，缺一不可：

（1）事件已造成承包人施工费用增加或工期延期的损失，即事件与造成损失之间有直接的因果关系。

（2）造成费用增加或工期延期的损失的原因，按合同约定不属于承包人的责任。

（3）承包人按合同规定的索赔时间和程序，提交索赔意向通知和索赔报告。

3.8.5　索赔的依据、证据

1）索赔的依据

总体来说，索赔的依据主要是合同文件、法律法规、工程建设惯例三个方面。对于不同的索赔要求（是工期索赔还是费用索赔），索赔的依据也不相同，如工期索赔就要依据相关的施工进度计划、变更指令等文件。

（1）合同文件

合同文件是提出索赔的最主要的依据，包括合同协议书、中标通知书、投标函及其附件、专用合同条款及其附件、通用合同条款、技术标准和要求、图纸、工程量清单、已标价工程量清单或预算书及其他合同文件。

在合同履行过程中，发包人与承包人对工程内容的协商、变更等签订的书面协议或会议纪要可作为合同的补充文件，应视为合同文件的组成部分。

（2）法律法规

①适用法律和法规。建设工程施工合同文件应符合国家的法律和行政法规的相关规定，需要明示的法律和行政法规，由合同双方在专用条款中约定。

②适用标准和规范。双方在专用条款内约定所需适用的国家标准和规范的名称。

2）索赔的证据

（1）索赔证据的含义

索赔证据是指合同当事人用来支持其索赔成立或者与索赔有关的证明文件及资料。索赔证据是索赔文件的重要组成部分，在很大程度上决定了索赔是否成功。通常索赔不成功是因为索赔证据不全、不足或者没有证据。因此，在工程实施过程中，要注意做好资料积累，建立完善的资料管理体系，为索赔提供有力的证据支持。

（2）索赔证据的形式

常见的索赔证据有以下七种形式：

①书证，是指以其文字或数字记载的内容起证明作用的书面文书和其他载体，如合同文本、财务账册、欠据、收据、往来信函以及确定有关权利的判决书、法律文件等。

②物证，是指以其存在、存放的地点外部特征及物质特性来证明案件事实真相的证据。如购销过程中封存的样品，被损坏的机械、设备，有质量问题的产品等。

③证人证言，是指知道、了解事实真相的人所提供的证词，或向司法机关所作的陈述。

④视听材料，是指能够证明案件真实情况的音像资料，如录音带、录像带等。

⑤被告人供述和有关当事人陈述，包括犯罪嫌疑人、被告人向司法机关所作的承认犯罪并交代犯罪事实的陈述或否认犯罪或具有从轻、减轻、免除处罚的辩解，申诉被害人、当事人就案件事实向司法机关所作的陈述。

⑥鉴定结论，是指专业人员就案件有关情况向司法机关提供的专门性的书面鉴定意见，如损伤鉴定、痕迹鉴定、质量责任鉴定等。

⑦勘验、检验笔录，是指司法人员或行政执法人员对与案件有关的现场物品、人身等进行勘察、试验、实验或检查的文字记载，这项证据也具有专门性。

（3）常见的施工索赔证据

常见的施工索赔证据有以下几种类型：

①合同文件。

②往来函件、通知、答复等。

③各方签字盖章的会议纪要。

④经发包人或监理工程师批准的承包人的施工进度计划、施工组织设计和现场施工情况记录等。

⑤发包人或监理工程师签认的签证。

⑥发包人或监理工程师发布的书面指令和确认书，以及承包人的请求、通知书等。

⑦施工现场记录，如设计交底，工程变更，材料设备采购验收，施工现场水、电、路等情况，停水停电等干扰事件的时间和影响等记录。

⑧施工日记及备忘录等。

⑨施工现场有关照片和录像等。

⑩气象报告和资料，如气温、风力、雨雪情况的资料。

⑪工程检查验收报告和技术鉴定报告等。

⑫施工工地的交接情况记录（包括交接日期、场地平整情况及水、电、路情况等资料交接记录）。

⑬投标前发包人提供的工程相关资料。

⑭市场行情资料，如市场价格、物价指数、汇率等材料。

⑮工程结算资料、财务报告、财务凭证及会计核算资料等。

⑯国家法律、法令、政策等有关文件。

3.8.6　索赔的程序

下面结合《示范文本》第19款索赔相关规定，说明承包人向发包人提出索赔的一般程序和方法。

1）承包人发出索赔意向通知

承包人应在知道或应当知道索赔事件发生后28天内，向监理人递交索赔意向通知书，并说明发生索赔事件的事由。这是索赔程序的第一步，索赔意向通知书要简明扼要地说明索赔事由发生的时间、地点、简单事实情况描述和发展动态、索赔依据和理由、索赔事件的不利影响等。承包人未在前述28天内发出索赔意向通知书的，丧失要求追加付款和（或）延长工期的权利。

2）承包人递交索赔报告

承包人递交索赔意向通知书后，要准备索赔资料及编制索赔报告。索赔资料的准备主要是跟踪和调查索赔事件全过程，分析原因并划分责任，计算损失，搜集有力证据，整理索赔文件等。根据合同规定，承包人应在发出索赔意向通知书后28天内，向监理人正式递交索赔报告。索赔报告应详细说明索赔理由以及要求追加的付款金额和（或）延长的工期，并附必要的记录和证明材料。

索赔事件对工程具有持续影响的，承包人应按监理工程师要求的合理间隔（一般为28天），继续递交延续索赔通知或中间索赔报告，说明持续影响的实际情况和记录，列出累计的追加付款金额和（或）工期延长天数；在索赔事件影响结束后的28天内提交最终索赔报告，说明最终要求索赔的追加付款金额和（或）延长的工期，并附必要的记录和证明材料，否则将失去就该事件请求补偿的索赔权利。

索赔报告的主要内容包括：

（1）总述部分

索赔事件的概述，包括描述索赔事件发生的时间及过程，承包人为该索赔事件付出的努力及具体索赔要求。

（2）论证部分

通过论证部分说明自己的索赔权，有理有据地证明索赔是成立的，因此论证部分是索赔报告的关键部分。

（3）计算部分

索赔费用或工期的计算，决定了承包人能获得多少补偿。因此，论证部分决定了索赔是否成立，而计算部分决定了索赔多少，是索赔报告的主要部分。

（4）证据部分

通常以索赔报告附件的形式出现，它包括所有相关有效证据及对这些证据的说明。承包人要注意每个证据的真实性及有效性，对重要的证据最好附以文字说明。

3）监理工程师审查索赔报告

承包人向发包人递交的索赔报告，首先交由监理工程师审查。监理人应在收到索赔报告后14天内完成审查并报送发包人。监理工程师对索赔报告存在异议的，有权要求承包人提交全部原始记录副本。监理工程师主要审查索赔是否成立和索赔计算是否合理。

4）发包人进一步审查索赔报告

监理工程师进行初步处理后，交由发包人进行进一步审查和最后的批准。发包人应在监理人收到索赔报告或有关索赔的进一步证明材料后的28天内答复，由监理人向承包人出具经发包人签认的索赔处理结果。发包人逾期答复的，视为认可承包人的索赔要求。

5）索赔处理结果

承包人接受索赔处理结果的，索赔款项在当期进度款中进行支付；承包人不接受索赔处理结果的，按照合同文件中争议解决的相关约定处理。

知识链接

争议解决的方式有和解、调解、仲裁或诉讼。

1.和解

合同当事人可以就争议自行和解，自行和解达成的协议经双方签字并盖章后作为合同补充文件，双方均应遵照执行。

2.调解

合同当事人可以就争议请求建设行政主管部门、行业协会或第三方进行调解，调解达成的协议经双方签字并盖章后作为合同补充文件，双方均应遵照执行。

3.仲裁或诉讼

因合同及合同有关事项产生的争议，合同当事人可以在专用合同条款中约定以下一种方式解决争议：

（1）向约定的仲裁委员会申请仲裁；

（2）向有管辖权的人民法院起诉。

此外，合同有关争议解决的条款独立存在，合同的变更、解除、终止、无效或者被撤销均不影响其效力。

单元总结

合同管理是工程项目管理的一项重要内容。在工程建设领域，合同的种类包括勘察设计合同、监理合同、施工合同、咨询合同、采购合同、承包合同、分包合同等。建设工程项目规模越大，涉及的合同数量可能越多。合同管理就是对涉及的每个合同，从合同的签订到合同的履行，以及合同的变更和解除等各环节的控制和协调管理的过程。本单元围绕建设工程施工合同，讲述合同管理的主要内容，从施工招标投标管理、施工合同概述、施工合同的订立、施工合同的内容、施工合同的管理、施工合同的控制、合同变更管理、施工索赔管理八个方面展开。

单元练习

一、单项选择题

1.招标方式分为公开招标和（　　　）两种方式。

A.自行招标　　　　B.邀请招标　　　　C.委托招标　　　　D.议标

2.建设工程施工合同的当事人是指（　　　）。

A.发包人　　　　B.承包人　　　　C.发包人和承包人　　　D.分包人

3.（　　　）是指由发包人向承包人支付工程项目的实际成本，并按事先约定的某种方式支付酬金的合同类型。

A.总价合同　　　　B.单价合同　　　　C.分部分项合同　　　D.成本加酬金合同

4.建设工程合同应当采用（　　　）。

A.口头形式　　　　B.书面形式　　　　C.其他形式　　　　D.以上均可

5.在《建设工程施工合同（示范文本）》中，专用条款是对通用条款的（　　　）。

A.补充　　　　B.修改　　　　C.补充和修改　　　　D.解释说明

6.在施工合同履行期间，因业主原因使工期延误，则承包商（　　　）。

A.应退还业主支付的款项　　　　　　B.应按时竣工

C.可拒绝完成余下的任务　　　　　　D.可要求顺延工期

7.我国施工分包单位对分包工程（　　　）。

A.应自行完成分包工程　　　　　　B.可再行分包

C.自行完成或再分包　　　　　　D.可转包

二、多项选择题

1.根据《建设工程施工合同（示范文本）》的优先次序，下列说法正确的是（　　　）。

A.协议书最先　　　　B.预算书最后　　　　C.专用条款在通用条款前

D.图纸优于规范　　　　E.协议书优于工程量清单

2.对承包商而言，愿选择总价合同的因素有（　　　）。

A.工期较长　　　　B.规模较小　　　　C.风险较大

D.愿承包该项目的承包商多　　　　　E.环境因素良好

3.《建设工程施工合同（示范文本）》由（　　　）组成。

A.合同协议书　　　　B.中标通知书　　　　C.通用条款

D.工程量清单　　　　E.专用条款

4.施工合同管理中的纠偏措施有（　　）。

A.组织措施　　　　　B.技术措施　　　　　　　C.经济措施

D.合同措施　　　　　E.进度措施

5.按索赔目的不同，索赔可以分为（　　）。

A.承包商索赔　　　　B.发包人索赔　　　　　　C.工期索赔

D.费用索赔　　　　　E.工程变更索赔

三、判断题

1.《建设工程施工合同（示范文本）》中的监理工程师就是业主单位派驻工地的现场代表。　　　　　　　　　　　　　　　　　　　　　　　　　　　（　　）

2.索赔的性质是属于惩罚性的，而不是经济补偿性的。　　　　　　（　　）

3.不可抗力发生时承发包双方应当按照"费用各自分担，工期顺延"的原则承担责任。　　　　　　　　　　　　　　　　　　　　　　　　　　　　　（　　）

4.施工合同履行充满了风险，而投标行为则无风险可言。　　　　　（　　）

5.承包人在索赔意向通知提交后的28天内，或监理工程师同意的其他时间，承包人应递送正式的索赔报告。　　　　　　　　　　　　　　　　　　　（　　）

四、简答题

1.必须招标的项目有哪些？

2.施工合同的特征是什么？

3.施工合同无效情形有哪些？

4.索赔成立的前提条件有哪些？

教学单元 4
建设工程项目质量管理

教学目标

☐ 知识目标：理解建设工程项目质量控制的内涵；了解建设工程项目质量控制体系；掌握建设工程项目施工质量控制。

☐ 能力目标：能够进行建设工程项目施工质量验收。

☐ 素养目标：建设工程质量事关人民群众生命财产安全，施工人员应具有社会责任感，严格遵守各项技术质量管理制度和施工规范，按操作规程精心施工，具有质量意识，采用科学的工作方法。

4.1　建设工程项目质量控制的内容

4.1.1　建设工程项目质量概述

建设工程项目质量是指通过施工建设形成的工程实体（如楼房、桥梁、道路等）的质量，应满足法规要求、合同约定、设计图纸要求等。

微课 4-1

建设工程项目
质量全解析

1）建设工程项目质量特性、质量管理及质量控制

（1）建筑工程项目质量特性

建筑工程项目质量特性主要体现在适用性、耐久性、安全性、可靠性、经济性、与环境的协调性六个方面。

①适用性。适用性是指工程满足使用目的的各种性能，包括结构性能、使用性能、外观性能等，比如上课的教室应通风、采光良好，具有能满足教学的布置和设备等。

②耐久性。耐久性即寿命，指工程在规定的条件下，满足规定功能要求使用的年限、工程竣工后的合理使用寿命周期。

《民用建筑设计统一标准》（GB 50352—2019）中对使用年限的规定见表4-1。

表4-1　　《民用建筑设计统一标准》（GB 50352—2019）中对使用年限的规定

序号	结构类型	年限（年）
1	临时建筑	5
2	易替换结构构件建筑	25
3	普通建筑和构筑物	50
4	纪念和重要建筑	100

③安全性。安全性是指工程建成后在使用过程中保证结构安全、保证人身和环境免受危害的程度。

④可靠性。可靠性是指工程在规定的时间内和条件下完成规定功能的能力，如住宅满足设计年限内居住功能，市政道路满足设计年限内通车功能，燃气管道满足设计年限内安全通气功能等。

⑤经济性。经济性是指工程从规划、勘察、设计、施工到整个产品使用寿命周期内消耗的费用，包括建设全过程的总投资和使用过程的维护费。

⑥与环境的协调性。与环境的协调性是指工程与其周围自然环境协调，与所在地区经济环境协调以及与周围工程相协调，以适应可持续发展的要求。

（2）建设工程项目质量管理

建设工程项目质量管理是指在项目实施的整个过程中，指挥和控制项目参与各方关于质量的相互协调的活动，是围绕使工程满足质量要求而开展的策划、组织、计划、实施、检查、监督和审核等所有活动的总和。

（3）建设工程项目质量控制

建设工程项目质量控制是指在项目实施的整个过程中，项目参与各方致力于实现项目质量总目标的一系列活动，主要包括设定目标、测量检查、评价分析、纠正偏差等。也就是说，在具体的条件下围绕明确的质量目标，通过行动方案和资源配置的计划、实施、检查和监督，进行质量目标的事前预控、事中控制、事后纠偏控制，致力于实现目标的过程。

2）项目质量控制的目标与任务

项目质量控制的目标是使项目的六方面特性满足业主需要，符合法律、规范、图纸的要求。项目质量控制的任务是控制"质量行为"和"实体质量"。施工阶段的质量控制是项目质量控制的重点环节。

3）各参建方质量控制的责任与义务

（1）工程建设单位的质量责任与义务

①应当将工程及附属业务招标、发包给具有相应资质等级的单位，并不得肢解招标、发包。

②必须向有关的勘察、设计、施工、工程监理等单位提供与建设工程有关的原始资料。原始资料必须真实、准确、齐全。

③建设工程发包单位不得迫使承包方以低于成本的价格竞标，不得随意压缩合理工期；不得明示或者暗示设计单位、施工单位违反工程建设强制性标准，降低建设工程质量。

④应当将施工图设计文件上报县级以上人民政府建设行政主管部门或者其他有关部门审查。施工图设计文件未经审查批准的，不得使用。

⑤建设单位应当按照国家有关规定办理工程质量监督手续。

⑥按照合同约定，由建设单位采购建筑材料、建筑构配件和设备的，建设单位应当保证建筑材料、建筑构配件和设备符合设计文件和合同要求。

⑦建设单位不得明示或者暗示施工单位使用不合格的建筑材料、建筑构配件和设备。

⑧涉及建筑主体和承重结构变动的工程，建设单位应当在施工前委托原设计单位或者具有相应资质等级的设计单位提出设计方案；没有设计图纸的，不得施工。

⑨建设单位收到建设工程竣工报告后，应当组织勘察、设计、施工、工程监理等相关单位进行竣工验收，验收合格后，方可交付使用。

⑩建设单位应当严格按照国家有关档案管理的规定，及时收集、整理建设项目各环节的文件资料，建立、健全建设项目档案，并在建设工程竣工验收后，及时向建设行政主管部门或者其他有关部门移交建设项目档案。

（2）工程勘察单位的质量责任与义务

①工程勘察单位应当依法取得相应等级的资质证书，在其资质等级许可的范围内承揽工程，并不得转包或者违法分包所承揽的工程。

②工程勘察单位提供的地质、测量、水文等勘察成果必须真实、准确。

③工程勘察单位必须按照工程建设强制性标准进行勘察，并对其勘察的质量负责。

（3）工程设计单位的质量责任与义务

①工程设计单位应当依法取得相应等级的资质证书，在其资质等级许可的范围内

承揽工程，并不得转包或者违法分包所承揽的工程。

②工程设计单位必须按照工程建设强制性标准进行设计，并对其设计的质量负责。注册建筑师、注册结构工程师等注册执业人员应当在设计文件上签字，对设计文件负责。

③工程设计单位应当根据勘察成果文件进行建设工程设计。设计文件应当符合国家规定的设计深度要求，注明工程合理使用年限。

④工程设计单位在设计文件中选用的建筑材料、建筑构配件和设备，应当注明规格、型号、性能等技术指标，其质量要求必须符合国家规定的标准。除有特殊要求外，设计单位不得指定生产、供应商。

⑤工程设计单位应当就审查合格的施工图设计文件向施工单位作出详细说明。

⑥工程设计单位应当参与建设工程质量事故分析，并对因设计造成的质量事故，提出相应的技术处理方案。

（4）工程监理单位的质量责任与义务

①工程监理单位应当依法取得相应等级的资质证书，在其资质等级许可的范围内承担工程监理业务，并不得转包或者违法分包工程监理业务。

②工程监理单位与被监理工程的施工承包单位以及建筑材料、建筑构配件和设备供应单位有隶属关系或者其他利害关系的，不得承担该项建设工程的监理业务。

③工程监理单位应当依照法律、法规以及有关技术标准、设计文件和建设工程承包合同，代表建设单位对施工质量实施监理，并对施工质量承担监理责任。

④工程监理单位应当选派具备相应资格的总监理工程师和监理工程师进驻施工现场。未经监理工程师签字，建筑材料、建筑构配件和设备不得在工程上使用或者安装，施工单位不得进行下一道工序的施工。未经总监理工程师签字，建设单位不得拨付工程款，不得进行竣工验收。

⑤监理工程师应当按照工程监理规范的要求，采取旁站、巡视和平行检验等形式，对建设工程实施监理。

（5）施工单位的质量责任与义务

①施工单位应当依法取得相应等级的资质证书，在其资质等级许可的范围内承揽工程，并不得转包或者违法分包工程。

②施工单位对自己施工的工程的质量负责。施工单位应当确定工程项目的项目经理、技术负责人，并建立质量责任制。建设工程实行施工总承包的，总承包单位应当对全部分包单位的建设工程质量负责；建设工程勘察、设计、施工、设备采购的一项或者多项实行工程总承包的，总承包单位应当对其承包的建设工程或者采购的设备的质量负责。

③总承包单位依法将建设工程分包给其他单位的，分包单位应当按照分包合同的约定就其分包工程的质量向总承包单位负责，总承包单位与分包单位对分包工程的质量承担连带责任。

④施工单位必须按照工程设计文件和图纸施工，不得擅自修改工程设计，不得偷工减料。施工单位在施工过程中发现设计文件和图纸有差错的，应当及时沟通反馈。

⑤施工单位必须按照工程设计要求、合同约定，对建筑材料、建筑构配件、设备等进行检验，检验应当有书面记录和专人签字；未经检验或者检验不合格的，不得使用。

⑥施工单位必须建立、健全施工质量的检验制度，严格工序管理，做好隐蔽工程的质量检查和记录。隐蔽工程在隐蔽前，施工单位应当通知建设单位或监理单位验收。

⑦施工单位应按规定在建设单位或者工程监理单位的监督下对试块、试件以及有关材料进行现场取样，并送到具有相应资质等级的质量检测单位进行检测。

⑧施工单位对施工中或者验收时出现的质量问题，应当负责返修。

建设工程五方责任主体项目负责人是指：建设单位项目负责人、勘察单位项目负责人、设计单位项目负责人、施工单位项目经理、监理单位总监理工程师。建设工程五方责任主体项目负责人的质量终身责任，是指在工程设计使用年限内对工程质量承担相应责任。

在以下情况中项目负责人将被追究质量终身责任：

①发生工程质量事故。

②发生投诉、举报、群体性事件、媒体报道并造成恶劣社会影响的严重工程质量问题。

③由于勘察、设计或施工原因，造成尚在设计使用年限内的建筑工程不能正常使用。

④存在其他需追究责任的违法违规行为。

工程质量终身责任制实行书面承诺和竣工后永久性标牌等管理。

4.1.2　项目质量的影响因素分析

项目质量的影响因素主要有人、机（机械）、料（材料、构件，含设备）、法（方法）、环（环境）。

1）人的因素

这里讲的"人"，包括直接参与施工的决策者、管理者和作业者。人的因素影响主要是指上述人员个人的质量意识及质量活动能力对施工质量造成的影响。我国实行的执业资格注册制度及作业人员持证上岗制度等，从本质上说，就是对从事施工活动的人的素质和能力进行必要的控制。在施工质量管理中，人的因素起决定性的作用。所以，施工质量控制应以控制人的因素为基本出发点。人，作为控制对象，应避免工作失误；作为控制动力，应充分调动人的积极性，发挥人的主导作用。必须保证参与施工的人员素质，不断提高人员的活动能力，才能保证施工质量。

2）机械的因素

机械设备包括工程设备和施工机械、工器具。其中，工程设备是指组成工程实体的工艺设备和各类机具，如各类生产设备、装置，配套的电梯、泵机，以及通风空调、消防、环保设备等，它们是工程项目的重要组成部分，其质量的优劣，直接影响工程使用功能的发挥。施工机械设备是指施工过程中使用的各类机具设备，包括运输设备、吊装设备、操作工具、测量仪器、计量器具等。

3）材料的因素

材料包括工程材料和施工用料，即原材料、半成品、成品、构配件和周转材料等。各类材料是工程施工的物质条件，材料质量是工程质量的基础，只有材料质量符合要求，工程质量才能达到标准，因此必须加强对材料的质量控制。

4）方法的因素

方法的因素也可以称为技术因素。比如建设主管部门推广应用的建筑业 10 项新技术：地基基础和地下空间工程技术，钢筋与混凝土技术，模板及脚手架技术，装配式混凝土结构技术，钢结构技术，机电安装工程技术，绿色施工技术，防水与围护结构节能技术，抗震、加固与监测技术，信息化技术等。

5）环境的因素

①自然环境因素：主要指工程地质、水文、气象条件、地下障碍物以及其他不可抗力等影响项目质量的因素。例如，在地下水位高的地区，若在雨季进行基坑开挖，遇到连续降雨或排水困难，就会引起基坑塌方或地基受水浸泡并影响承载力等。在寒冷地区冬期施工措施不当，工程会因受到冻融而影响质量。在基层未干燥或大风天进行卷材屋面防水层的施工，就会导致粘贴不牢及空鼓等质量问题。

②社会环境因素：主要指会对项目质量造成影响的各种社会环境因素，包括国家建设法律法规的健全程度及其执法力度；建设工程项目法人决策的理性化程度及经营者的经营管理理念；建筑市场的发育程度及交易行为的规范程度；政府的工程质量监督及行业管理成熟程度；建设咨询服务业的发展程度及其服务水准的高低；廉政管理及行风建设状况等。

③管理环境因素：主要指项目参建单位的质量管理体系、质量管理制度和各参建单位之间的协调等因素。

④作业环境因素：主要指项目实施现场平面和空间环境条件，各种能源介质供应，如施工照明、通风、安全防护设施、施工场地给水排水，以及交通运输和道路条件等因素。

4.1.3　项目质量风险分析和控制

1）质量风险识别

（1）风险按产生的原因进行分类

①自然风险：包括客观自然条件和突发自然灾害，如软弱、不均匀的岩土地基，地震、暴风等。

②技术风险：包括现有技术水平的局限和项目实施人员对工程技术的掌握、应用不当对项目质量造成的不利影响，如项目实施人员由于自身技术水平的局限，可能发生技术上的错误。

③管理风险：包括工程项目的建设、设计等工程质量责任单位的质量管理体系存在缺陷，组织结构不合理等。

④环境风险：包括社会环境和现场工作环境可能对项目质量造成的不利影响等。

（2）风险按损失的责任承担进行分类

据此分类，项目质量风险可分为业主方的风险、勘察设计方的风险、施工方的风险、监理方的风险。

2）质量风险响应

常用的质量风险响应包括风险的规避、减轻、转移、自留及其组合等策略。

（1）规避

采取恰当的措施避免质量风险的发生。例如：依法进行招标投标，慎重选择有资质、有能力的项目设计、施工、监理单位，避免因这些质量责任单位选择不当而发生质量风险；正确进行项目的规划选址，避开不良地基或容易发生地质灾害的区域；不选用不成熟、不可靠的设计、施工方案；合理安排施工工期和进度计划，避开可能发生的水灾、风灾、冻害对工程质量的损害等。

（2）减轻

针对无法规避的质量风险，研究制订有效的应对方案，尽量把风险发生的概率和损失量降到最低程度。例如，在施工中有针对性地制订和落实有效的施工质量保证措施和质量事故应急预案，可以降低质量事故发生的概率和减少事故损失。

（3）转移

采用正确的方法把质量风险转移给其他方承担，如分包转移（联合体）、担保转移（履约担保、质量保证金）、保险转移（投保）等。

（4）自留

自留又称风险承担，可以采取设立风险基金的办法，在损失发生后用基金弥补。在建筑工程预算价格中通常预留一定比例的不可预见费，一旦发生风险损失，由不可预见费支付。

4.2　建设工程项目质量控制体系

4.2.1　全面质量管理（TQC）思想和方法的应用

1）全面质量管理思想

全面质量管理是"三全"管理思想的重要组成部分。"三全"具体如下：

（1）全面质量管理：建设工程项目的全面质量管理，是指项目参与各方所进行的工程项目质量管理的总称，其中包括工程（产品）质量和工作质量的全面管理。

（2）全过程质量管理。

（3）全员参与质量管理。

2）质量管理的PDCA循环

（1）计划P（Plan）

质量管理的计划职能，包括确定质量目标和制订实现质量目标的行动方案两方面。

（2）实施D（Do）

实施职能在于将质量的目标值，通过生产要素的投入、作业技术活动和产出过程，转化为质量的实际值。在各项质量活动实施前，要根据质量管理计划进行行动方案的部署和交底。在质量活动的实施过程中，则要求严格执行计划方案，规范行为，把质量管理计划的各项规定和安排落实到具体的资源配置和作业技术活动中去。

（3）检查 C（Check）

各类检查也都包含两大方面：一是检查是否严格执行了计划的行动方案，二是检查计划执行的结果。

（4）处置 A（Action）

对于质量检查过程中所发现的质量问题，及时进行原因分析，采取必要的措施予以纠正，保持工程质量形成过程的受控状态。处置分纠偏和预防改进两个方面。

4.2.2　项目质量控制体系的建立和运行

项目的建设单位作为质量管理的总负责单位，负责工程项目各参建方之间质量控制体系的建立和运行，实施质量目标的控制。

1）多层次结构

在大中型工程项目尤其是群体工程项目中，第一层次的质量控制体系应由建设单位的工程项目管理机构负责建立；在委托代建、委托项目管理或实行交钥匙式工程总承包的情况下，应由相应的代建方项目管理机构、受托项目管理机构或工程总承包企业项目管理机构负责建立。第二层次的质量控制体系，通常是指分别由项目的设计总负责单位、施工总承包单位等建立的相应管理范围内的质量控制体系。第三层次及以下的质量控制体系，是指承担工程设计、施工安装、材料设备供应等各承包单位的现场质量自控体系，或称各自的施工质量保证体系。

2）多单元结构

在质量控制总体系下，第二层次及以下的质量自控或保证体系可能有多个。

4.2.3　施工企业质量管理体系的建立与认证

1）质量管理原则

（1）以顾客为关注焦点。

（2）领导作用。

（3）全员积极参与。

（4）过程方法。

（5）改进。

（6）循证决策。

（7）关系管理。

2）企业质量管理体系文件构成

（1）质量方针和质量目标

企业质量管理的方向目标，以简明的文字来表述。

（2）质量手册

质量手册是对质量管理体系的规范，是阐明一个企业的质量政策、质量体系和质量实践的文件，是实施和保持质量体系过程中长期遵循的纲领性文件。其内容一般包括：企业的质量方针、质量目标；组织机构及质量职责；体系要素或基本控制程序；质量手册的评审、修改和控制的管理办法。质量手册作为企业质量管理系统的纲领性文件，应具备指令性、系统性、协调性、先进性、可行性和可检查性。

（3）程序文件

各种生产、工作和管理的程序文件是质量手册的支持性文件，是企业各职能部门为落实质量手册要求而规定的细则。企业为落实质量管理工作而建立的各项管理标准、规章制度都属程序文件范畴。通用性管理程序包括：文件控制程序；质量记录管理程序；内部审核程序；不合格品控制程序；纠正措施控制程序；预防措施控制程序。在程序文件的指导下，方可按管理需要编制相关文件，如作业指导书、具体工程的质量计划等。

（4）质量记录

质量记录是质量活动过程及结果的客观反映，其如实反映程序文件的运行过程、控制测量检查的内容，用以证明产品质量达到合同要求及质量保证的满足程度。如在控制体系中出现偏差，则质量记录不仅需要反映偏差情况，而且应反映出针对不足之处所采取的纠正措施及纠正效果。质量记录应完整地反映质量活动实施、验证和评审的情况，并记载关键活动的过程参数，具有可追溯性的特点。

3）企业质量管理体系的运行

在企业质量管理体系运行过程中，需要严格落实质量管理体系内部审核程序，有组织有计划地开展内部质量审核活动。其主要目的包括：

（1）评价质量管理程序的执行情况及适用性。

（2）揭示过程中存在的问题，为质量改进提供依据。

（3）检查质量体系运行的信息。

（4）向外部审核单位提供体系有效的证据。

4）企业质量管理体系的认证与监督

质量认证制度是由第三方认证机构对企业的产品及质量体系作出公正的评价。企业质量管理体系获准认证的有效期为3年。获准认证后的质量管理体系维持与监督管理内容如下：

（1）企业通报。

（2）监督检查。通常是每年进行一次定期检查，视需要临时安排不定期检查。

（3）认证注销。

（4）认证暂停。这是认证机构对获证企业质量管理体系发生不符合认证要求的情况时采取的警告措施。

（5）认证撤销。当发现获证企业质量管理体系存在严重不符合规定，或在认证暂停的规定期限内未予整改，或发生其他构成撤销体系认证资格的情况时，认证机构作出撤销认证的决定。企业不服可提出申诉。撤销认证的企业一年后可重新提出认证申请。

（6）复评。

（7）重新换证。在认证证书有效期内，出现体系认证标准变更、体系认证范围变更，以及体系认证证书持有者变更的情况，可按规定重新换证。

4.3 建设工程项目施工质量控制

4.3.1 施工质量控制的依据与基本环节

1）施工质量的基本要求

施工质量的基本要求是工程实体质量经检查验收合格。符合以下规定，施工质量验收才算合格：

（1）符合工程勘察、设计文件的要求。

（2）符合验收统一标准和专业验收规范。

（3）在施工质量合格的前提下，还应符合施工承包合同约定的要求。

国家鼓励采用先进的科学技术和管理方法提高建设工程质量。国家建筑主管部门设立了中国建设工程鲁班奖等，鼓励参建单位创造更好的工程质量。

2）施工质量控制的依据

（1）共同性依据：指与施工质量管理有关的、通用的、具有普遍指导意义和必须遵守的基本法规。

（2）专业技术性依据：指针对不同的行业、不同的质量控制对象制定的专业技术规范文件，包括规范、规程、标准、规定等。

（3）项目专用性依据：指本项目的工程建设合同、勘察设计文件、设计交底及图纸会审记录、设计修改和技术变更通知，以及相关会议记录和工程联系单等。

3）施工质量控制的基本环节

（1）事前质量控制

这是指在正式施工前进行的事前主动质量控制，包括编制施工质量计划，明确质量目标，制订施工方案，设置质量管理点，落实质量责任，分析可能导致质量目标偏离的各种影响因素，并针对这些影响因素制定有效的预防措施，防患于未然。

（2）事中质量控制

事中质量控制也称作业活动过程质量控制，是指在施工质量形成过程中，对影响施工质量的各种因素进行全面的动态控制，其中，工序质量控制是重点。事中质量控制包括质量活动主体的自我控制和他人监控的控制方式。自我控制是第一位的，其是指作业者在作业过程中对自己质量活动行为的约束和技术能力的发挥，以完成符合预定质量目标的作业任务；他人监控是指对作业者的质量活动过程和结果，由来自企业内部管理者和企业外部有关方面，如工程监理机构、政府质量监督部门等的监督检查。施工质量的自控和监控是相辅相成的系统过程。自控主体不能因为监控主体的存在和监控职能的实施而减轻或免除其质量责任。

（3）事后质量控制

事后质量控制也称事后质量把关，其目的是使不合格的工序或最终产品不流入下道工序、不进入市场。事后质量控制包括对质量活动结果的评价、认定，对工序质量偏差的纠正，对不合格产品进行整改和处理。这三个环节的关系不是互相孤立和截然分开的，实质上是质量管理PDCA循环的具体化。

4.3.2 施工质量计划的内容与编制方法

施工质量计划是质量管理体系文件的组成内容。

1）施工质量计划的形式和内容

（1）施工质量计划的三种形式

①工程项目施工质量计划。

②工程项目施工组织设计（含施工质量计划）。

③施工项目管理实施规划（含施工质量计划）。

在施工组织设计、项目管理实施规划中，包括施工质量、进度、成本、安全等目标的设定，以及实现目标的计划、控制措施和安排等。

（2）施工质量计划的基本内容

①工程特点及施工条件（合同、法规、现场）分析。

②质量总目标及其分解目标。

③质量管理组织机构和职责，人员及资源配置计划。

④确定施工工艺与操作方法的技术方案和施工组织方案。

⑤施工材料、设备等物资的质量管理及控制措施。

⑥施工质量检验、检测、试验工作的计划安排及实施方法与检测标准。

⑦施工质量控制点及跟踪控制的方式与要求。

⑧质量记录的要求等。

2）施工质量控制点的设置

应选择那些技术要求高、施工难度大、对工程质量影响大或发生质量问题时危害大的对象进行设置。

一般选择下列部位或环节作为质量控制点：

（1）对工程质量形成过程产生直接影响的关键部位、工序、环节及隐蔽工程。

（2）施工过程中的薄弱环节，或者质量不稳定的工序、部位或对象。

（3）对下道工序有较大影响的上道工序。

（4）采用新技术、新工艺、新材料的部位或环节。

（5）施工质量无把握的、施工条件困难的或技术难度大的工序或环节。

（6）用户反馈指出的和过去有过返工的不良工序。

3）施工质量控制点的管理

（1）做好事前预控工作：明确质量控制的目标与控制参数，编制作业指导书和质量控制措施，确定检查检验方式及抽样的数量与方法；明确检查结果的判断标准及质量记录与信息反馈要求。

（2）向作业班组认真交底，同时，做好动态设置和动态跟踪管理。

质量控制点细分为见证点和待检点。见证点：如重要部位、特种作业、专门工艺，该作业开始前，书面通知现场监理机构到位旁站，见证施工作业过程。待检点：如隐蔽工程，施工方必须在完成施工质量自检的基础上，提前通知监理机构进行检查验收，合格后才能进行工程隐蔽或下道工序施工。

4.3.3　施工生产要素的质量控制

1）施工人员的质量控制

企业坚持执业资格注册制度和作业人员持证上岗制度，对人员进行教育和培训。

2）施工机械的质量控制

施工机械是施工方案和工法得以实施的重要物质基础，应合理选择，正确使用。施工中使用的模具、脚手架等设备，一般需按设计及施工要求编制专项方案。

按现行施工管理制度要求，工程所用的施工机械、模板、脚手架，特别是危险性较大的现场安装的起重机械设备，在安装前要编制专项安装方案并经过审批后实施，安装完毕不仅必须经过自检和专业检测机构检测，而且要经过相关管理部门验收合格后方可使用。同时，在使用过程中尚需落实相应的管理制度，以确保其安全、正常使用。

3）材料设备的质量控制

材料设备应符合设计、标准规范要求。

施工单位应当按照现行的《建筑工程检测试验技术管理规范》（JGJ 190—2010）和工程项目的设计要求，建立建材进场验证制度，严格核验相关的建材备案证、产品质量保证书、有效期内的产品检测报告等证明文件和资料，做好建材采购、验收、检验和使用综合台账，并按规定对进场建材进行复验把关，对重要建材的使用，必须经过监理工程师签字和项目经理签准。必要时，监理工程师应对进场建材进行平行检验。

装配式建筑混凝土预制构件的原材料质量，钢筋加工和连接的力学性能，混凝土强度，构件结构性能，装饰材料、保温材料及拉结件的质量等，均应根据国家现行有关标准进行检查和检验，并应具有生产操作规程和质量检验记录。混凝土预制构件出厂时的混凝土强度不宜低于设计混凝土强度等级值的75%。

4）工艺技术方案的质量控制

（1）优先选用成型质量好的铝模板代替木模板，水电管线一次性定位预埋到位代替二次开槽。

（2）制订合理有效的、有针对性的施工技术方案和组织方案，前者包括施工工艺、施工方法，后者包括施工区段划分、施工流向及劳动组织等。

（3）合理选用施工机械设备和设置施工临时设施，合理布置施工总平面图和各阶段施工平面图。

（4）根据施工工艺技术方案选用和设计能够保证质量和安全的模具、脚手架等施工设备；成批生产的混凝土预制构件模具应具有足够的强度、刚度和整体稳固性。

（5）编制工程所采用的新材料、新技术、新工艺的专项技术方案和质量管理方案。

（6）针对工程具体情况，分析气象、地质等环境因素对施工的影响，制定应对措施。

5）施工环境因素的控制

施工现场自然环境：地质、水文等方面的影响因素。采取如基坑降水、排水、加固围护等技术控制方案。对于气象方面的影响因素，应在施工方案中制订专项紧急预案，明确在不利条件下的施工措施，落实人员、器材等方面的准备，加强施工过程中的预警与监控。

施工质量管理环境：根据发承包的合同关系，理顺管理关系，建立统一的现场施工组织系统和质量管理综合运行机制，确保质量保证体系处于良好的状态，以创造良好的质量管理环境和氛围。

施工作业环境：要认真实施经过审批的施工组织设计和施工方案，落实相关管理制度，严格执行施工平面规划和施工纪律，确保各种施工条件良好，制订应对停水、停电、火灾、食物中毒等方面的应急预案。

4.3.4　施工准备的质量控制

施工准备的质量控制工作构成如图4-1所示。

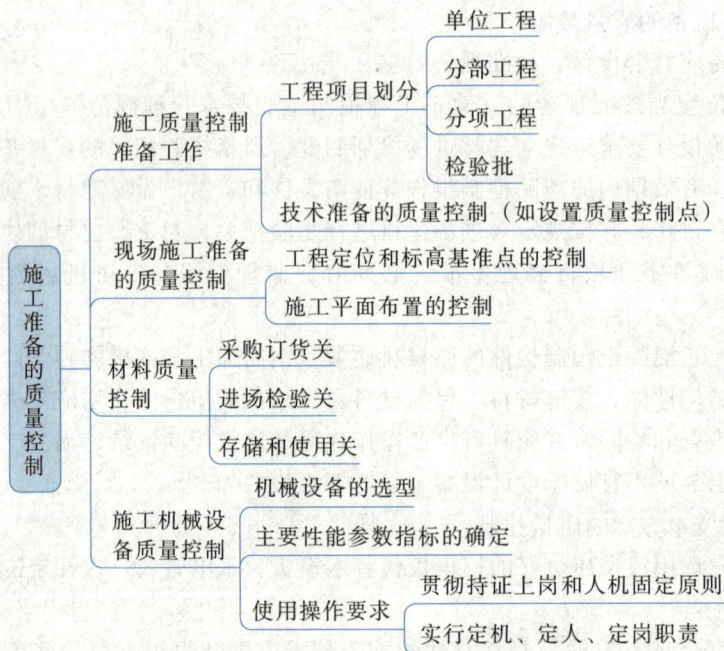

图4-1　施工准备的质量控制示意图

1）施工技术准备的质量控制

技术准备：熟悉施工图纸，组织设计交底和图纸审查；进行工程项目检查验收的项目划分和编号；审核相关质量文件，细化施工技术方案和施工人员、机具的配置方案，编制施工作业技术指导书，绘制各种施工详图（测量放线图、大样图及配筋、配板、配线图表等），进行必要的技术交底和技术培训。

质量控制内容：对成果进行复核审查，看是否符合图纸和技术标准要求；依据批准的质量计划，完善质量控制措施；明确质量控制的重点对象和控制方法等。

2）现场施工准备的质量控制

（1）计量控制

计量控制是工程项目质量保证的重要内容，是施工项目质量管理的一项基础工作。施工过程中的计量工作，包括施工生产时的投料计量、施工测量、监测计量，以及对项目、产品或过程的测试、检验、分析计量等。其主要任务是统一计量单位制度，组织量值传递，保证量值统一。计量控制的工作重点是：建立计量管理部门和配置计量人员；建立健全计量管理的规章制度；严格按规定有效控制计量器具的使用、保管、维修和检验；监督计量过程的实施，保证计量的准确性。

（2）测量控制

测量放线是将设计图纸转化为建设工程实物的开始。复核建设单位提供的原始坐标点、基准线和水准点等测量控制点，并增加至工程建设可以正常使用的数量。编制测量控制方案，经项目技术负责人批准后，上报监理工程师审核，批准后进行工程定位和标高基准的控制。

3）工程质量检查验收的项目划分

工程质量检查验收的项目示例如图 4-2 所示。

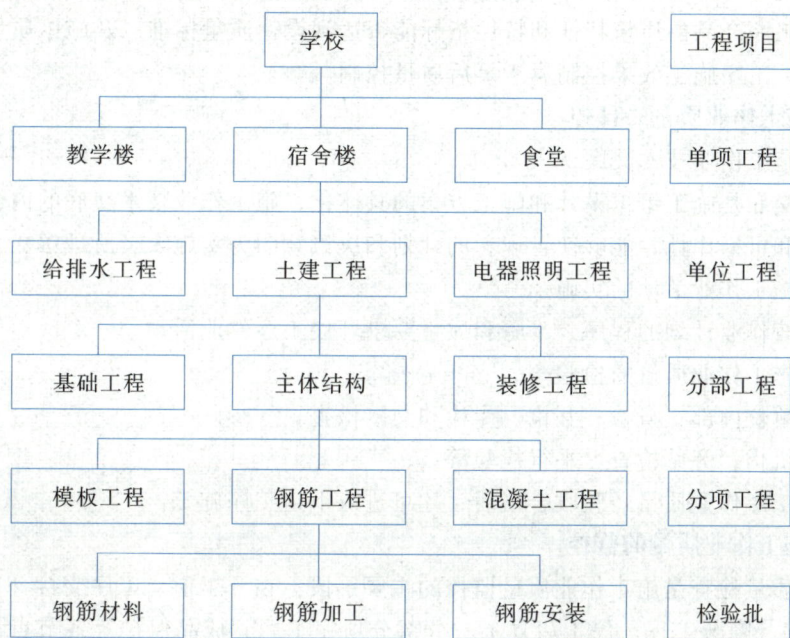

图 4-2　工程质量检查验收的项目示例

（1）单位工程

单位工程是指具有独立的施工条件、独立的使用功能的建筑物及构筑物。规模大的可划分为子单位工程。

（2）分部工程

分部工程按专业性质、工程部位来确定。较大或复杂的可按照材料种类、施工特点、施工程序、专业系统及类别划分为子分部工程。

（3）分项工程

分项工程按主要工种、材料、施工工艺、设备类别等进行划分。

（4）检验批

检验批根据施工、质量控制和专业验收需要，按工程量、楼层、施工段、变形缝等进行划分。

4.3.5　施工过程的质量控制

1）工序施工质量控制

对施工过程的质量控制，必须以工序作业质量控制为基础和核心。因此，工序的质量控制是施工阶段质量控制的重点。只有严格控制工序质量，才能确保施工项目的实体质量。

（1）工序施工条件控制

工序施工条件是指从事工序活动的各生产要素质量及生产环境条件。工序施工条件控制就是控制工序活动的各种投入要素质量和环境条件质量。

（2）工序施工效果控制

工序施工效果是工序产品的质量特征和特性指标的反映。对工序施工效果的控制就是控制工序产品的质量特征和特性指标能否达到设计质量标准以及施工质量验收标准的要求。工序施工效果控制属于事后质量控制。

2）施工作业质量的自控

（1）施工作业技术交底

技术交底是施工组织设计和施工方案的具体化，施工作业技术交底的内容必须具有可行性和可操作性，能够使管理者的计划和决策意图为实施人员所理解。

（2）施工作业活动的实施

严格按作业计划的程序、步骤和质量要求开展工序作业活动。

（3）施工作业质量的检验

施工单位内部：自检、互检、专检和交接检查。

监理机构：旁站检查、平行检验等。

前道工序作业质量经验收合格后，才可进入下道工序施工。

3）施工作业质量的监控

现场质量检查是施工作业质量监控的主要手段。在开工前、工序交接（自检、互检、专检）、隐蔽工程、停工后复工、分部分项完工后、成品保护等各节点都要进行检查。

（1）现场质量检查的方法

①目测法。目测法即凭借感官进行检查，也称观感质量检验，其手段可概括为"看、摸、敲、照"四个字。

②实测法。实测法就是通过实测数据与施工规范、质量标准的要求及允许偏差值进行对照，以此判断质量是否符合要求，其手段可概括为"靠、量、吊、套"四个字。

③试验法。试验法是指通过必要的试验手段对质量进行判断的检查方法，主要包括：理化试验，如物理化学成分检测；无损检测，如 X、Y 射线探伤、超声波探伤。

（2）技术核定与见证取样送检

①技术核定。施工中图纸的要求不明，图纸内部存在矛盾，或工程材料调整与代

用等，需要设计单位明确或确认，施工方必须以技术核定单的方式向监理工程师提出，报送设计单位核准确认。

②见证取样送检。

对象：主要材料、半成品、构配件、试块、试件；

见证人员：由建设单位及监理机构人员担任；

试验室：具备国家或地方工程检验检测主管部门核准的相关资质；

程序：样本编号→填单→封箱→送试验室等。

4）隐蔽工程验收与成品质量保护

（1）隐蔽工程验收

凡被后续施工所覆盖的施工内容，在后续工序施工前必须进行质量验收。

程序：施工单位自检合格→提前通知监理机构及有关方面→按约定时间进行验收。验收合格的，各方共同签署验收记录；不合格的，按验收整改意见进行整改后重新验收。对隐蔽工程验收的程序和记录有严格要求。

（2）施工成品质量保护

建设工程项目已完施工的成品保护，目的是避免已完施工成品受到来自后续施工以及其他方面的污染或损坏。在施工组织设计及计划阶段就应该从施工顺序上进行考虑。

在装配式混凝土建筑施工过程中，应采取防止预制构件、部品及预制构件上的建筑附件、预埋件、预埋吊件等损伤或污染的保护措施。

4.3.6　施工质量与设计质量的协调

1）项目设计质量的控制

项目设计质量的控制，主要是从满足项目建设需求入手，包括法律法规、强制性标准和合同规定的明确需求以及潜在需求，对功能性、可靠性、观感性、经济性、施工可行性等方面进行设计质量的综合控制，其中以功能性和可靠性为核心。

2）施工与设计的协调

（1）设计联络

建设或监理单位应组织施工单位到设计单位进行设计联络，了解意图、进度，从质量控制的角度提出建议等。

（2）设计交底和图纸会审

设计交底：充分了解设计意图、设计内容和技术要求，明确质量控制的重点和难点。图纸会审：深入发现和解决各专业之间可能存在的矛盾，消除施工图差错。

（3）设计现场服务和技术核定

设计单位派得力人员到现场进行设计服务，解决与设计有关的问题，及时做好设计技术核定工作。

（4）设计变更

由建设、设计或施工单位提出变更，监理工程师审查，设计单位审核认可后签发"设计变更通知书"，再由监理工程师下达变更指令。

4.4　建设工程项目施工质量验收

4.4.1　施工过程的质量验收

微课 4-2

施工过程的质
量验收总结

1）施工过程质量验收的内容

施工过程质量验收内容见表4-2。

表4-2　　　　　　　　　　　　施工过程质量验收内容

验收项目	层次	质量验收合格符合的规定	验收记录	
			组织者	参与者
施工过程质量验收	检验批	1. 主控项目经抽样均应合格 2. 一般项目经抽样检验合格 3. 具有完整的施工操作依据、质量检查记录	专业监理工程师	施工单位项目专业质量检查员、专业工长
	分项工程	1. 所含检验批均应验收合格 2. 所含检验批的质量验收记录应完整		施工单位项目专业技术负责人
	分部工程	1. 分项工程的质量均应验收合格 2. 质量控制资料完整 3. 有关安全、节能、环保和主要使用功能的抽样检验结果应符合相应规定 4. 观感质量应符合要求	总监理工程师	施工单位项目负责人和项目技术、质量负责人

（1）检验批质量验收

所谓检验批，是指"按同一的生产条件或按规定的方式汇总起来供检验用的，由一定数量样本组成的检验体"。检验批是工程验收的最小单位，是分项工程乃至整个建筑工程质量验收的基础。检验批应由专业监理工程师组织施工单位项目专业质量检查员、专业工长等进行验收。

检验批质量验收合格应符合下列规定：

①主控项目的质量经抽样检验均应合格；

②一般项目的质量经抽样检验合格；

③具有完整的施工操作依据、质量检查记录。

主控项目是指建筑工程中对安全、节能、环保和主要使用功能起决定性作用的检验项目。主控项目的验收必须从严要求，不允许有不符合要求的检验结果，主控项目的检查具有否决权。除主控项目以外的检验项目称为一般项目。

（2）分项工程质量验收

分项工程的质量验收在检验批验收的基础上进行。

分项工程应由专业监理工程师组织施工单位项目专业技术负责人等进行验收。分项工程质量验收合格应符合下列规定：

①所含检验批的质量均应验收合格；

②所含检验批的质量验收记录应完整。

（3）分部工程质量验收

分部工程的验收在其所含各分项工程验收的基础上进行。

分部工程应由总监理工程师组织施工单位项目负责人和项目技术负责人等进行验收；勘察、设计单位项目负责人和施工单位技术、质量部门负责人应参加地基与基础分部工程验收；设计单位项目负责人和施工单位技术、质量部门负责人应参加主体结构、节能分部工程验收。

分部工程质量验收合格应符合下列规定：

①所含分项工程的质量均应验收合格；

②质量控制资料完整；

③有关安全、节能、环保和主要使用功能的抽样检验结果应符合相应规定；

④观感质量应符合要求。

所含分项工程验收合格且质量控制资料完整，只是分部工程质量验收的基本条件，还必须在此基础上对涉及安全、节能、环保和主要使用功能的地基基础、主体结构和设备安装分部工程进行见证取样试验或抽样检测；还需要对其观感质量进行验收，并综合给出质素评价，对于评价为"差"的检查点应通过返修处理等进行补救。

2）施工过程质量验收不合格的处理

施工过程的质量验收是以检验批的施工质量为基本验收单元。

①在检验批验收时，发现存在严重缺陷的应返工重做，有一般缺陷的可通过返修或更换器具、设备消除缺陷，返工或返修后应重新进行验收。

②个别检验批发现某些项目或指标（如试块强度等）不满足要求难以确定是否验收时，应请有资质的检测机构检测鉴定，当鉴定结果能够达到设计要求时，应予以验收。

③检测鉴定达不到设计要求，但经原设计单位核算认可能够满足结构安全和使用功能的检验批，可予以验收。

④严重质量缺陷或超过检验批范围的缺陷，经有资质的检测机构检测鉴定以后，认为不能满足最低限度的安全储备和使用功能，则必须进行加固处理，经返修或加固处理的分项、分部工程，满足安全及使用功能要求时，可按技术处理方案和协商文件的要求予以验收，责任方应承担经济责任。

⑤经过返修或加固处理后仍不能满足安全或重要使用要求的分部工程及单位工程，严禁验收。

4.4.2　竣工质量验收

1）竣工质量验收的依据

（1）法律法规、管理条例以及相关管理办法。

（2）工程施工质量验收统一标准。

（3）专业工程施工质量验收规范。

（4）经批准的设计文件、施工图纸及说明书。

（5）工程施工承包合同。

（6）其他。

2）竣工质量验收的条件

工程符合下列条件方可进行竣工验收：

（1）完成工程设计和合同约定的各项内容。

（2）施工单位在工程完工后对工程质量进行了检查，确认工程质量符合有关法律、法规和工程建设强制性标准，符合设计文件及合同要求，并提交工程竣工报告。工程竣工报告应经项目经理和施工单位有关负责人审核签字。

（3）对于委托监理的工程项目，监理单位对工程进行了质量评估，具有完整的监理资料，并提交工程质量评估报告。工程质量评估报告应经总监理工程师和监理单位有关负责人审核签字。

（4）勘察、设计单位对勘察、设计文件及施工过程中由设计单位签署的设计变更通知书进行检查，并提交质量检查报告。质量检查报告应经该项目勘察、设计负责人和勘察、设计单位有关负责人审核签字。

（5）有完整的技术档案和施工管理资料。

（6）有工程使用的主要建筑材料、建筑构配件和设备的进场试验报告，以及工程质量检测和功能性试验资料。

（7）建设单位已按合同约定支付工程款。

（8）有施工单位签署的工程质量保修书。

（9）对于住宅工程，进行分户验收并验收合格，建设单位按户出具"住宅工程质量分户验收表"。

（10）建设主管部门及工程质量监督机构责令整改的问题全部整改完毕。

（11）法律、法规规定的其他条件。

3）竣工质量验收的标准

单位工程是工程项目竣工质量验收的基本对象。

（1）所含分部工程的质量均应验收合格。

（2）质量控制资料应完整。

（3）所含分部工程有关安全、节能、环保和主要使用功能的检验资料应完整。

（4）主要使用功能的抽查结果应符合相关专业质量验收规范的规定。

（5）观感质量应符合要求。

住宅工程要分户验收。在住宅工程各检验批、分项、分部工程验收合格的基础上，在住宅工程竣工验收前，建设单位应组织施工、监理等单位，依据国家有关工程质量验收标准，对每户住宅及相关公共部位的观感质量和使用功能等进行检查验收。

每户住宅和规定的公共部位验收完毕，应填写"住宅工程质量分户验收表"，建设单位和施工单位项目负责人、监理单位项目总监理工程师要分别签字。分户验收不合格，不能进行住宅工程整体竣工验收。

4）竣工质量验收的程序和组织

单位工程中的分包工程完工后，分包单位应对所承包的工程项目进行自检，并应按规定的程序进行验收。验收时，总包单位应派人参加。

单位工程完工后，施工单位应组织有关人员进行自检。总监理工程师应组织各专业监理工程师对工程质量进行竣工预验收。存在施工质量问题时，应由施工单位及时整改。

（1）工程完工并对存在的质量问题整改完毕后，施工单位向建设单位提交工程竣工报告，申请工程竣工验收。实行监理的工程，工程竣工报告须经总监理工程师签署意见。

（2）建设单位收到工程竣工报告后，对符合竣工验收要求的工程，组织勘察、设计、施工、监理等单位组成验收组，制订验收方案。对于重大工程和技术复杂的工程，根据需要可邀请有关专家参加验收组。

（3）建设单位应当在工程竣工验收 7 个工作日前将验收的时间、地点及验收组名单书面通知负责监督该工程的工程质量监督机构。

（4）建设单位组织工程竣工验收。

当参与工程竣工验收的建设、勘察、设计、施工、监理等各方不能形成一致意见时，应当协商解决的方法，待意见一致后，重新组织工程竣工验收。

5）工程竣工验收报告

工程竣工验收合格后，建设单位应当及时提交工程竣工验收报告。工程竣工验收报告主要包括工程概况，建设单位执行基本建设程序情况，对工程勘察、设计、施工、监理等方面的评价，工程竣工验收时间、程序、内容和组织形式，工程竣工验收意见等内容。

工程竣工验收报告还应附有下列文件：

（1）施工许可证。

（2）施工图设计文件审查意见。

（3）工程竣工报告、工程质量评估报告、质量检查报告、工程质量保修书。

（4）验收组人员签署的工程竣工验收意见。

（5）其他。

6）竣工验收备案

建设单位应当自建设工程竣工验收合格之日起 15 日内，向工程所在地的县级以上地方人民政府建设主管部门备案。

建设单位办理工程竣工验收备案应当提交下列文件：

（1）工程竣工验收备案表。

（2）工程竣工验收报告。

（3）法律、行政法规规定应当由规划、环保等部门出具的认可文件或者准许使用文件。

（4）法律规定应当由公安消防部门出具的对大型的人员密集场所和其他特殊建设工程验收合格的证明文件。

（5）施工单位签署的工程质量保修书。

（6）法规、规章规定必须提供的其他文件。

4.5 施工质量不合格的处理

4.5.1 工程质量问题和质量事故的分类

1）工程质量问题

（1）质量不合格和质量缺陷

根据我国国家标准《质量管理体系 基础和术语》（GB/T 19000—2016）的定义，工程产品未满足质量要求，即为质量不合格；而与预期或规定用途有关的质量不合格，称为质量缺陷。

（2）质量问题和质量事故的区分

凡是工程质量不合格，影响使用功能或工程结构安全，造成永久质量缺陷或存在重大质量隐患，甚至直接导致工程倒塌或人身伤亡，必须进行返修、加固或报废处理。按照由此造成人员伤亡和直接经济损失的大小区分，在规定限额以下的为质量问题，在规定限额以上的为质量事故。

2）工程质量事故

（1）按事故造成损失的程度分级

《关于做好房屋建筑和市政基础设施工程质量事故报告和调查处理工作的通知》（建质〔2010〕111号）中根据工程质量事故造成的人员伤亡或者直接经济损失，将工程质量事故分为4个等级：

①特别重大事故，是指造成30人以上死亡，或者100人以上重伤，或者1亿元以上直接经济损失的事故；

②重大事故，是指造成10人以上30人以下死亡，或者50人以上100人以下重伤，或者5 000万元以上1亿元以下直接经济损失的事故；

③较大事故，是指造成3人以上10人以下死亡，或者10人以上50人以下重伤，或者1 000万元以上5 000万元以下直接经济损失的事故；

④一般事故，是指造成3人以下死亡，或者10人以下重伤，或者100万元以上1 000万元以下直接经济损失的事故。

（2）按事故责任分类

①指导责任事故：由于工程实施指导或领导失误而造成的质量事故。例如，由于工程负责人片面追求施工进度，放松或不按质量标准进行控制和检验，降低施工质量标准等。

②操作责任事故：在施工过程中，由于实施操作者不按规程和标准进行操作而造成的质量事故。例如，浇筑混凝土时随意加水，或振捣疏漏造成混凝土质量事故等。

③自然灾害事故：由于突发的严重自然灾害等不可抗力因素造成的质量事故。例如地震、台风、暴雨、雷电、洪水等对工程造成破坏甚至使其倒塌。这类事故虽然不是人为责任直接造成，但灾害事故造成的损失程度也往往与人们是否在事前采取了有效的预防措施有关，相关责任人员也可能负有一定责任。

4.5.2　施工质量事故的预防

1）施工质量事故发生的原因

（1）技术原因

技术原因是指引发质量事故是由于在项目勘察、设计、施工中技术上的失误。例如，地质勘察过于疏略，对水文地质情况判断错误，致使地基基础设计采用不正确的方案；或结构设计方案不正确，计算失误，构造设计不符合规范要求；或施工管理及实际操作人员的技术水平差，采用了不合适的施工方法或施工工艺等。这些技术上的失误是造成质量事故的常见原因。

（2）管理原因

管理原因是指引发质量事故是由于管理上的不完善或失误。例如，施工单位或监理单位的质量管理体系不完善，质量管理措施落实不力，施工管理混乱，不遵守相关规范，违章作业，检验制度不严密，质量控制不严格，检测仪器设备失准，以及材料质量检验不严等原因引起质量事故。

（3）社会、经济原因

社会、经济原因是指引发质量事故是由于社会上存在的不正之风及一些经济上的因素，滋长了建设中的违法违规行为，从而出现质量事故。例如，违反基本建设程序，无立项、无报建、无开工许可、无招标投标、无资质、无监理、无验收的"七无"工程，边勘察、边设计、边施工的"三边"工程，屡见不鲜，几乎所有的重大施工质量事故都能从这些方面找到原因。

某些施工企业盲目追求利润而不顾工程质量，在投标报价中随意压低标价，中标后则依靠违法的手段或修改方案追加工程款，甚至偷工减料等，这些因素都会导致发生重大工程质量事故。

（4）人为事故和自然灾害原因

人为事故和自然灾害原因是指造成质量事故是由于人为的设备事故、安全事故，导致连带发生的质量事故，以及严重的自然灾害等不可抗力因素造成的质量事故。

2）施工质量事故预防的具体措施

（1）严格按照基本建设程序办事。

（2）认真做好工程地质勘察。

（3）科学地加固处理好地基。

（4）进行必要的设计审查复核。

（5）严格把好建筑材料及制品的质量关。

（6）对施工人员进行必要的技术培训。

（7）依法进行施工组织管理。

（8）加强施工安全与环境管理。

（9）做好应对不利施工条件和各种灾害的预案。

4.5.3　施工质量事故的处理

1）施工质量事故处理的依据

（1）质量事故的实况资料。

（2）有关合同及合同文件。

（3）有关的技术文件和档案。

（4）相关的建设法规。

2）施工质量事故的处理程序

发生事故后应如何处理？相关处理程序如图4-2所示。

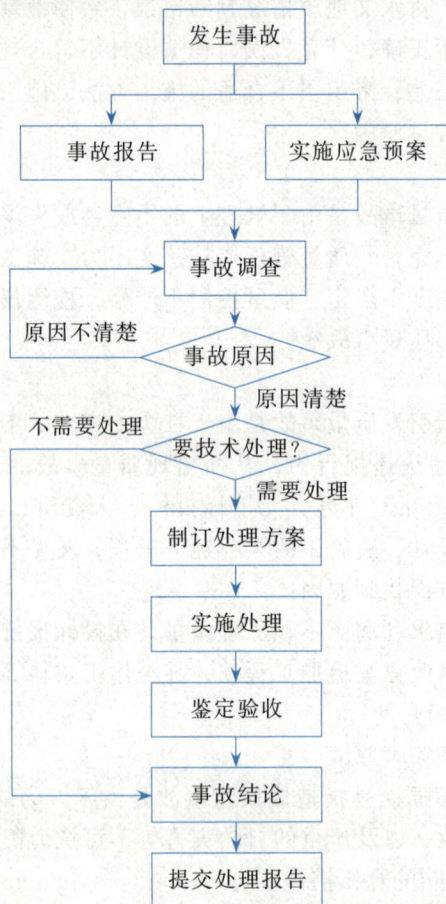

图4-2　施工质量事故处理程序

（1）事故报告

工程质量事故发生后，事故现场有关人员应当立即向工程建设单位负责人报告；工程建设单位负责人接到报告后，应于1小时内向事故发生地县级以上人民政府住房和城乡建设主管部门及相关部门报告。施工质量事故报告的主要内容如下：

①事故发生的时间、地点、工程项目名称、工程各参建单位名称；

②事故发生的简要经过、伤亡人数和初步估计的直接经济损失；

③事故原因的初步判断；

④事故发生后采取的措施及事故控制情况；

⑤事故报告单位、联系人及联系方式；

⑥其他应当报告的情况。

（2）事故调查

事故调查要按规定区分事故的大小，分别由相应级别的人民政府直接或授权有关部门组织事故调查组进行。未造成人员伤亡的一般事故，县级人民政府也可以委托事故发生单位组织事故调查组进行调查。事故调查应力求及时、客观、全面，以便为事故的分析与处理提供正确的依据。调查结果要整理撰写成事故调查报告，其主要内容应包括：

①事故项目及各参建单位概况；

②事故发生经过和事故救援情况；

③事故造成的人员伤亡和直接经济损失；

④事故项目有关质量检测报告和技术分析报告；

⑤事故发生的原因和事故性质；

⑥事故责任的认定和对事故责任者的处理建议；

⑦事故防范和整改措施。

（3）事故的原因分析

必须对调查所得到的数据、资料进行仔细分析，依据国家有关法律法规和工程建设标准分析事故的直接原因和间接原因，必要时组织对事故项目进行检测鉴定和专家技术论证，以去伪存真，找出造成事故的主要原因。

（4）制订事故处理的技术方案

事故的处理要建立在原因分析的基础上，要广泛地听取专家及有关方面的意见，经科学论证，决定事故是否要进行技术处理和怎样处理。在制订事故处理的技术方案时，应做到安全可靠、技术可行、不留隐患、经济合理、具有可操作性、满足项目的安全和使用功能要求。

（5）事故处理

事故处理的内容包括：事故的技术处理，按经过论证的技术方案进行处理，解决事故造成的质量缺陷问题；事故的责任处罚，依据政府部门对事故调查报告的批复和有关法律法规的规定，对事故相关责任者实施行政处罚，负有事故责任的人员涉嫌犯罪的，依法追究刑事责任。

（6）事故处理的鉴定验收

质量事故的技术处理是否达到预期的目的，是否依然存在隐患，应当通过检查、鉴定和验收作出确认。

（7）提交事故处理报告

事故处理后，必须尽快提交完整的事故处理报告，其内容包括：事故调查的原始资料、测试的数据；事故原因分析和论证结果；事故处理的依据；事故处理的技术方案及措施；实施技术处理过程中有关的数据、记录、资料；检查、鉴定验收记录；对事故相关责任者的处罚情况和事故处理的结论等。

3）质量事故处理的基本要求

（1）应达到安全可靠、不留隐患、满足生产和使用要求、施工方便、经济合理的目的。

（2）消除导致事故的隐患，注意综合处理，防止事故再次发生。

（3）正确确定技术处理范围和正确选择处理的时间和方法。

（4）切实做好事故处理的检查、鉴定验收工作，认真落实防范措施。

（5）确保事故处理期间的安全。

4）施工质量缺陷处理的基本方法

（1）返修处理

未达到规定的规范、标准或设计规定的要求，存在一定的缺陷，但经过整修等措施后可以达到要求的质量标准，又不影响使用功能或外观的要求时，可采取返修处理的方法。例如：当混凝土结构表面出现蜂窝、麻面，这些缺陷或损伤仅仅在结构的表面或局部，不影响结构的安全和使用功能时，可采取返修处理。混凝土结构出现裂缝，宽度小于等于0.2mm时，采用表面密封法；宽度大于0.2mm时，采用嵌缝密闭法；裂缝较深时，采用灌浆修补法。

（2）加固处理

这主要是针对危及结构承载力的质量缺陷的处理，通常采用增大截面加固法、外包角钢加固法、预应力加固法等。

（3）返工处理

当工程质量缺陷经过返修、加固处理后仍不能满足规定的质量标准要求，或不具备补救可能性时，则必须采取返工处理。

（4）限制使用

修补后无法保证达到使用和安全要求，无法再返工。

（5）不作处理

①不影响结构安全和使用功能的；②后道工序可以弥补的质量缺陷，如轻微麻面；③法定检测单位鉴定合格的；④出现的质量缺陷，经检测鉴定达不到设计要求，但经原设计单位核算，仍能满足结构安全和使用功能的。

（6）报废处理

出现质量事故的项目，通过分析或实践，采取上述处理方法后仍不能满足规定的质量要求或标准时，则必须予以报废处理。

4.6 建设工程项目质量的政府监督

4.6.1 政府对工程项目质量监督的职能与权限

1）监督管理部门职责的划分

全国：国务院住房和城乡建设主管部门。

本行政区域：县级以上地方人民政府住房和城乡建设主管部门。

国务院商务主管部门按照国务院规定的职责，对国家重大技术改造项目实施监督检查。

国务院发展计划部门按照国务院规定的职责，组织稽查特派员，对国家出资的重大建设项目实施监督检查。

2）政府质量监督的性质与职权

（1）政府质量监督的性质

政府质量监督属于行政执法行为，是主管部门依据有关法律法规和工程建设强制性标准，对工程实体质量和工程建设、勘察、设计、施工、监理单位（以下简称工程质量责任主体）和质量检测等单位的工程质量行为实施监督。

（2）政府质量监督的职权

政府建设行政主管部门和其他有关部门履行工程质量监督检查职责时，有权采取下列措施：

①要求被检查的单位提供有关工程质量的文件和资料；

②进入被检查单位的施工现场进行检查；

③发现有影响工程质量的问题时，责令改正。

3）政府质量监督机构

（1）质量监督机构应当具备的条件

①具有符合规定条件的监督人员。监督人员数量由县级以上地方人民政府住房和城乡建设主管部门根据实际需要确定。监督人员应当占监督机构总人数的75%以上。

②有固定的工作场所和满足工程质量监督检查工作需要的仪器、设备和工具等。

③有健全的质量监督工作制度，具备与质量监督工作相适应的信息化管理条件。

（2）质量监督人员应当具备的条件

①具有工程类专业大学专科以上学历或工程类执业注册资格；

②具有3年以上工程质量管理或者设计、施工、监理等工作经历；

③熟悉掌握相关法律法规和工程建设强制性标准；

④具有一定的组织协调能力和良好的职业道德。

4.6.2　政府对工程项目质量监督的内容与实施

1）质量监督的内容

（1）执行法律法规和工程建设强制性标准的情况。

（2）抽查涉及工程主体结构安全和主要使用功能的工程实体质量。

（3）抽查工程质量责任主体和质量检测等单位的工程质量行为。

（4）抽查主要建筑材料、建筑构配件的质量。

（5）对工程竣工验收进行监督。

（6）组织或者参与工程质量事故的调查处理。

（7）定期对本地区工程质量状况进行统计分析。

（8）依法对违法违规行为实施处罚。

2）质量监督的程序

对工程项目实施质量监督，应当依照下列程序进行：

（1）受理建设单位质量监督申报手续

开工前，受理建设单位质量监督申报手续，审查有关文件，签发有关质量监督文件。建设单位凭相关质量监督文件，申请施工许可证。

（2）制订工作计划并组织实施

（3）对工程实体质量和工程质量行为进行抽查、抽测

监督抽样检测的重点是涉及结构安全和重要使用功能的项目，如参建各方的质量保证体系的建立和运行情况，企业经营资质证书及相关人员的资格证书，工程质量检查记录等。

（4）监督工程竣工验收

重点对竣工验收的组织形式、程序等是否符合有关规定进行监督。同时对质量监督抽查中提出质量问题的整改情况进行复查。

（5）形成工程质量监督报告

报告包括：项目概况、参与方质量行为检查情况、实体质量抽查情况、历次质量监督检查中提出质量问题的整改情况、竣工质量验收情况、项目质量评价以及缺陷处理意见。

（6）建立工程质量监督档案

项目工程质量监督档案按单位工程建立，经监督机构负责人签字后归档，按规定年限保存。

单元总结

本单元以建设工程项目质量控制为核心，介绍了建设工程项目质量控制的内容：项目质量控制的目标、任务与责任；项目质量的影响因素分析；项目质量风险分析和控制。建设工程项目质量控制体系：全面质量管理思想和方法的应用；项目质量控制体系的建立和运行；施工企业质量管理体系的建立与认证。建设工程项目施工质量控制：施工质量控制的依据与基本环节；施工质量计划的内容与编制方法；施工生产要素的质量控制；施工准备的质量控制；施工过程的质量控制；施工质量与设计质量的协调。建设工程项目施工质量验收：施工过程的质量验收；竣工质量验收。施工质量不合格的处理：工程质量问题和质量事故的分类；施工质量事故的预防；施工质量问题和质量事故的处理。了解建设工程项目质量的政府监督：政府对工程项目质量监督的职能与权限；政府对工程项目质量监督的内容与实施。

单元练习

一、单项选择题

1.建设工程项目质量管理的核心任务是（   ）。

A.控制工期和成本   B.控制施工进度

C.实现合同约定的质量目标   D.提高企业经济效益

2.施工质量验收的最小单位是（   ）。

A.检验批   B.分项工程   C.分部工程   D.单位工程

3.下列属于施工质量特性中"耐久性"的是（   ）。

A.教室的采光效果   B.混凝土构件的设计使用年限

C.施工机械的安全性   D.工程外观的协调性

4.施工质量控制的重点环节是（   ）。

A.设计阶段   B.施工阶段   C.竣工验收阶段   D.保修阶段

5.质量管理的PDCA循环中，"C"代表（　　　）。

A.计划　　　　　　　B.实施　　　　　　　C.检查　　　　　　　D.处置

6.隐蔽工程验收时，施工单位应提前通知（　　　）。

A.建设单位　　　　　B.监理单位　　　　　C.设计单位　　　　　D.质检机构

7.工程质量事故分为特别重大、重大、较大、一般事故的依据是（　　　）。

A.事故责任　　　　　　　　　　　B.经济损失和人员伤亡

C.技术原因　　　　　　　　　　　D.管理失误

8.施工质量事故处理中，若检测鉴定达不到设计要求但经原设计单位核算认可，应（　　　）。

A.返工处理　　　　　B.加固处理　　　　　C.限制使用　　　　　D.予以验收

9.政府对工程项目质量监督的职权不包括（　　　）。

A.要求提供工程质量文件　　　　　B.进入施工现场检查

C.直接处罚责任单位　　　　　　　D.责令整改问题

10.施工企业质量管理体系获准认证的有效期为（　　　）。

A.1年　　　　　　　B.2年　　　　　　　C.3年　　　　　　　D.5年

二、多项选择题

1.施工质量的影响因素包括（　　　）。

A.人的因素　　　　　　　B.机械因素　　　　　　　C.材料因素

D.经济因素　　　　　　　E.环境因素

2.施工质量验收的层次包括（　　　）。

A.检验批　　　　　　　　B.分项工程　　　　　　　C.分部工程

D.单位工程　　　　　　　E.单项工程

3.质量事故处理的基本方法有（　　　）。

A.返修处理　　　　　　　B.加固处理　　　　　　　C.返工处理

D.限制使用　　　　　　　E.报废处理

4.施工质量控制的依据包括（　　　）。

A.法律法规　　　　　　　B.技术标准　　　　　　　C.设计文件

D.施工合同　　　　　　　E.企业规章制度

5.竣工质量验收的条件包括（　　　）。

A.完成合同约定内容　　　　　　　B.施工单位自检合格

C.监理单位签署评估报告　　　　　D.建设单位支付全部工程款

E.住宅工程分户验收合格

6.政府质量监督的内容包括（　　　）。

A.抽查工程实体质量　　　　　　　B.监督竣工验收程序

C.检查施工进度计划　　　　　　　D.抽查建筑材料质量

E.处理质量事故

三、判断题

1.施工质量控制的最终目的是确保工程进度目标的实现。　　　　　　　　（　　　）

2.分项工程的质量验收由总监理工程师组织。　　　　　　　　　　　　　（　　　）

3.施工质量事故中，自然灾害事故属于操作责任事故。　　　　　　（　　）

4.检验批验收时，主控项目的检查具有否决权。　　　　　　　　　（　　）

5.施工企业质量管理体系的认证有效期为3年，需定期复评。　　　（　　）

6.住宅工程竣工验收前需进行分户验收，并出具验收表。　　　　　（　　）

四、简答题

1.建筑工程项目质量特性包括哪几个方面？

2.施工单位的质量责任和义务包括哪些？

3.质量管理的PDCA循环的具体内容有哪些？

4.单位工程竣工质量验收的标准包括哪些？

教学单元5
建设工程项目
进度控制

教学目标

☐ 知识目标：了解进度与进度控制的概念、进度控制原理；理解建设工程进度调整系统过程；掌握进度计划编制步骤，熟悉网络计划技术；掌握流水施工原理，掌握建设工程进度偏差的分析以及建设工程进度计划的调整方法。

☐ 能力目标：能够有效地应用所学知识，分析解决建设工程进度偏差，具备独立编制建设工程进度计划的能力。

☐ 素养目标：能够有序、高效地组织施工生产，将工期管理规范化、精细化；具备对目标破除万难、锲而不舍的履约精神。

5.1　建设工程项目进度控制概述

　　建设工程施工最重要的是保证工程成本、工期、质量满足合同目标的要求。因此，一项建设工程能否在预定的时间内交付使用，不仅关系到投资效益的发挥，还关系到企业的经济效益。工程实践表明，若建设工程施工进度失控，必然造成人力、物力和财力的严重浪费，甚至会影响到工程投资、工程质量和施工安全。因此，对建设工程进度进行有效的控制，使其顺利达到预定的工期及质量目标，是建设工程施工过程中必不可少的一个环节。

5.1.1　进度与进度控制的概念

1）进度

　　进度是一个将任务、工期、成本有机地结合起来所形成的综合性指标，用以反映建设工程的实施情况。在建设工程中用来描述进度的量有以下几个：

　　（1）持续时间，即从事某项工作所需要的时间，有计划时间和实际时间之分，常用实际时间和计划时间作比较，分析进度情况。

　　（2）工程活动的结果状态数量，如现浇混凝土的体积、土石方的开挖量等。

　　（3）共同适用某个工程计量单位。工程中常用的有劳动工时消耗、材料消耗、成本等。

2）进度控制

　　进度控制是指在工程施工阶段，按既定的施工工期编制出最优的施工进度计划；在执行该计划的施工中，经常检查施工实际进度情况，并将其与计划进度相比较，若出现偏差，便分析偏差产生的原因及其对工期的影响程度，制定必要的调整措施，对原进度计划进行修改，直至工程竣工、交付使用。其最终目的是确保工程进度目标的实现，建设工程进度控制的总目标是对建设工期的控制。

　　进度控制和工期控制是两个相互联系又有所区别的概念。工期控制的目的是使工程实施活动与工期计划在时间上相吻合。进度控制的总目标与工期控制是一致的，但是进度控制不仅追求时间上的吻合，还追求消耗与劳动成果的一致性。但是，在实际工程中，对进度的控制往往又表现为对工期的控制，只有进行有效的工期控制，才能实现有效的进度控制。

5.1.2　建设工程进度控制的任务和程序

　　建设工程进度控制的主要任务是编制施工总进度计划并控制其执行，按期完成整个建设工程的任务；编制单位工程施工进度计划并控制其执行，按期完成单位工程的施工任务；编制分部分项工程施工进度计划，并控制其执行，按期完成分部分项工程的施工任务；编制季度、月（旬）作业计划，并控制其执行，完成规定的目标等。

　　建设工程进度控制应按图 5-1 所示的程序进行。

　　（1）根据施工合同确定的开工日期、总工期和竣工日期，确定施工进度目标。明确计划开工日期、编制进度计划总工期和计划竣工日期，确定项目分期分批的开工、竣工日期。

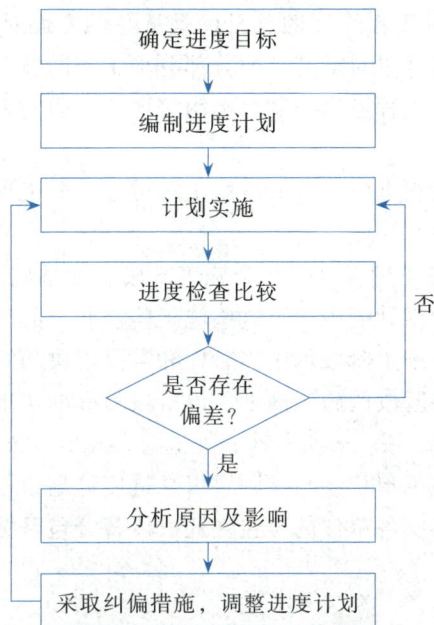

图5-1　建设工程进度控制程序

（2）编制施工进度计划，具体安排实现前述目标的工艺关系、组织关系、搭接关系、起止时间、劳动力计划、材料计划、机械计划和其他保证性计划。

（3）向监理工程师提出开工申请报告，按监理工程师开工令指定的日期开工。

（4）实施施工进度计划，在实施中加强协调和检查，如出现偏差（不必要的提前或延误）及时进行调整，并不断预测未来进度状况。

（5）工程竣工验收前抓紧收尾阶段进度控制；全部任务完成后，进行进度控制总结，并编写进度控制报告。

综上所述，建设工程进度控制程序是一个动态的循环过程。它包括进度目标的确定、施工进度计划的编制和施工进度计划的跟踪、检查与调整。

5.1.3　建设工程进度控制目标

1）建设工程进度控制的总目标

建设工程项目进度控制的总目标指的是整个项目的进度目标，它是在项目决策阶段确定的，项目管理的主要任务是在项目的实施阶段对项目的总目标进行控制。建设工程进度控制以实现施工合同约定的竣工日期为最终目标。作为一项建设工程，总有一个建设时间限制，即建设工程的竣工时间，这就是施工阶段的进度目标。有了这个明确的目标以后，才能进行有针对性的进度控制。

在确定施工进度目标时，应考虑的因素有：建设工程总进度计划对项目施工工期的要求、项目建设的特殊要求、已建成的同类或类似工程项目的施工期限、建设单位提供资金的保证程度、施工单位可能投入的施工力量、物资供应的保证程度、自然条件及运输条件等。

2）建设工程进度目标体系

建设工程进度控制的总目标确定后，还应对其进行层层分解，形成相互制约、相互关联的目标体系。建设工程进度的总目标是从总的方面对项目建设提出的工期要求，但在施工活动中，是通过对最基础的分部分项工程的施工进度控制，来保证各单位工程、单项工程或阶段工程进度控制目标的完成，进而实现建设工程进度控制的总目标。

施工阶段进度目标可根据施工阶段、施工单位、专业工种和时间进行分解。

（1）按施工阶段分解

根据工程特点，将施工过程分为几个施工阶段，如基础、主体、屋面、装饰等。根据总体网络计划，以网络计划中表示这些施工阶段起止的节点为控制点，明确提出若干阶段目标，并对每个施工阶段的施工条件和需要解决的问题进行更加具体的分析研究和综合平衡，制定各阶段的施工规划，以阶段目标的实现来保证总目标的实现。

（2）按施工单位分解

若建设工程由多个施工单位参与，则要以总进度计划为依据，确定各单位的分包目标，并通过分包合同落实各单位的分包责任，以各分包目标的实现来保证总目标的实现。

（3）按专业工种分解

只有控制好每段施工过程完成的质量和时间，才能保证各分部工程进度的实现。因此，既要对同专业、同工种的任务进行综合平衡，又要强调不同专业、不同工种间的衔接配合，明确相互的交接日期。

（4）按时间分解

将施工总进度计划分解为逐年、逐季、逐月的进度计划。

5.1.4　建设工程进度控制内容

建设工程进度控制是一个大系统，从目标上看，它是由进度控制总目标、分目标和阶段目标组成的目标系统；从进度控制涉及的单位来看，它是由业主和承包单位构成的庞大组织系统；从进度控制计划上看，它是由工程总进度控制计划、单位工程进度计划和相应的设计、资源供应、资金供应、投产动用等计划组成的计划系统。一般由业主委托监理工程师实施进度总控制。

由于参与建设的各主体单位的进度控制目标不同，因此，它们的进度控制内容也不同。

1）监理单位的进度控制内容

（1）在设计前的准备阶段，向建设单位提供有关工期的信息和咨询，协助其进行工期目标和进度控制决策。

（2）进行环境和施工现场调查分析，编制工程进度规划和总进度计划，编制设计前准备工作详细计划，并控制其执行。

（3）发出开工通知书。

（4）审核总承包单位、设计单位、分承包单位及供应单位的进度控制计划，并在其实施过程中，履行监理职责，监督、检查、协调各项进度控制。

（5）通过核准、审批设计单位和施工单位的进度付款，对其进度实行动态间接控制，妥善处理和核批施工单位的进度索赔。

2）设计单位的进度控制内容

（1）编制设计准备工作计划、设计总进度计划和各专业设计的出图计划，确定计划工作进度目标及其实施步骤。

（2）执行各类计划，在执行中经常检查，采取相应措施排除各种障碍，必要时对计划进行调整或修改，保证计划的实现。

（3）为施工单位的进度控制提供设计保证，并协助施工单位实现进度控制目标。

（4）接受监理单位的设计进度监理。

3）施工单位的进度控制内容

施工单位的进度控制内容见表 5-1。

表5-1　　　　　　　　　　　　　　施工单位的进度控制

项目	控制内容
施工进度事前控制	编制建设工程施工进度规划 编制单项工程施工进度规划 编制建设工程施工进度实施细则 协调建设工程施工进度实施过程
施工进度事中控制	实施施工进度规划 做好施工进度记录 严格进行施工进度检查 分析施工进度执行情况，并找出偏差 修改和调整施工进度计划 向有关单位和部门报告工程施工进展情况
施工进度事后控制	及时进行工程施工验收工作 办理工程索赔 整理工程进度资料，并建立相应档案 加强工程竣工验收管理

5.2　工程进度计划的编制

5.2.1　工程进度计划的编制依据

工程进度计划的编制依据具体包括：

（1）经过审批的全套施工图及采用的各种标准图和技术资料。

（2）工程的工期要求及开工、竣工日期。

（3）建设工程工作顺序及相互间的逻辑关系。

（4）建设工程工作持续时间的估算。

（5）资源需求，包括对资源数量和质量的要求，当有多个工作同时需要某种资源时，需要作出合理的安排。

（6）作业制度安排。明确工程作业制度是十分必要的，它直接影响到进度计划的安排。

（7）约束条件。在工程执行过程中总会存在一些关键工作或里程碑事件，这些都是工程执行过程中必须考虑的约束条件。

（8）工程工作的提前和滞后要求。为了准确地确定工作关系，有些逻辑关系需要规定提前或滞后的时间。

5.2.2　工程进度计划的编制步骤

编制工程进度计划是指在满足合同工期要求的情况下，对选定的施工方案、资源的供应情况、协作单位配合施工情况等所做的综合研究和周密部署。具体编制步骤如下：

（1）划分施工过程。

（2）计算工程量。

（3）套用施工定额。

（4）劳动量和机械台班量的确定。

（5）计算施工过程的持续时间。

（6）初排施工进度。

（7）编制正式的施工进度计划。

5.2.3　工程进度计划的表示方法

工程进度计划的表示方法有多种，常用的有横道图和网络图两种。

1）横道图

横道图也称甘特图，是英国人甘特（Gantt）在20世纪初期提出的。由于其形象、直观，且易于编制和理解，因而长期以来被广泛应用于建设工程进度计划中。

用横道图表示的建设工程进度计划，一般包括两个基本部分，即左侧的工作名称及工作的持续时间等基本数据部分和右侧的横道线部分。横道图的表格形式见表5-2。施工进度计划由两部分组成，一部分反映拟建工程所划分施工过程的工程量、劳动定额或台班量、施工人数或机械数、工作班次及施工时间等内容；另一部分则用表格形式表示各施工过程的起止时间、延续时间及搭接关系。

表5-2　　　　　　　　　　　　　　施工进度计划横道图

序号	施工过程名称	工程量		劳动定额	劳动量		机械		每天工作班数	每班工作人数	施工时间	施工进度						
		单位	数量		定额工日	计划工日	机械名称	台班数				月				月		
												2	4	6	…	30		

2）网络图

网络计划技术自20世纪50年代末诞生以来，已得到迅速发展和广泛应用。网络图是建设工程进度计划的一种常用表示方法。网络图是指由箭线和节点组成的，用来表示工作流程的有向、有序的网状图形。国内外实践证明，网络图是用于控制建设工程进度的最有效工具之一（详细介绍见 5.2.5 节）。

5.2.4　流水施工原理及主要参数

流水施工就是指所有的施工过程按一定的时间间隔依次投入施工，各个施工过程陆续开工陆续竣工，使同一施工过程的施工班组保持连续、均衡施工，不同的施工过程尽可能平行搭接施工的组织方式。

为了说明流水施工在时间和空间上的开展情况，我们必须引入一些量的描述，这些量称为流水参数。按参数性质不同，可以分为工艺参数、空间参数、时间参数三类。

（1）工艺参数

①施工过程数（n）。根据具体情况，可把一个综合的施工过程划分为若干具有独自工艺特点的个别施工过程，如制造建筑制品而进行的制备类施工过程，把材料和制品运到工地仓库或再转运到施工现场的运输类施工过程，以及在施工中占主要地位的安装砌筑类施工过程。划分的数量称为施工过程数（工序数）。由于每一个施工过程一般由专业班组承担，故施工班组（或队）数等于 n。

②流水强度（V）。流水强度又称流水能力、生产能力，它是指某一施工过程在单位时间内所完成的工程量（如浇筑混凝土时，每工作班组浇筑的混凝土的数量），一般用 V 表示。

（2）空间参数

在组织流水施工时，用以表示流水施工在空间布置上所处状态的参数，称为空间参数。空间参数主要有工作面、施工段数和施工层数。

①工作面。某专业工种的工人在从事建筑产品施工生产过程中所必须具备的活动空间，称为工作面。它的大小是根据相应工种单位时间内的产量定额、工程操作规程和安全规程等的要求确定的。工作面确定得合理与否，直接影响到专业工种工人的劳动生产效率，对此，必须认真加以对待，合理确定。

②施工段数和施工层数。施工段数和施工层数是指工程对象在组织流水施工中所划分的施工区段数目。一般把平面上划分的若干个劳动量大致相等的施工区段称为施工段，其数目用符号 m 表示。把建筑物垂直方向划分的施工区段称为施工层，其数目用符号 j 表示。

划分施工区段的目的，就在于保证不同的施工班组能在不同的施工区段上同时进行施工，消灭由于不同的施工班组不能同时在一个工作面上工作而产生的互等、停歇现象，为流水施工创造条件。

（3）时间参数

在组织流水施工时，用以表达流水施工在时间排列上所处状态的参数，称为时间参数。它包括流水节拍、流水步距、平行搭接时间、技术与组织间歇时间、工期等。

①流水节拍。流水节拍是指从事某一施工过程的施工班组在一个施工段上完成施工任务所需要的时间，用符号 t_i 表示（$i=1，2，\cdots$）。

②流水步距。流水步距是指两个相邻的施工过程的施工班组相继进入同一施工段

微课 5-2

流水施工原理
总结

开始施工的最小时间间隔（不包括技术与组织间歇时间），用符号$K_{i,i+1}$表示（i表示前一个施工过程，$i+1$表示后一个施工过程）。

流水步距的大小，对工期有着较大的影响。一般说来，在施工段不变的条件下，流水步距越大，工期越长；流水步距越小，则工期越短。流水步距还与前后两个相邻施工过程流水节拍的大小、施工工艺技术要求、施工段数目、流水施工的组织方式有关。

流水步距个数比参加流水施工的施工过程（班组）数少一个，即等于（$n-1$）。

③平行搭接时间。在组织流水施工时，有时为了缩短工期，考虑某些因素在可能的情况下，后续施工过程在规定的流水步距以内可提前进入该施工段施工，这个提前的时间称为平行搭接时间，通常以$C_{i,i+1}$表示。

④技术与组织间歇时间。在组织流水施工时，还应考虑某些因素导致的在相邻施工过程规定的流水步距以外增加的时间间隔。由建筑材料或现浇构件工艺性质决定的间歇时间称为技术间歇，如现浇混凝土构件的养护时间、抹灰层的干燥时间和油漆层的干燥时间等。由施工组织原因造成的间歇时间称为组织间歇，如回填土前地下管道检查验收，施工机械转移和砌筑墙体前的墙身位置弹线，以及其他作业前的准备工作。技术与组织间歇时间用$Z_{i,i+1}$表示。

⑤工期。工期是指完成一项工程任务或一个流水组施工所需的时间。流水施工工期计算公式如下：

$$T_L = \sum K_{i,i+1} + Tn + \sum Z_{i,i+1} - \sum C_{i,i+1} \tag{5-1}$$

式中：T_L为计算工期；$\sum K_{i,i+1}$为流水步距之和；Tn为最后一个施工过程的流水节拍之和；$\sum Z_{i,i+1}$为技术与组织间歇时间之和；$\sum C_{i,i+1}$为平行搭接时间之和。

5.2.5 网络计划技术

网络计划技术的表达形式是网络图。在网络图中，按节点和箭线所代表的含义不同，可分为双代号网络图和单代号网络图（工作中很少用）两大类。

1）双代号网络图

以箭线及其两端节点的编号表示工作的网络图称为双代号网络图，即用两个节点一根箭线代表一项工作，工作名称写在箭线上面，工作持续时间写在箭线下面，在箭线前后的衔接处画上节点编上号码，并以节点编号i和j代表一项工作名称，如图5-2所示。

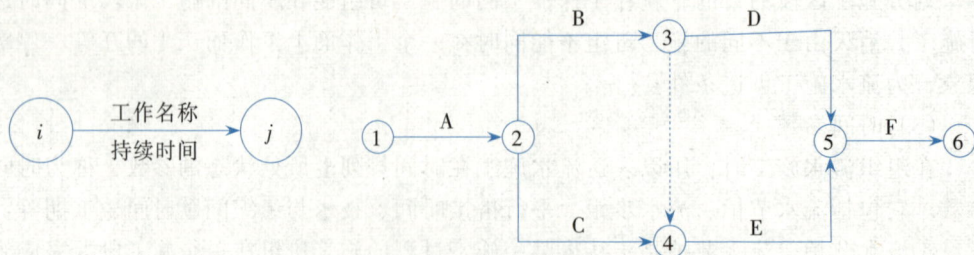

（a）工作的表示方法   （b）工程的表示方法

图5-2   双代号网络图

双代号网络图的基本符号有箭线、节点及节点编号。

（1）箭线。网络图中一端带箭头的实线即为箭线。在双代号网络图中，它与其两端的节点表示一项工作。箭线可以画成直线、折线或斜线，必要时也可以画成曲线，但应以水平直线为主，一般不宜画成垂直线。

（2）节点。网络图中箭线端部的圆圈或其他形状的封闭图形就是节点。在双代号网络图中，它表示工作之间的逻辑关系。

（3）节点编号。网络图中的每个节点都有自己的编号，以便赋予每项工作以代号，便于计算网络图的时间参数和检查网络图是否正确。

节点编号必须满足两条基本规则。其一，箭头节点编号大于箭尾节点编号，因此节点编号顺序是：箭尾节点编号在前，箭头节点编号在后，凡是箭尾节点没有编号的，箭头节点不能编号。其二，在一个网络图中，所有节点不能出现重复编号，编号的号码可以按自然数顺序进行，也可以非连续编号，以便适应网络计划调整中增加工作的需要，编号要留有余地。

2）单代号网络图

单代号网络图如图5-3所示。

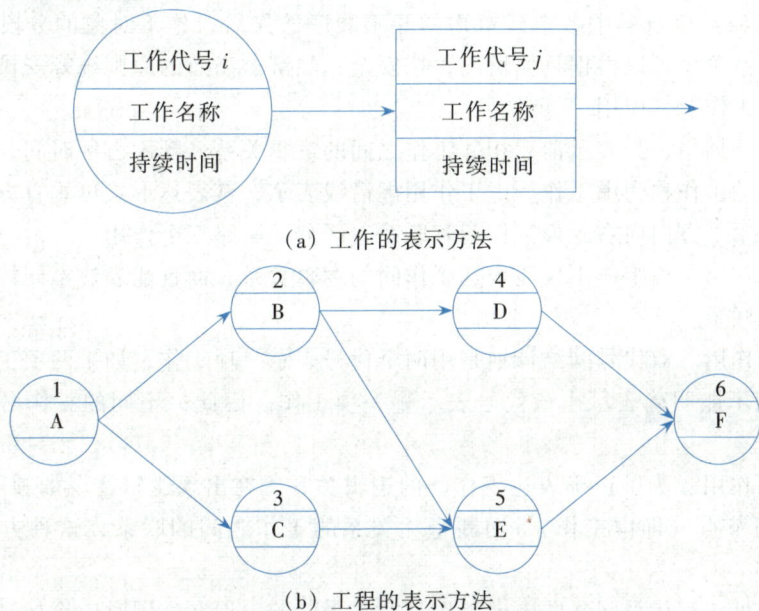

（a）工作的表示方法

（b）工程的表示方法

图5-3　单代号网络图

单代号网络图的基本符号也是箭线、节点和节点编号。

（1）箭线。在单代号网络图中，箭线表示紧邻工作之间的逻辑关系。箭线应画成水平直线、折线或斜线。箭线水平投影的方向应自左向右，表示工作的进行方向。

（2）节点。单代号网络图中每一个节点表示一项工作，宜用圆圈或矩形表示。节点所表示的工作名称、持续时间和工作代号等应标注在节点内。

（3）节点编号。单代号网络图的节点编号与双代号网络图的节点编号的规则是一致的。

3) 网络计划的相关概念及基本原则

（1）紧前工作、紧后工作、平行工作

①紧前工作：紧排在本工作之前必须完成的工作（不考虑虚工作间隔）。

②紧后工作：紧排在本工作之后应该完成的工作（不考虑虚工作间隔）。

③平行工作：可与本工作同时进行的工作。

（2）内向箭线和外向箭线

①内向箭线：指向某个节点的箭线称为该节点的内向箭线。

②外向箭线：从某节点引出的箭线称为该节点的外向箭线。

（3）逻辑关系

工作之间相互制约或相互依赖的关系称为逻辑关系。网络计划中的逻辑关系包括工艺关系和组织关系。

①工艺关系。工艺关系是指生产上客观存在的先后顺序关系，或者是非生产性工作之间由工作程序决定的先后顺序关系。例如，建设工程绝对是先做基础、后做主体，先做结构、后做装修。工艺关系是不能随意改变的。

②组织关系。组织关系是指在不违反工艺关系的前提下，任意安排工作的先后顺序关系。例如：建筑群中各个建筑物的开工顺序的先后，施工对象的分段流水作业等。组织关系顺序可以根据具体情况，按安全、经济、高效的原则统筹安排。

（4）虚工作及其应用

在网络计划中，只表示前后相邻工作之间的逻辑关系，既不占用时间，也不耗用资源的虚拟的工作称为虚工作。虚工作用虚箭线表示，其表达形式可垂直方向向上或向下，也可水平方向向右，虚工作起着联系、区分、断路三个作用。

①联系作用。虚工作不仅能表达工作间的逻辑关系，而且能表达不同幢号的房屋之间的相互联系。

②区分作用。双代号网络计划是用两个代号表示一项工作，如果两项工作用同一个代号，则不能明确表示出该代号表示哪一项工作。因此，不同的工作必须用不同代号。

③断路作用。为了正确表达工作间的逻辑关系，在出现逻辑错误的圆圈（节点）之间增设新节点（即虚工作），切断毫无关系的工作之间的联系，这种方法称为断路法。

由此可见，双代号网络图中虚工作是非常重要的，但在应用时应恰如其分，不能滥用，以必不可少为限。另外，增加虚工作后要进行全面检查，不要顾此失彼。

（5）线路、关键线路、关键工作

①线路。网络图中从起点节点开始，沿箭头方向顺序通过一系列箭线与节点，最后达到终点节点的通路称为线路。一个网络图中，从起点节点到终点节点，一般都存在许多条线路，每条线路都包含若干项工作，这些工作的持续时间之和就是该线路的时间长度，即线路上总的工作持续时间。

②关键线路和关键工作。线路上总的工作持续时间最长的线路称为关键线路，其余线路称为非关键线路。位于关键线路上的工作称为关键工作。关键工作完成的快慢直接影响整个计划工期的实现。

一般来说，一个网络图中至少有一条关键线路。关键线路也不是一成不变的，在一定的条件下，关键线路和非关键线路会相互转化。例如，当采取技术组织措施，缩短关键工作的持续时间，或者非关键工作持续时间延长时，就有可能使关键线路发生转移。网络计划中，关键工作的比重往往不宜过大，网络计划越复杂，工作节点就越多，则关键工作的比重应该越小，这样有利于抓住主要矛盾。

非关键线路都有若干机动时间（即时差），它意味着工作完成日期容许适当变动而不影响工期。时差的意义就在于可以使非关键工作在时差允许的范围内放慢施工进度，将部分人、财、物转移到关键工作上去，以加快关键工作的进程；或者在时差允许的范围内改变工作开始和结束时间，以达到均衡施工的目的。

关键线路宜用粗箭线、双箭线或彩色箭线标注，以突出其在网络计划中的重要位置。

4）网络图的绘制

（1）双代号网络图的绘制

①双代号网络图的绘图规则。

A.双代号网络图必须正确表达已定的逻辑关系。

B.在双代号网络图中，严禁出现循环回路。所谓循环回路，是指从一个节点出发，顺箭线方向又回到原出发点的循环线路。

C.在双代号网络图中，在节点之间严禁出现带双向箭头或无箭头的连线。

D.当双代号网络图的某些节点有多条外向箭线或多条内向箭线时，可采用母线法绘图，如图5-4所示。

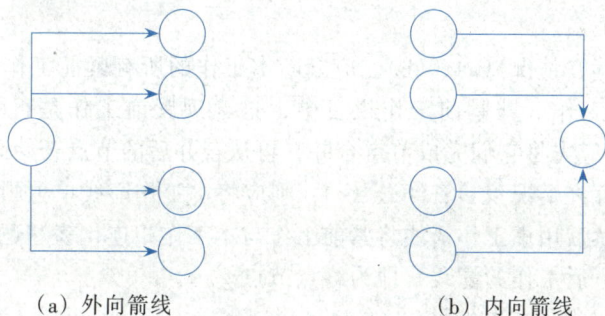

（a）外向箭线　　　（b）内向箭线

图5-4　母线法绘图

E.绘制双代号网络图时，箭线不宜交叉；当交叉不可避免时，可采用过桥法或指向法，如图5-5所示。

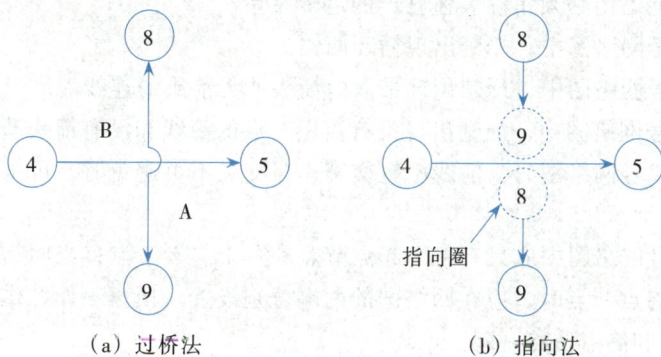

（a）过桥法　　　（b）指向法

图5-5　箭线交叉的表示方法

F.双代号网络图中应只有一个起点节点（该节点编号最小且没有内向箭线）；在不分期完成任务的网络图中，应只有一个终点节点（该节点编号最大且没有外向箭线）；而其他所有节点均应是中间节点。

②双代号网络图的绘制方法。先根据网络图的逻辑关系，绘制出网络图草图，再结合绘图规则进行布局调整，最后形成正式网络图。当已知每一项工作的紧前工作时，可按下述步骤绘制双代号网络图：

A.绘制没有紧前工作的工作，使它们具有相同的箭尾节点，即起点节点。

B.依次绘制其他各项工作。这些工作的绘制前提是将其所有紧前工作都绘制出来。绘制原则为：

原则一：当所绘制的工作只有一个紧前工作时，则将核工作的箭线直接画在其紧前工作的完成节点之后即可。

原则二：当所绘制的工作有多个紧前工作时，应按以下四种情况分别考虑：

（a）如果在其紧前工作中存在一项只作为本工作紧前工作的工作（即在紧前工作栏目中，该紧前工作只出现一次），则应将本工作箭线直接画在该紧前工作完成节点之后，然后用虚箭线分别将其他紧前工作的完成节点与本工作的开始节点相连，以表达它们之间的逻辑关系。

（b）如果在紧前工作中存在多项只作为本工作紧前工作的工作，应先将这些紧前工作的完成节点合并（利用虚工作或直接合并），再从合并后的节点开始，画出本工作箭线，最后用虚箭线将其他紧前工作的箭头节点分别与工作开始节点相连，以表达它们之间的逻辑关系。

（c）如果不存在情况（a）、（b），应判断本工作的所有紧前工作是否都同时作为其他工作的紧前工作（即紧前工作栏目中，这几项紧前工作是否均同时出现若干次）。如果这样，应先将它们完成节点合并，再从合并后的节点开始画出本工作箭线。

（d）如果不存在情况（a）、（b）、（c），则应将本工作箭线单独画在其紧前工作箭线之后的中部，然后用虚工作箭线将紧前工作与本工作相连，表达逻辑关系。

C.合并没有紧后工作的箭线，即为终点节点。

D.确认无误，进行节点编号。

（2）单代号网络图的绘制

①单代号网络图的绘制规则。

A.单代号网络图必须正确表述已定的逻辑关系。

B.在单代号网络图中，严禁出现循环回路。

C.在单代号网络图中，严禁出现带双向箭头或无箭头的连线。

D.在单代号网络图中，严禁出现没有箭尾节点的箭线和没有箭头节点的箭线。

E.绘制单代号网络图时，箭线不宜交叉；当交叉不可避免时，可采用过桥法或指向法绘制。

F.在单代号网络图中应只有一个起点节点和一个终点节点；当网络图中有多个起点节点或多个终点节点时，应在网络图的两端分别设置一项虚工作，作为该网络图的起点节点（S）和终点节点（F）。

②单代号网络图的绘制方法。单代号网络图的绘制与双代号网络图的绘制基本相

同，其绘制步骤如下：

A.列出工作明细表。根据工程计划把工程细分为各项工作，并把各项工作在工艺上、组织上的逻辑关系用紧前工作、紧后工作代替。

B.根据工作之间各种关系绘制网络图。绘图时，要从左向右，逐个处理工作明细表中所给的关系。只有当紧前工作绘制完成后，才能绘制本工作，并使本工作与紧前工作的箭线相连。当出现多个起点节点或终点节点时，增加虚拟起点节点或终点节点，并使之与多个起点节点或终点节点相连，形成符合绘图规则的完整网络图。

5）网络计划时间参数的计算

根据工程对象各项工作的逻辑关系和绘图规则绘制网络图是一种定性的过程，只有经过时间参数计算这样一个定量的过程，才能使网络计划具有实际应用价值。计算网络计划时间参数的目的主要有三个：第一，确定关键线路和关键工作，便于施工中抓住重点，向关键线路要时间；第二，明确非关键工作及其在施工中时间上有多大的机动性，便于挖掘潜力，统筹全局，部署资源；第三，确定总工期，做到工程进度心中有数。

（1）网络计划时间参数的概念及符号

①工作持续时间。工作持续时间是指一项工作从开始到完成的时间，用 D 表示。

②工期。工期是指完成一项任务所需要的时间，一般有以下三种工期：

计算工期：根据时间参数计算所得到的工期，用 Tc 表示；

要求工期：任务委托人提出的指令性工期，用 Tr 表示；

计划工期：根据要求工期和计划安排所确定的作为实施目标的工期，用 Tp 表示。

当规定了要求工期时：$Tp \leqslant Tr$ ；

当未规定要求工期时：$Tp = Tr$ 。

③网络计划中工作的时间参数。网络计划中工作的时间参数有 6 个：最早开始时间、最早完成时间、最迟完成时间、最迟开始时间、总时差、自由时差。

A.最早开始时间和最早完成时间。最早开始时间是指各紧前工作全部完成后，本工作有可能开始的最早时刻。工作的最早开始时间用 ES 表示。最早完成时间是指各紧前工作全部完成后，本工作有可能完成的最早时刻。工作的最早完成时间用 EF 表示。

B.最迟完成时间和最迟开始时间。最迟完成时间是指在不影响整个任务按期完成的前提下，工作必须完成的最迟时刻。工作的最迟完成时间用 LF 表示。最迟开始时间是指在不影响整个任务按期完成的前提下，工作必须开始的最迟时刻。工作的最迟开始时间用 LS 表示。

C.总时差和自由时差。总时差是指在不影响总工期的前提下，本工作可以利用的机动时间。工作的总时差用 TF 表示。自由时差是指在不影响其紧后工作最早开始时间的前提下，本工作可以利用的机动时间。工作的自由时差用 FF 表示。

④内络计划中节点的时间参数。

A.节点最早时间。双代号网络计划中，以该节点为开始节点的各项工作的最早开始时间，称为节点最早时间。节点 i 的最早时间用 ET_i 表示。

B.节点最迟时间。双代号网络计划中，以该节点为完成节点的各项工作的最迟完成时间，称为节点的最迟时间。节点 i 的最迟时间用 LT_i 表示。

（2）双代号网络计划时间参数的计算

双代号网络计划时间参数的计算方法通常有工作计算法、节点计算法、图上计算法和表上计算法四种。

①工作计算法。按工作计算法计算时间参数应在确定了各项工作的持续时间之后进行。虚工作也必须视同工作进行计算，其持续时间为零。时间参数的计算结果应标注在箭线之上，如图5-6所示。

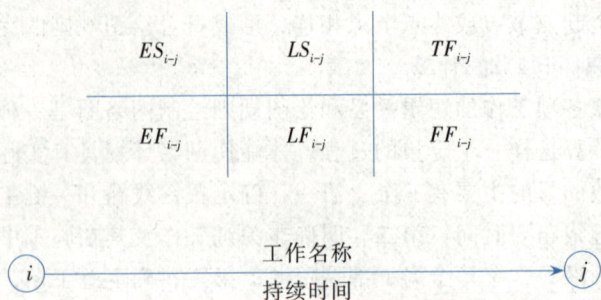

ES_{i-j}	LS_{i-j}	TF_{i-j}
EF_{i-j}	LF_{i-j}	FF_{i-j}

$$i \xrightarrow[\text{持续时间}]{\text{工作名称}} j$$

图5-6 按工作计算法的标注内容

A.计算各工作的最早开始时间和最早完成时间。

各项工作的最早完成时间等于其最早开始时间加上工作持续时间，即：

$$EF_{i-j}=ES_{i-j}+D_{i-j} \tag{5-2}$$

计算工作最早开始时间参数时，一般有以下三种情况：

a.当工作以起点节点为开始节点时，其最早开始时间为零（或规定时间），即：

$$ES_{i-j}=0 \tag{5-3}$$

b.当工作只有一项紧前工作时，该工作的最早开始时间应为其紧前工作的最早完成时间，即：

$$ES_{i-j}=EF_{h-i}=ES_{h-i}+D_{h-i} \tag{5-4}$$

c.当工作有多个紧前工作时，该工作的最早开始时间应为其所有紧前工作最早完成时间的最大值，即：

$$ES_{i-j}=\max(EF_{h-i})=\max(ES_{h-i}+D_{h-i}) \tag{5-5}$$

当网络计划规定了要求工期时，网络计划的计划工期应小于或等于要求工期，即：

$$Tp \leqslant Tr \tag{5-6}$$

当网络计划未规定要求工期时，网络计划的计划工期应等于计算工期，即以网络计划的终点节点为完成节点的各个工作的最早完成时间的最大值。如网络计划的终点节点的编号为 n，则计算工期 Tp 为：

$$Tp=Tc=\max(EF_{i-n}) \tag{5-7}$$

B.计算各工作的最迟完成时间和最迟开始时间。

各工作的最迟开始时间等于其最迟完成时间减去工作持续时间，即：

$$LS_{i-j}=LF_{i-j}-D_{i-j} \tag{5-8}$$

计算工作最迟完成时间参数时，一般有以下三种情况：

a.当工作的终点节点为完成节点时，其最迟完成时间为网络计划的计划工期，即：

$$LF_{i-n}=Tp \tag{5-9}$$

b.当工作只有一项紧后工作时，该工作的最迟完成时间应为其紧后工作的最迟开始时间，即：

$$LF_{i-j}=LS_{j-k}=LF_{j-k}-D_{j-k} \tag{5-10}$$

c.当工作有多项紧后工作时，该工作的最迟完成时间应为其多项紧后工作最迟开始时间的最小值，即：

$$LF_{i-j}=\min\ (LS_{j-k})\ =\min\ (LF_{j-k}-D_{j-k}) \tag{5-11}$$

C.计算各工作的总时差。

在不影响总工期的前提下，一项工作可以利用的时间范围是从该工作最早开始时间到最迟完成时间。工作实际需要的持续时间是 D_{i-j}，扣除 D_{i-j} 后，余下的一段时间就是工作可以利用的机动时间，即总时差。总时差等于最迟开始时间减去最早开始时间，或最迟完成时间减去最早完成时间，即：

$$TF_{i-j}=LS_{i-j}-ES_{i-j}=LF_{i-j}-EF_{i-j} \tag{5-12}$$

D.计算各工作的自由时差。

在不影响其紧后工作最早开始时间的前提下，一项工作可以利用的时间范围是从该工作最早开始时间至其紧后工作最早开始时间。而工作实际需要的持续时间是 D，那么扣除 D 后，尚有的一段时间就是自由时差。其计算如下：

当有紧后工作时，该工作的自由时差等于紧后工作的最早开始时间减去本工作的最早完成时间，即：

$$FF_{i-j}=ES_{j-k}-EF_{i-j}=ES_{j-k}-ES_{i-j}-D_{i-j} \tag{5-13}$$

以终点节点（$j=n$）为箭头节点的工作，其自由时差应按网络计划的计划工期 Tp 确定，即：

$$FF_{i-n}=Tp-EF_{i-n}=Tp-ES_{i-n}-D_{i-n} \tag{5-14}$$

②节点计算法。按节点计算法计算节点时间参数，其计算结果应标注在节点之上，如图5-7所示。

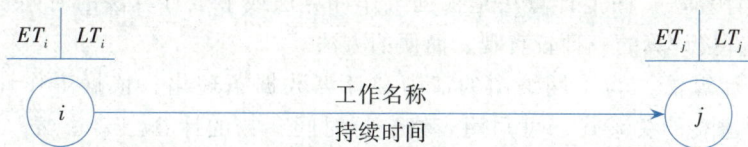

图5-7　按节点计算法的标注内容

A.计算各节点最早时间。

节点的最早时间是以该节点为开始节点的工作的最早开始时间，其计算有三种情况：

a.起点节点 i 如未规定最早时间，其值应等于零，即：

$$ET_i=0\ (i=1) \tag{5-15}$$

b.当节点 j 只有一条内向箭线时，最早时间应为：

$$ET_j=ET_i+D_{i-j} \tag{5-16}$$

c.当节点 j 有多条内向箭线时，其最早时间应为：

$$ET_j=\max\ (ET_i+D_{i-j}) \tag{5-17}$$

终点节点 n 的最早时间即为网络计划的计算工期，即：

$$Tc=ETn \tag{5-18}$$

B.计算各节点最迟时间。

节点最迟时间是以该节点为完成节点的工作的最迟完成时间。

终点节点的最迟时间应等于网络计划的计划工期：

$$LTn=Tp \tag{5-19}$$

分期完成的节点，则最迟时间等于该节点规定的分期完成的时间，其计算有两种情况：。

一是当节点 i 只有一个外向箭线时，最迟时间为：

$$LT_i=LT_j-D_{i-j} \tag{5-20}$$

二是当节点 i 有多条外向箭线时，其最迟时间为：

$$LT_i=\min（LT_j-D_{i-j}） \tag{5-21}$$

a.工作最早开始时间等于该工作的开始节点的最早时间：

$$ES_{i-j}=ET_i \tag{5-22}$$

b.工作的最早完成时间等于该工作的开始节点的最早时间加上持续时间：

$$EF_{i-j}=ET_i+D_{i-j} \tag{5-23}$$

c.工作最迟完成时间等于该工作的完成节点的最迟时间：

$$LT_{i-j}=LT_j \tag{5-24}$$

d.工作最迟开始时间等于该工作的完成节点的最迟时间减去持续时间：

$$LS_{i-j}=LT_j-D_{i-j} \tag{5-25}$$

e.工作总时差等于该工作的完成节点最迟时间减去该工作开始节点的最早时间再减去持续时间：

$$TF_{i-j}=LT_j-ET_i-D_{i-j} \tag{5-26}$$

f.工作自由时差等于该工作的完成节点最早时间减去该工作开始节点的最早时间再减去持续时间：

$$FF_{i-j}=ET_i-ET_j-D_{i-j} \tag{5-27}$$

③图上计算法。图上计算法是根据工作计算法或节点计算法的时间参数计算公式，在图上直接计算的一种较直观、简便的方法。

④表上计算法。为了网络图的清晰和计算数据条理化，依据工作计算法和节点计算法所建立的关系式，可采用表格进行时间参数的计算。

（3）关键工作和关键线路的确定

在网络计划中，总时差最小的工作为关键工作；当计划工期等于计算工期时，总时差为零的工作为关键工作。

6）双代号时标网络计划

（1）双代号时标网络计划的一般规定

双代号时标网络计划是在横道图的基础上引入网络计划中各工作之间逻辑关系的表达方法，其综合应用横道图的时间坐标和网络计划的原理。双代号时标网络计划的一般规定为：

①双代号时标网络计划必须以水平的时间坐标为尺度表示工作时间。时标的单位应该在编制网络计划前根据需要确定，可以是时、天、周、月、季。

②时标网络计划以实箭线表示实工作，虚箭线表示虚工作，以波形线表示工作的

自由时差。

③时标网络计划中所有符号在时间坐标上的水平投影位置都必须与其时间参数相对应，节点中心必须对准相应的时间位置。

④虚工作必须以垂直方向的虚箭线表示，有自由时差时加波形线表示。

（2）双代号时标网络计划的编制方法

双代号时标网络计划应按照工作的最早开始时间编制，即一般编制的都是按最早开始时间的时标网络计划。其绘制方法是：先计算出各工作的时间参数，确定关键线路和关键工作，再根据时间参数按草图在时标计划表上绘制。

某双代号网络计划如图5-8所示：

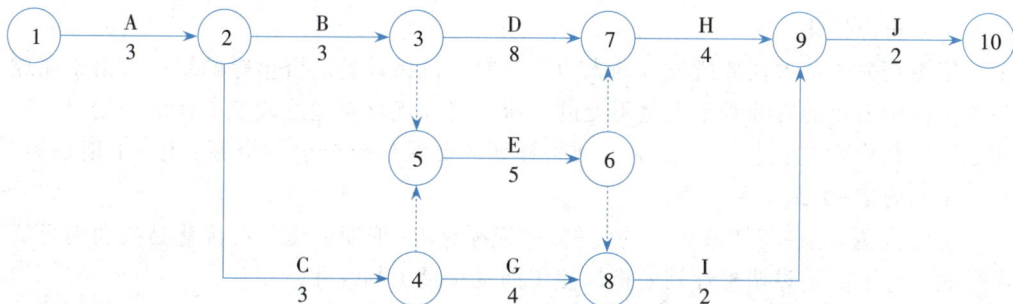

图5-8　某双代号网络计划

绘制出的时标网络计划如图5-9所示。

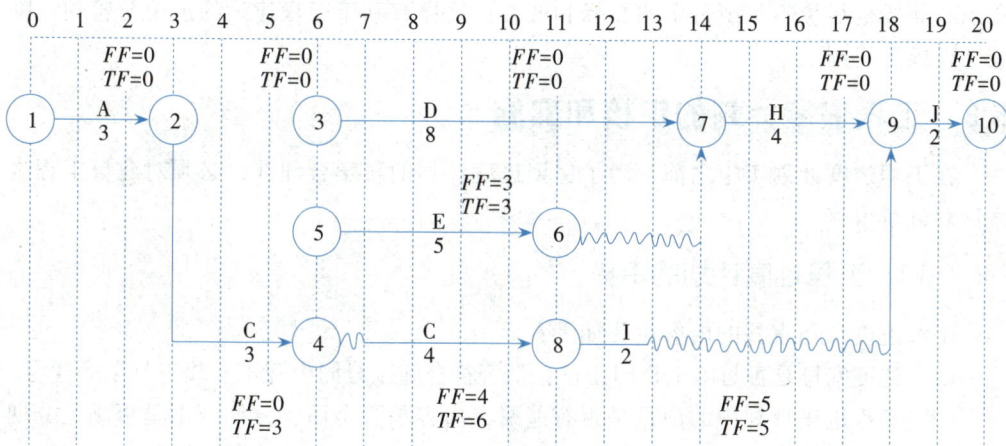

图5-9　时标网络计划

7）网络计划的优化

前面我们讲到的网络计划的表达，只是确定网络计划的初始方案，然而在工程项目的实施过程中，内、外部有很多的约束条件，比如资金、人力、设备、工期要求等，这些实施条件不是一成不变的，而是经常不断地变动，这些因素的变动会影响到我们所编制的网络计划的合理性和科学性。我们只有按一定的标准对网络计划初始方案进行不断的调整和优化，才能使工程顺利进行，从而获得工期短、质量好、耗能少、成本低的效果。

网络计划的优化，就是在满足既定约束条件下，按选定的目标，通过不断改进网络计划寻求满意的方案。

工程项目管理的三大目标控制就是工期目标、费用目标和质量目标，网络计划作为工程项目管理的一种重要手段，其目标和工程项目管理是一致的。因此，网络计划的优化按其达到的目标不同，可分为工期优化、费用优化、资源优化三种。

（1）工期优化

工期优化是指在满足既定约束条件下，通过延长或缩短网络计划初始方案的计算工期，来达到要求的工期目标，保证按期完成任务。

（2）费用优化

费用优化又称工期成本优化或者时间成本优化，是指寻求工程总成本最低时的工期安排，或按要求工期寻求最低成本的计划安排过程。

（3）资源优化

资源是完成一项任务所投入的人力、材料、机械设备、资金等的统称。由于完成一项工作所需要的资源基本上是不变的，所以资源优化是通过改变工作的开始时间和完成时间使资源均衡。一般情况下网络计划的资源优化分为"资源有限–工期最短"和"工期固定–资源均衡"两种。

① "资源有限–工期最短"的优化。"资源有限–工期最短"的优化是指在满足资源限制条件下，通过调整计划安排，使工期延长最少的优化。

② "工期固定–资源均衡"的优化。"工期固定–资源均衡"的优化是指在保持工期不变的情况下，调整工程施工进度计划，使资源需要量尽可能均衡，每个单位时间资源的需要量尽量不出现过多的高峰和低谷，这样有利于工程建设的组织与管理，降低工程施工费用。

5.3   工程进度计划的审核和实施

在工程进度计划实施之前，为了保证进度计划的科学合理性，必须对建设工程进度计划进行审核。

5.3.1   工程进度计划的审核

工程进度计划审核的内容主要如下：

（1）进度安排是否与施工合同相符，是否符合施工合同中开工、竣工日期的规定。

（2）工程进度计划中的项目是否有遗漏，内容是否全面，分期施工是否满足分期交工要求和配套交工要求。

（3）施工顺序的安排是否符合施工工艺、施工程序的要求。

（4）资源供应计划是否均衡并满足进度要求。劳动力、材料、构配件、设备及施工机具、水电等生产要素的供应计划是否能保证施工进度的实现，供应是否均衡，需求高峰期是否有足够能力实现计划供应。

（5）总包、分包之间的计划是否协调、统一。总包、分包单位分别编制的各项施工进度计划之间是否相协调，专业分工与计划衔接是否明确合理。

（6）对工程进度计划的实施风险是否分析清楚并有相应的对策。

（7）各项保证进度计划实现的措施是否周到、可行、有效。

5.3.2　工程进度计划的实施

工程进度计划的实施就是落实施工进度计划，按施工进度计划开展施工活动并完成工程进度计划。工程进度计划逐步实施的过程就是工程施工逐步完成的过程。为保证工程项目按工程进度计划所确定的顺序和时间进行，以及保证各阶段进度目标和总进度目标的实现，应做好如下工作：

1）检查各层次的计划，并进一步编制月（旬）作业计划

工程的施工总进度计划分为单位工程施工进度计划、分部分项工程施工进度计划。这些都是为了实现工程总目标而编制的，其中高层次计划是低层次计划编制和控制的依据，低层次计划是高层次计划的深入和具体化。在贯彻执行时，要检查各层次计划之间是否紧密配合、协调一致；计划目标是否层层分解、互相衔接；在施工顺序、空间及时间安排、资源供应等方面有无矛盾，以形成一个可靠的计划体系。

为实施施工进度计划，项目经理部应将规定的任务与现场实际施工条件和施工的实际进度相结合，在施工开始前和实施中编制本月（旬）的作业计划，从而使施工进度计划更具体、更切合实际、更适应不断变化的现场情况和更可行。在月（旬）计划中要明确月（旬）应完成的施工任务，完成计划所需的各种资源量，提高劳动生产率、保证质量和节约的各种措施。

作业计划的编制，要进行不同工程间同时施工的平衡协调；确定对工程进度计划分期实施的方案；工程要分解为工序，以满足指导作业的要求，并明确进度日程。

2）综合平衡，做好主要资源的优化配置

建设工程不是孤立完成的，它必须由人、财、物（材料、机具、设备等）诸资源在特定地点有机结合才能完成。同时，工程对诸资源的需求又是错落起伏的，因此，施工企业应在各工程进度计划的基础上进行综合平衡，编制企业的年度、季度、月（旬）计划，将各项资源在工程间动态组合、优化配置，以保证工程在不同时间对诸资源的需求，从而保证工程进度计划的顺利实施。

3）层层签订承包合同，并签发施工任务书

按前面已检查过的各层次计划，以承包合同和施工任务书的形式，分别向分包单位、承包队和施工班组下达施工进度任务。其中，总承包单位与分包单位、施工企业与项目经理部、项目经理部与各承包队和职能部门、承包队与各作业班组间应分别签订承包合同，按计划目标明确规定合同工期、相互承担的经济责任、权限和利益。

将计划下达到班组，并将计划执行与技术管理、质量管理、成本核算、原始记录、资源管理等融合为一体，施工任务书一般由工长根据计划要求、工程数量、定额标准、工艺基准、技术要求、质量标准、节约措施、安全措施等为依据进行编制。任务书下达给班组时，由工长进行交底。交底内容为：交任务、交操作规程、交施工方法、交质量、交安全、交定额、交节约措施、交材料使用、交施工计划、交奖罚要求等，做到任务明确、责任到人。施工班组接到任务书后，应做好分工，安排完成，执行中要保质量、保进度、保安全、保节约、保工效。任务完成后，班组自检，在自检合格的基础上，向工长报请验收。工长验收时应检查数量、质量、安全、用工、节约等情况，然后回收施工任务书，交施工队登记结算。

4）全面实行层层计划交底，保证全体人员共同参与计划实施

在施工进度计划实施前，必须根据任务进度文件的要求进行层层交底落实，使有关人员都明确实施方案、预控措施、开始日期、结束日期、有关保证条件、协作配合要求等，使项目管理层和作业层能协调一致工作，从而保证施工生产按计划、有步骤、连续均衡地进行。

5）做好施工记录，掌握现场实际情况

在计划任务完成的过程中，各级施工进度计划的执行者都要跟踪做好施工记录。在施工中，如实记载每项工作的开始日期、工作进程和完成日期，记录每日完成数量、施工现场发生的情况和干扰因素的排除情况。这些可为建设工程进度计划实施的检查、分析、调整、总结提供真实、准确的原始资料。

6）做好施工中的调度工作

施工中的调度是指在施工过程中针对出现的不平衡和不协调问题进行调整，以不断达到新的平衡，建立和维护正常的施工秩序。它是组织施工中各阶段、环节、专业和工种互相配合、进度协调的指挥核心，也是保证施工进度计划顺利实施的重要手段。其主要任务是监督和检查计划实施情况，定期组织调度会，协调各方协作配合关系，采取措施，消除施工中出现的各种矛盾，加强薄弱环节，实现动态平衡，保证作业计划及进度控制目标的实现。

调度工作必须以作业计划与现场实际情况为依据，从施工全局出发，按规章制度办事，必须做到及时、准确、灵活果断。

7）预测干扰因素，采取预控措施

在工程实施前和实施过程中，应经常根据所掌握的各种数据资料，对可能致使工程实施结果偏离进度计划的各种干扰因素进行预测，并分析这些干扰因素所带来的风险程度的大小，预先采取一些有效的控制措施，将可能出现的偏离尽可能消灭于萌芽状态。

5.4   工程进度计划的检查

在建设工程的实施过程中，为了进行施工进度控制，进度控制人员应经常性地、定期地跟踪检查施工实际进度情况，主要是收集建设工程进度材料，进行统计整理和对比分析，了解实际进度与计划进度之间的差异。其主要工作包括以下内容：

1）跟踪检查工程实际进度

跟踪检查工程实际进度是分析、调整施工进度的前提。其目的是收集实际施工进度的有关数据。跟踪检查的时间、方式、内容和收集数据的质量，将直接影响施工进度控制工作的质量和效果。

进度计划中应按统计周期的规定进行定期检查，并根据需要进行不定期检查。进度计划的定期检查包括规定的年、季、月（旬）、周、日检查，不定期检查指根据需要由检查人（或组织）确定的专题（项）检查。检查内容应包括工程量的完成情况、工作时间的执行情况、资源使用及与进度的匹配情况、上次检查提出问题的整改情况等。检查的方式一般采用经常、定期地收集进度报表，召开进度工作汇报会，或派驻现场代表检查进度的实际执行情况等。

2）整理统计检查数据

对于收集到的建设工程实际进度数据，要进行必要的整理，按施工进度计划控制的工作内容进行整理统计，形成与计划进度具有可比性的数据。一般可以按实物工程量、工作量和劳动消耗量以及累计百分比整理和统计实际检查的数据，以便与相应的计划完成量进行对比。

3）将实际进度与计划进度进行对比分析

将收集的资料整理和统计成与计划进度有可比性的数据后，将工程实际进度与计划进度进行比较。通过比较得出实际进度与计划进度相一致、超前和拖后三种情况。

4）工程进度检查结果的处理

要把对施工进度检查的结果形成进度报告，将检查比较的结果及有关施工进度现状和发展趋势提供给项目经理及各级业务职能负责人。进度控制报告一般由计划负责人或进度管理人员与其他项目管理人员协作编写。报告时间一般与进度检查时间相协调，也可按月、旬、周等间隔时间进行编写上报。进度报告的内容包括：进度执行情况的综合描述，实际进度与计划进度的对比资料，进度计划实施过程中的问题及原因分析，进度执行情况对质量、安全和成本等的影响情况，采取的措施和对未来计划进度的预测。进度报告可以单独编制，也可以根据需要与质量、成本、安全和其他报告合并编制，提出综合进展报告。

5.5 工程进度控制的方法

所谓工程进度控制方法，就是用于实际进度与计划进度相比较的方法和相对原进度计划的调整方法。建设工程进度常用的控制方法有：横道图比较法、S形曲线比较法、香蕉形曲线比较法、前锋线比较法和列表比较法等。下面重点介绍横道图比较法。

横道图比较法是指将在工程施工中检查实际进度收集的信息，经整理后直接用横道线并列标于原计划的横道线处，进行实际进度与计划进度比较的方法。其表示方法是用强实线表示计划进度，用黑粗线表示实际进度，如图5-10所示，为横道图施工进度检查表。采用横道图比较法，可以形象、直观地反映实际进度与计划进度的比较情况。

工序	施工进度（天）														
	1	2	3	4	5	6	7	8	9	10	11	12	13	14	15
开挖基础															
基础砌筑															
回填基础															
墩身砌筑															
墩帽砌筑															
拆脚手架															

图5-10 横道图施工进度检查表

可以看到，开挖基础、基础砌筑、回填基础三个工序是按照原计划完成的，但是墩身砌筑延长了一天，从而导致墩帽砌筑也延迟一天开工和完工。为按原工期完成，在拆脚手架时，人数增加，只用一天时间就完成了脚手架的拆卸，保证工程如期完工。横道图比较法将规划进度和实际进度都标识在图上，并检查偏差情况，能够及时了解工程施工状况，分析产生偏差的原因，制定各种补救措施，以确保该工程按期完成。

图5-10表示的比较方法仅适用于建设工程中各项工作都均匀进展，即每项工作在单位时间内完成的任务量都相等的情况。事实上，建设工程中各项工作的进展不一定是匀速的。根据建设工程中各项工作的进展是否匀速，可分别采用以下两种方法进行实际进度与计划进度的比较。

1）匀速进展横道图比较法

匀速进展是指在建设工程中，每项工作在单位时间内完成的任务量都是相等的，即工作的进展速度是均匀的。此时每项工作累计完成的任务量与时间呈线性关系，如图5-11所示。完成的任务量可以用实物工程量、劳动消耗量或费用支出表示。为了便于比较，通常用上述物理量的百分比来表示。

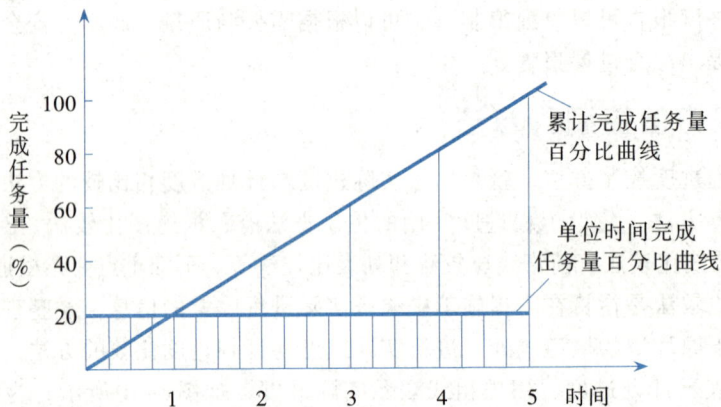

图5-11　工作匀速进展时的任务量与时间关系曲线

采用匀速进展横道图比较法时，其步骤如下：

（1）绘制横道图进度计划。

（2）在进度计划上标出检查日期。

（3）将检查收集到的实际进度，按比例用涂黑的粗线标于计划的下方。

（4）对比分析实际进度与计划进度。如果涂黑的粗线右端落在检查日期左侧，表明实际进度落后；如果涂黑的粗线右端落在检查日期右侧，表明实际进度超前；如果涂黑的粗线右端与检查日期重合，表明实际进度与计划进度一致。

需要注意的是，该方法仅适用于工作从开始到结束的整个过程中，其进展速度固定不变的情况，如果工作的进展速度是变化的，则不能采用这种方法进行实际进度与计划进度的比较；否则，会得出错误的结论。

2）非匀速进展横道图比较法

当工作在不同单位时间里的进展速度不相等时，累计完成的任务量与时间的关系就不可能是线性关系，若仍采用匀速进展横道图比较法，则不能反映实际进度与计划进度的对比情况。此时，应采用非匀速进展横道图比较法进行工作实际进度与计划进度的比较，如图 5-12 所示。

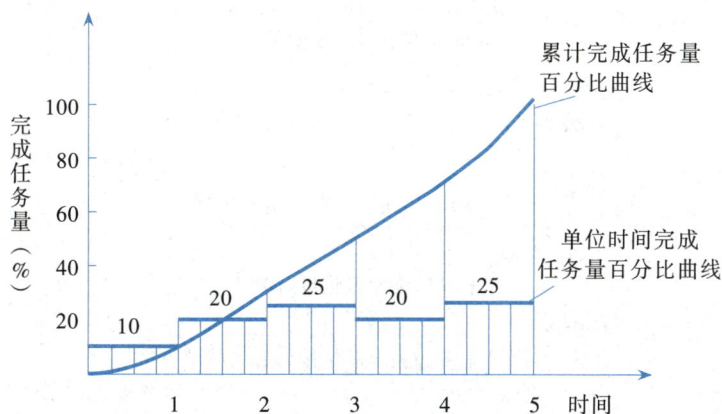

图5-12 工作非匀速进展时的任务量与时间关系曲线

非匀速进展横道图比较法在用涂黑的粗线表示工作实际进度的同时，还要标出其对应时刻完成任务量的累计百分比，并将该百分比与其同时刻计划完成任务量的累计百分比相比，判断工作实际进度与计划进度之间的关系。

采用非匀速进展横道图比较法时，其步骤如下：

（1）绘制横道图进度计划。

（2）在横道线上方标出各主要时间点工作的计划完成任务量累计百分比。

（3）在横道线下方标出相应时间点工作的实际完成任务量累计百分比。

（4）用涂黑的粗线标出工作的实际进度，从开始之日标起，同时反映出该工作在实施过程中的连续与间断情况。

（5）通过比较同一时刻实际完成任务量累计百分比和计划完成任务量累计百分比，来判断工作实际进度与计划进度之间的关系。如果同一时刻横道线上方累计百分比大于横道线下方累计百分比，表明实际进度拖后，拖欠的任务量为两者之差；如果同一时刻横道线上方累计百分比小于横道线下方累计百分比，表明实际进度超前，超前的任务量为两者之差；如果同一时刻横道线上下方两个累计百分比相等，表明实际进度与计划进度一致

采用非匀速进展横道图比较法，不仅可以进行某一时刻（如检查日期）实际进度与计划进度的比较，还能进行某一时间段实际进度与计划进度的比较，当然，这需要实施部门按规定的时间记录当时的任务实际完成情况。

5.6 工程进度计划的调整

5.6.1 工程进度调整的系统过程

在建设工程施工生产过程中，实际进度与计划进度之间往往有偏差。为了在进度调整时尽量缩短工期，降低工程费用，需要对计划进度进行调整。进度调整的系统过程如图 5-13 所示。

微课 5-3

工程进度计划
的调整

```
┌─────────────┐
│  出现进度偏差  │
└─────────────┘
       ↓
┌──────────────────┐
│  分析进度偏差产生的原因  │
└──────────────────┘
       ↓
┌──────────────────────────┐
│ 分析进度偏差对后续工作和总工期的影响 │
└──────────────────────────┘
       ↓
┌────────────────────────┐
│  确定后续工作和总工期的限制条件  │
└────────────────────────┘
       ↓
┌──────────────────┐
│  采取措施调整进度计划  │
└──────────────────┘
       ↓
┌──────────────────┐
│  实施调整后的进度计划  │
└──────────────────┘
       ↓
┌──────────────────┐
│  返回进度监测系统  │
└──────────────────┘
```

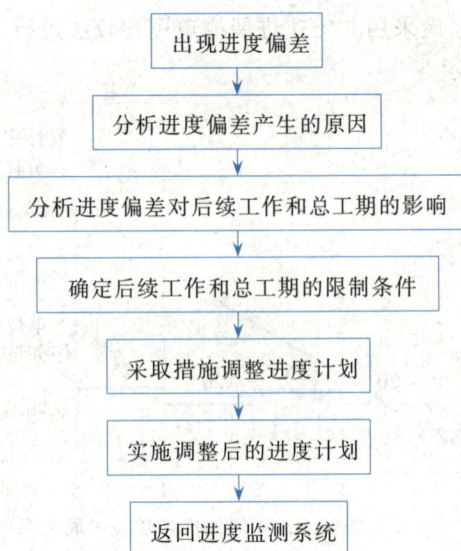

图5-13　进度调整的系统过程

1）分析进度偏差产生的原因

当发现产生偏差时，为了采取有效措施调整进度计划，必须深入现场进行调查，分析进度偏差产生的原因。

2）分析进度偏差对后续工作和总工期的影响

当查明进度偏差产生的原因之后，要分析进度偏差对后续工作和总工期的影响程度，以确定是否应该采取措施调整进度计划。

3）确定后续工作和总工期的限制条件

当出现的偏差影响到后续工作和总工期而需要采取进度调整措施时，应首先确定可调整进度的范围，主要指关键点、后续工作的限制条件以及总工期允许变化的范围。

4）采取措施调整进度计划

进行进度调整后，应以后续工作和总工期的限制条件为依据。

5）实施调整后的进度计划

进度计划调整后，应采取相应的组织、经济、技术措施执行，并继续监测其执行情况。

5.6.2　分析工程进度偏差原因

由于建设工程的施工特点，尤其是较大型和较复杂的施工项目工期较长，影响进度的因素较多，任何一个方面出现问题，都可能对建设工程的施工进度产生影响，因此，应分析了解这些影响因素，并尽可能加以控制，通过有效的进度控制来弥补和减少这些因素产生的影响。影响施工进度的主要因素有以下几方面：

1）有关单位的影响

虽然工程的主要施工单位对施工进度起决定性作用，但是建设单位或业主、设计单位、银行信贷部门、材料设备供应部门、运输部门、水电供应部门及政府相关主管部门都可能给施工某些方面造成困难而影响施工进度。例如，水电供应能否满足施工要求、设计资料能否按时提供、建设资金有无保证、当地政府和群众是否合作、材料和设备能否按期供应等因素，都会影响到施工进度。

2）施工条件的变化

在建设工程施工过程中可能会遇到地下水、地质断层、溶洞、地下障碍物、软弱地基等不良工程地质条件，恶劣的气候，以及暴雨、洪水等不良水文地质条件，这些都可能对施工进度产生影响，甚至造成临时停工或破坏。

3）技术失误

施工单位在施工过程中对施工技术难度估计不够，对某些设计或施工问题的解决方式考虑不够周全；没有进行相应的试验，对工程的设计意图和技术要求没有完全领会；在应用新技术、新材料、新结构方面缺乏经验，这些都会导致盲目施工，以致出现工程质量缺陷等技术事故。

4）施工组织管理不力

流水施工组织不合理、劳动力和施工机械调配不当、施工平面布置不合理等，也将影响施工进度计划的执行。

5）意外事件的发生

施工中如果出现意外事件，如战争、严重的自然灾害、火灾、重大工程事故、工人罢工等都会影响施工进度计划。

5.6.3　分析偏差对后续工作及总工期的影响

在建设工程实施过程中，当通过实际进度与计划进度的比较，发现有进度偏差时，需要分析该偏差对后续工作及总工期的影响，从而采取相应的调整措施对原进度计划进行调整，以确保工期目标的顺利实现。进度偏差的大小及其所处的位置不同，对后续工作和总工期的影响程度是不同的，分析时需要利用网络计划中的工作总时差和自由时差进行判断。

1）分析出现进度偏差的工作是否为关键工作

如果出现进度偏差的工作位于关键线路上，即该工作为关键工作，则无论其偏差有多大，都将对后续工作和总工期产生影响，必须采取相应的调整措施；如果出现偏差的工作是非关键工作，则需要根据进度偏差值与总时差和自由时差的关系作进一步分析。

2）分析进度偏差是否超过总时差

如果工作的进度偏差大于该工作的总时差，则此进度偏差必将影响其后续工作和总工期，必须采取相应的调整措施；如果工作的进度偏差未超过该工作的总时差，则此进度偏差不影响总工期。至于对后续工作的影响程度，还需要根据偏差值与其自由时差的关系作进一步分析。

3）分析进度偏差是否超过自由时差

如果工作的进度偏差大于该工作的自由时差，则此进度偏差将对其后续工作产生影响，此时应根据后续工作的限制条件确定调整方法；如果工作的进度偏差未超过该工作的自由时差，则此进度偏差不影响后续工作，原进度计划可以不作调整。

进度偏差的分析判断过程如图 5-14 所示。通过分析，进度控制人员可以根据进度偏差的影响程度，制定相应的纠偏措施进行调整，以获得符合实际进度情况和计划目标的新进度计划。

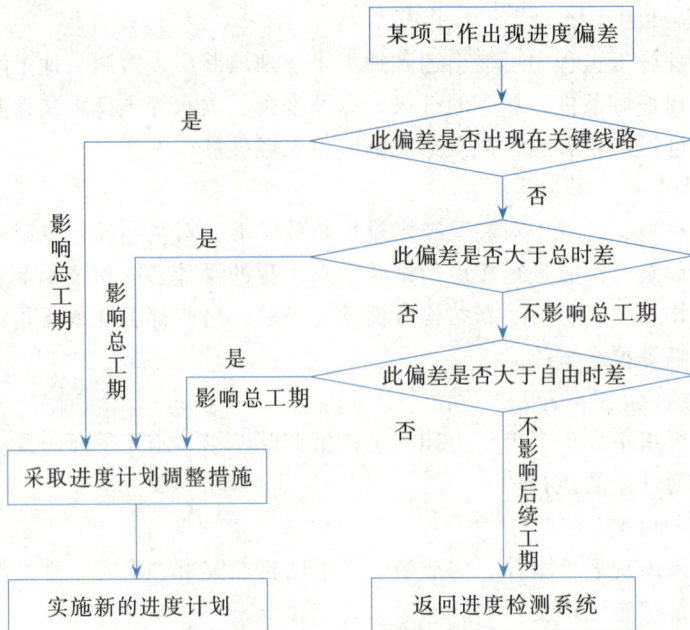

图5-14   进度偏差对后续工作和总工期影响分析过程图

5.6.4   建设工程实际施工进度计划的调整方法

通过检查分析，如果发现原有进度计划已不能适应实际情况，为了确保进度控制目标的实现或需要确定新的计划目标，就必须对原有进度计划进行调整，以形成新的进度计划，作为进度控制的新依据。施工进度计划的调整方法主要有：

1）缩短某些工作的持续时间

这是一种不改变工作之间的逻辑关系，而是缩短某些工作的持续时间，使施工进度加快，并保证实现计划工期的方法。这些被压缩持续时间的工作是位于由于实际施工进度的拖延而引起总工期延长的关键线路和某些非关键线路上的工作，且这些工作又是可压缩持续时间的工作，这种方法实际上就是网络计划优化中的工期优化和工期与成本优化。

2）改变某些工作之间的逻辑关系

若以实际施工进度产生的偏差影响了总工期，在工作之间的逻辑关系允许改变的条件下，可改变关键线路和超过计划工期的非关键线路上的有关工作之间的逻辑关系，以达到缩短工期的目的。用这种方法调整的效果是很显著的，例如可以把依次进行的有关工作改成平行的或互相搭接的，以及分成几个施工段进行流水施工等，都可以达到缩短工期的目的。这可能产生如下问题：

（1）工作逻辑上的矛盾性。

（2）资源的限制，平行施工要增加资源的投入强度。

（3）工作面限制及由此产生的现场混乱和低效率问题。

3）调整资源供应

如果资源供应发生异常，应采用资源优化的方法对计划进行调整，或采取应急措施，使其对工期的影响达到最小。例如，使服务部门的人员投入到生产中去，投入风险准备资源，采用班或多班制工作。

4）增减施工内容

增减施工内容应做到不打乱原计划的逻辑关系，只对局部逻辑关系进行调整。在增减施工内容以后，应重新计算时间参数，分析对原网络计划的影响。当对工期有影响时，应采取调整措施，保证计划工期不变。但这可能产生如下影响：

（1）损害工程的完整性、经济性、安全性、运行效率，或增加工程运行费用。

（2）必须经过上层管理者，如投资者、业主的批准。

5）增减工程量

增减工程量主要是指改变施工方案、施工方法，从而导致工程量的增加或减少。

6）改变起止时间

改变起止时间应在相应工作时差范围内进行。每次调整必须重新计算时间参数，观察该项调整对整个施工计划的影响。调整时使用下列方法：

（1）将工作在其最早开始时间与其最迟完成时间范围内移动。

（2）延长工作的持续时间。

（3）缩短工作的持续时间。

7）提高劳动生产率

改善工具器具以提高劳动效率；通过辅助措施和合理的工作过程，提高劳动生产率。要注意如下问题：

（1）加强培训，且应尽可能地提前。

（2）注意工人级别与工人技能的协调。

（3）工作中的激励机制，如奖金激励、发扬小组精神、个人责任制、明确目标等。

（4）改善工作环境及工程的公用设施。

（5）工程小组时间上和空间上合理地组合和衔接。

（6）多沟通，避免工程组织中的矛盾。

当采用某种方法进行调整，其可调整的幅度又受到限制时，还可以同时利用这些方法的组合对同一施工进度计划进行调整，以满足工期目标的要求。

5.6.5　建设工程进度控制的措施

建设工程进度控制采取的主要措施有组织措施、技术措施、合同措施、经济措施、信息措施等。

1）组织措施

（1）落实各层次的进度控制的人员、具体任务和工作责任。

（2）建立进度控制的组织系统。

（3）确定进度控制工作制度。

（4）增加工作面，组织更多的施工队伍。

（5）增加每天的施工时间（如采用三班制等）。

（6）增加劳动力和施工机械的数量。

（7）改变施工的组织方式。

2）技术措施

（1）改进施工工艺和施工技术，缩短工艺技术的衔接时间。

（2）采用更先进的施工方法，以减少施工程序（如将现浇框架方案改为预制装配方案）。

（3）采用更先进的施工机械。

3）合同措施

将分包单位签订工程合同的合同工期与有关进度计划目标相协调。

4）经济措施

（1）实行包干奖励。

（2）提高奖金数额。

（3）对所采取的技术措施给予相应的经济补偿。

5）信息措施

不断收集工程进度的有关资料，进行整理统计并与计划进度比较，定期向建设单位提供比较报告。

6）其他配套措施

（1）改善外部配合条件。

（2）改善劳动条件。

（3）实施强有力的调度等。

5.6.6　建设工程进度控制的总结

项目经理部应在施工进度计划完成后，及时进行施工进度控制总结，为进度控制提供反馈信息。

1）施工进度控制总结时应依据的资料

（1）施工进度计划。

（2）施工进度计划执行的实际记录。

（3）施工进度计划检查结果。

（4）施工进度计划的调整资料。

2）施工进度控制总结的主要内容

（1）合同工期目标和计划工期目标完成情况。

（2）施工进度控制经验。

（3）施工进度控制中存在的问题及分析。

（4）科学的施工进度计划方法的应用情况。

（5）施工进度控制的改进意见。

━ **单元总结** ➡

本单元从工程进度计划的编制、工程进度计划的审核和实施、工程进度计划检查、工程进度控制的方法、工程进度计划的调整等几个方面进行了介绍，通过学习可以掌握控制进度计划的多种方法，以及在实施过程中及时检查跟踪进度，进行科学系统的分析。采取有效方法进行进度控制，有针对性地对计划进行调整，保障工程项目的顺利进行。

◗ 单元练习 ◗

一、单项选择题

1.关于进度与进度控制的概念，下列说法正确的是（　　）。

A.进度仅指工作的持续时间

B.进度控制的总目标是建设工期

C.进度控制主要关注时间上的吻合，不涉及消耗与劳动成果的一致性

D.进度控制的目标是尽可能提前完成工程

2.建设工程进度计划的编制依据不包括（　　）。

A.施工图及标准图和技术资料　　　　B.工程的工期要求及开工、竣工日期

C.建设单位的组织架构　　　　　　　D.工程工作持续时间的估算

3.在网络计划技术中，关于关键线路和关键工作的说法正确的是（　　）。

A.关键线路上的工作总时差最大

B.关键工作完成后，剩余工作无须关注

C.关键线路上的工作持续时间决定了工程的总工期

D.关键线路在项目实施过程中是固定不变的

4.在双代号网络图中，关于节点的说法错误的是（　　）。

A.节点之间可以出现双向箭头　　　　B.节点编号必须按一定规则进行

C.节点表示工作的开始或结束　　　　D.节点编号可以不连续

5.关于横道图和网络图，下列说法正确的是（　　）。

A.横道图能清晰表达工作的逻辑关系　B.网络图无法进行时间参数的计算

C.横道图的编制较为复杂　　　　　　D.网络图可以进行资源优化

6.在进度计划的检查中，下列说法错误的是（　　）。

A.进度计划的检查应定期进行　　　　B.检查内容包括工程量的完成情况

C.检查数据的收集只能通过进度报表　D.检查结果应形成进度报告

7.关于工程进度计划的调整，下列说法正确的是（　　）。

A.进度调整只需关注关键线路

B.缩短某些工作的持续时间是进度调整的方法之一

C.增加资源投入一定会导致成本大幅增加

D.进度调整不需要考虑后续工作的影响

8.在进度控制中，下列措施不属于组织措施的是（　　）。

A.明确各级人员的任务和责任　　　　B.建立进度控制的组织系统

C.采用先进的施工技术　　　　　　　D.制定工作流程和规范

9.关于进度偏差的分析，下列说法错误的是（　　）。

A.进度偏差分析仅需关注对总工期的影响

B.进度偏差可以通过对比实际进度与计划进度来确定

C.进度偏差的分析需要考虑对后续工作的影响

D.进度偏差的大小与所处的位置有关

10.在进度计划的优化中，下列说法正确的是（　　）。

A.工期优化只需考虑关键线路　　　B.资源优化的目标是使资源使用最少

C.费用优化需要平衡成本和工期　　D.工期优化一定会导致成本增加

二、多项选择题

1.建设工程进度控制的主要任务包括（　　）。

A.编制施工总进度计划并控制其执行

B.编制单位工程施工进度计划并控制其执行

C.编制分部分项工程施工进度计划并控制其执行

D.编制季度、月（旬）作业计划并控制其执行

E.编制年度采购计划

2.在双代号网络图中，关于虚工作的说法正确的是（　　）。

A.虚工作不占用时间

B.虚工作不消耗资源

C.虚工作用于表达工作之间的逻辑关系

D.虚工作在图上用虚箭线表示

E.虚工作可以任意增加

3.关于横道图比较法，下列说法正确的是（　　）。

A.横道图比较法形象、直观

B.横道图比较法可以反映绝对偏差

C.横道图比较法适用于各项工作的进展比较

D.横道图比较法可以反映对总工期的影响

E.横道图比较法需要与网络计划结合使用

4.在进度计划的调整中，可以采取的措施包括（　　）。

A.缩短某些工作的持续时间　　　B.改变某些工作之间的逻辑关系

C.增加资源投入　　　　　　　　D.调整工作的开始和结束时间

E.增减施工内容

5.在进度控制中，下列属于技术措施的是（　　）。

A.采用先进的施工技术　　　　　B.改进施工方法

C.调整工作流程　　　　　　　　D.采用更先进的施工机械

E.增加劳动力

三、判断题

1.进度控制和工期控制是完全相同的概念。（　　）

2.网络计划技术中，关键线路上的工作总时差为零。（　　）

3.横道图可以清晰地表达工作之间的逻辑关系。（　　）

4.在进度计划的检查中，只需要关注实际进度与计划进度的偏差。（　　）

5.在进度计划的调整中，改变工作之间的逻辑关系是一种有效的调整方法。（　　）

四、简答题

1.简述建设工程进度控制的主要任务。

2.简述双代号网络图的绘制规则。

3.简述进度偏差的分析方法。

4.简述进度计划调整的系统过程。

5.简述建设工程进度控制的措施。

教学单元6
建设工程项目成本控制

教学目标

□ 知识目标：了解工程项目成本管理的任务、程序和措施；理解工程项目成本计划的编制程序与方法，工程项目成本控制的依据；掌握成本控制的方法，成本核算的对象划分，成本核算的方法。

□ 能力目标：具备运用成本控制的方法进行建设工程项目成本控制的能力。

□ 素养目标：具备防控风险、精益管理、降本增效、厉行节约的管理意识。

6.1　成本管理的任务、程序和措施

6.1.1　成本管理的任务和程序

1）成本管理的任务

施工成本是指在建设工程项目的施工过程中所发生的全部生产费用的总和。其包括：所消耗的原材料、辅助材料、构配件等费用；周转材料的摊销费或租赁费；施工机械的使用费或租赁费；支付给生产工人的工资、奖金、工资性质的津贴以及进行施工组织与管理所发生的全部费用支出等。建设工程项目施工成本由直接成本和间接成本构成。

微课6-1

建设工程项目
成本管理实务

直接成本是指施工过程中耗费的构成工程实体或有助于工程实体形成的各项费用支出，是可以直接计入工程对象的费用，包括人工费、材料费和施工机具使用费等。

间接成本是指准备施工、组织和管理施工生产的全部费用支出，是非直接用于也无法直接计入工程对象，但为进行工程施工所必须发生的费用，包括管理人员工资、办公费、差旅费等。

成本管理就是在保证工期和质量满足要求的情况下，采取相应的管理措施，包括组织措施、经济措施、技术措施、合同措施，把成本控制在计划范围内，并进一步寻求最大程度的成本节约。成本管理的任务和环节主要包括：成本预测、成本计划、成本控制、成本核算、成本分析和成本考核。

（1）成本预测

成本预测是在工程施工前对成本进行的估算，它是根据成本信息和施工项目的具体情况，运用一定的专门方法，对未来的成本水平及其发展趋势作出科学的估计。通过成本预测，可以在满足项目业主和本企业要求的前提下，选择成本控制，克服盲目性，提高预见性。因此，成本预测是施工项目成本决策与计划的依据。施工成本预测，通常是对项目计划工期内影响其成本变化的各个因素进行分析，比照近期已完工施工项目的影响程度，预测出工程的单位成本或总成本。

（2）成本计划

成本计划是以货币形式编制的施工项目在计划期内的生产费用、成本水平、成本降低率以及为降低成本所采取的主要措施和规划的书面方案。它是建立施工项目成本管理责任制、开展成本控制和核算的基础，此外，它还是项目降低成本的指导文件，是设立目标成本的依据，即成本计划是目标成本的一种形式。

①成本计划编制原则。为了编制出能够发挥积极作用的成本计划，在编制成本计划时应遵循以下一些原则：

第一，从实际情况出发。编制成本计划必须根据国家的方针政策，从企业的实际情况出发，充分挖掘企业内部潜力，使降低成本指标既积极可靠，又切实可行。施工项目管理部门降低成本的潜力在于正确选择施工方案，合理组织施工；提高劳动生产率；改善材料供应；降低材料消耗；提高机械利用率；节约施工管理费用等。但必须注意避免以下情况的发生：为了降低成本而偷工减料，忽视质量；忽视机械的维护修理而过度、不合理使用机械；片面增加劳动强度，加班加点；忽视安全工作，未给职工办理相应的保险等。

第二，与其他计划相结合。成本计划必须与施工项目的其他计划，如施工方案、生产进度计划、财务计划、材料供应及消耗计划等密切结合，保持平衡。一方面，成本计划要根据施工项目的生产、技术组织措施、劳动工资、材料供应和消耗等计划来编制；另一方面，其他各项计划指标又影响着成本计划，所以其他各项计划在编制时应考虑降低成本的要求，与成本计划密切配合，而不能单纯考虑单一计划本身的要求。

第三，采用先进的技术经济指标。成本计划必须以各种先进的技术经济指标为依据，并结合工程的具体特点，采取切实可行的技术组织措施作保证，只有这样，才能编制出既有科学依据，又切实可行的成本计划，从而发挥施工成本计划的积极作用。

第四，统一领导、分级管理。编制成本计划时应采用统一领导、分级管理的原则。同时，应树立全员成本控制的理念，在项目经理的领导下，以财务部门和计划部门为主体，发动全体职工共同进行，总结降低成本的经验，找出降低成本的正确途径，使成本计划的制订与执行更符合项目的实际情况。

第五，适度弹性。编制施工成本计划时应留有一定的余地，保持计划的弹性。在计划期内，项目管理机构的内部或外部环境都有可能发生变化，尤其是材料供应、市场价格等具有很大的不确定性，这给拟订计划带来困难。因此在编制计划时应充分考虑到这些情况，使计划能够适应环境的变化。

②施工成本计划应满足的要求：合理的项目质量和工期要求；组织对项目成本管理目标的要求；以经济合理的项目实施方案为基础的要求；有关定额及市场价格的要求；类似项目提供的启示。

③施工成本计划的具体内容。

A.编制说明。包括工程范围、投标竞争过程及合同条件、承包人对项目经理提出的责任成本目标、施工成本计划编制的指导思想和依据等。

B.施工成本计划的指标。施工成本计划的指标应经过科学的分析预测确定，可以采用对比法、因素分析法等方法。

施工成本计划一般情况下有以下三类指标：

a.成本计划的数量指标，如：按子项汇总的工程项目计划总成本指标；按分部汇总的各单位工程（或子项目）计划成本指标；按人工、材料、机具等各主要生产要素划分的计划成本指标。

b.成本计划的质量指标，如工程项目总成本降低率，可采用如下两种计算方式：

设计预算成本降低率=设计预算总成本计划降低额÷设计预算总成本

责任目标成本计划降低率=责任目标总成本计划降低额÷责任目标总成本

c.成本计划的效益指标，如工程项目成本降低额，可采用如下两种计算方式：

设计预算成本计划降低额=设计预算成本-计划总成本

责任目标成本计划降低额=责任目标总成本-计划总成本

C.按工程量清单列出的单位工程计划成本汇总表，见表6-1。

表6-1　　　　　　　　　　　　单位工程计划成本汇总表

序号	清单项目编码	清单项目名称	合同价格	计划成本
1				
2				
⋮				

D.按成本性质划分单位工程成本汇总表，根据清单项目的造价分析，分别对人工费、材料费、机具费和企业管理费进行汇总，形成单位工程成本计划表。

成本计划应在项目实施方案确定和不断优化的前提下进行编制，因为不同的实施方案将导致人、料、机费和企业管理费的差异。成本计划的编制是施工成本预控的重要手段。因此，应在工程开工前编制完成，以便将计划成本目标分解落实，为各项成本的执行提供明确的目标、控制手段和管理措施。

（3）成本控制

成本控制是指在施工过程中，对影响施工成本的各种因素加强管理，并采取有效措施，将实际发生的各种消耗和支出严格控制在成本计划范围内；通过动态监控并及时反馈，严格审查各项费用是否符合标准；计算实际成本和计划成本之间的差异并进行分析，进而采取多种措施，减少或消除损失浪费。

建设工程项目施工成本控制应贯穿项目从投标阶段开始至保证金返还的全过程，它是企业全面成本管理的重要环节。成本控制可分为事先控制、事中控制（过程控制）和事后控制。在项目的施工过程中，需按动态过程控制原理对实际成本的发生过程进行有效控制。

合同文件和成本计划规定了成本控制的目标，进度报告、工程变更与索赔资料是成本控制过程中的动态资料。

成本控制的程序体现了动态跟踪控制原理，成本控制报告可单独编制，也可以根据需要与进度、质量、安全和其他进展报告结合，提出综合进展报告。

成本控制应满足下列要求：

①要按照计划成本目标值来控制生产要素的采购价格，并认真做好材料、设备进场数量和质量的检查、验收与保管工作。

②要控制生产要素的利用效率和消耗定额，如任务单管理、限额领料、验收报告审核等，同时要做好不可预见成本风险的分析和预控，包括编制相应的应急措施等。

③控制影响效率和消耗量，进而控制引起成本增加的其他因素（如工程变更等）。

④把施工成本管理责任制度与对项目管理者的激励机制结合起来，以增强管理人员的成本意识和控制能力。

⑤承包人必须有一套健全的项目财务管理制度，按规定的权限和程序对项目资金的使用和费用的结算支付进行审核、审批，使其成为施工成本控制的一个重要手段。

（4）成本核算

项目管理机构应根据项目成本管理制度明确项目成本核算的原则、范围、程序、方法、责任及要求，健全项目核算台账。

施工项目成本核算包括两个基本环节：一是按照规定的成本开支范围对施工成本进行归集和分配，计算出施工成本实际发生额；二是根据成本核算对象，采用适当的方法，计算出施工项目的总成本和单位成本。成本管理需要正确及时地核算施工过程中发生的各项费用，计算施工项目的实际成本。施工项目成本核算所提供的各种成本信息，是成本预测、成本计划、成本控制、成本分析和成本考核等各个环节的依据。

施工项目成本核算一般以单位工程为对象，但也可以按照承包工程项目的规模、工期、结构类型、施工组织和施工现场等情况，结合成本管理要求，灵活划分成本核算对象。

项目管理机构应按规定的会计周期进行项目成本核算。

项目管理机构应编制项目成本报告。

对竣工工程的成本核算，应区分为竣工工程现场成本和竣工工程完全成本，分别由项目管理机构和企业财务部门进行核算，其目的在于分别考核项目管理绩效和企业经济效益。

成本核算的基本内容包括：

①人工费核算；

②材料费核算；

③周转材料费核算；

④结构费核算；

⑤机械使用费核算；

⑥措施费核算；

⑦分包工程成本核算；

⑧企业管理费核算；

⑨项目月度施工成本报告编制。

成本核算制是明确施工成本核算的原则、范围、程序、方法、内容、责任及要求的制度。项目管理必须实行施工成本核算制，它和项目经理责任制等共同构成了项目管理的运行机制。公司层与项目经理部的经济关系、管理责任关系、管理权限关系，以及项目管理组织所承担的责任，成本核算范围、核算业务流程要求等，都应以制度的形式作出明确的规定。

项目经理部要建立一系列项目业务核算台账和施工成本会计账户，实施全过程的成本核算，具体可分为定期的成本核算和竣工工程成本核算。定期的成本核算如每天、每周、每月的成本核算等，是竣工工程全面成本核算的基础。

形象进度、产值统计、成本归集要"三同步"，即三者的取值范围应一致。形象进度表示的工程量、统计施工产值的工程量和实际成本归集所依据的工程量均应是相同的数值。

（5）成本分析

成本分析是在成本核算的基础上，对成本的形成过程和影响成本升降的因素进行分析，以寻求进一步降低成本的途径，包括有利偏差的挖掘和不利偏差的纠正。成本分析贯穿成本管理的全过程，它是在成本的形成过程中，主要利用项目的成本核算资料（成本信息），与目标成本、预算成本以及类似项目的实际成本等进行比较，了解成本的变动情况；同时也要分析主要经济指标对成本的影响，系统地研究成本变动的因素，检查成本计划的合理性，并通过分析成本，深入研究成本变动的规律，寻找降低施工项目成本的途径，以便有效地进行成本控制。成本偏差的控制、分析是关键，纠偏是核心，因此要针对分析得出的偏差发生原因，采取切实措施加以纠正。

成本偏差分为局部成本偏差和累积成本偏差。局部成本偏差包括按项目的月度（或周、天等）核算成本偏差、按专业的核算成本偏差以及按分部分项的作业核算成本偏差等；累积成本偏差是指已完成工程在某一时间点上的实际总成本与相应的计划总成本的差异。分析成本偏差的原因，应采取定性和定量相结合的方法。

（6）成本考核

成本考核是指在施工项目完成后，对项目成本形成中的各责任者，按项目成本目标责任制的有关规定，将成本的实际指标与计划、定额、预算进行对比和考核，评定施工项目成本计划的完成情况和各责任者的业绩，并以此给予相应的奖励和处罚。通过成本考核，做到有奖有惩、赏罚分明，才能有效地调动每一位员工在各自施工岗位上努力完成目标成本的积极性，从而降低施工项目成本，提高企业的效益。

成本考核是衡量成本降低的实际成果，也是对成本指标完成情况的总结和评价。成本考核制度包括考核的目的、时间、范围、对象、方式、依据、指标、组织领导、评价与奖惩原则等内容。

成本考核以成本降低额和成本降低率作为主要指标。要加强公司层对项目经理部的指导，并充分依靠技术人员、管理人员和作业人员的经验和智慧，以防项目管理在企业内部异化为靠少数人承担风险的以包代管模式。成本考核可分为公司层考核和项目经理部考核。

公司层对项目经理部进行考核与奖惩时，既要防止虚盈实亏，也要避免实际成本归集差错等的影响，使施工成本考核真正做到公平、公正、公开，在此基础上落实成本管理责任制的奖惩或激励措施。

成本管理的每一个环节都是相互联系和相互作用的。成本预测是成本决策的前提，成本计划是成本决策所确定目标的具体化，成本计划控制则是对成本计划的实施进行控制和监督，保证决策的成本目标的实现，而成本核算又是对成本计划是否实现的最后检验，它所提供的成本信息又将为下一个施工项目的成本预测和决策提供基础资料。成本考核是实现成本目标责任制的保证和实现决策目标的重要手段。

2）成本管理的程序

项目成本管理应遵循下列程序：

（1）掌握生产要素的价格信息。

（2）确定项目合同价。

（3）编制成本计划，确定成本实施目标。

（4）进行成本控制。

（5）进行项目过程成本分析。

（6）进行项目过程成本考核。

（7）编制项目成本报告。

（8）项目成本管理资料归档。

6.1.2　成本管理的基础工作及措施

1）成本管理的基础工作

成本管理的基础工作是多方面的，成本管理责任体系的建立是最根本、最重要的基础工作，涉及成本管理的一系列组织制度、工作程序、业务标准和责任制度的建立。除此之外，应从以下各方面为施工成本管理创造良好的基础条件。

（1）统一组织内部工程项目成本计划的内容和格式。其内容应能反映施工成本的划分、各成本项目的编码及名称、计量单位、单位工程量计划成本及合同金额等。这些成本计划的内容和格式应由各个企业按照自己的管理习惯和需要进行设计。

（2）建立企业内部施工定额并保持其适应性、有效性和相对的先进性，为施工成本计划的编制提供支持。

（3）建立生产资料市场价格信息的收集网络和必要的派出询价网点，做好市场行情预测，保证采购价格信息的及时性和准确性。同时，建立企业的分包商、供应商评审注册名录，发展稳定良好的供方关系，为编制施工成本计划与采购工作提供支持。

（4）建立已完工项目的成本资料、报告报表等的归集、整理、保管和使用管理制度。

（5）科学设计施工成本核算账册体系、业务台账、成本报告报表，为施工成本管理的业务操作提供统一的范式。

2）成本管理的措施

为了取得施工成本管理的理想成效，应当从多方面采取成本管理的措施，通常可以将这些措施归纳为组织措施、技术措施、经济措施和合同措施。

（1）组织措施

组织措施是指从成本管理的组织方面采取的措施。成本控制是全员的活动，如实行项目经理责任制，落实成本管理的组织机构人员，明确各级施工成本管理人员的任务和职能分工、权力和责任等。成本管理不仅是专业成本管理人员的工作，各级项目管理人员都负有成本控制责任。

组织措施的另一方面是编制施工成本控制工作计划，确定合理详细的工作流程。要做好施工采购计划，通过生产要素的优化配置、合理使用、动态管理，有效控制实际成本；加强施工定额管理和施工任务单管理，控制消耗；加强施工调度，避免因施工计划不周和盲目调度造成窝工损失、机械利用率降低、物料挤压等问题。成本控制工作只有建立在科学管理的基础之上，具备合理的管理体制，完善的规章制度，稳定的作业秩序，完整准确的信息传递，才能取得成效。组织措施是其他各类措施的前提和保障，一般不需要增加额外的费用，运用得当可以取得良好的效果。

（2）技术措施

施工过程中降低成本的技术措施包括：进行技术经济分析，确定最佳的施工方案；结合施工方法，进行材料使用的比选，在满足功能要求的前提下，通过代用、改变配合比、使用外加剂等方法降低材料消耗的费用；确定最合适的施工机械、设备使用方案；结合项目的施工组织设计及自然地理条件，降低材料的库存成本和运输成本；应用先进的施工技术，运用新材料，使用先进的机械设备等。在实践中，也要避免仅从技术角度选定方案而忽视对其经济效果的分析论证。

技术措施不仅在解决施工成本管理过程中的技术问题方面是不可缺少的，而且对纠正施工成本管理目标的偏差也有相当重要的作用。因此，运用技术纠偏措施的关键，一是要能提出多个不同的技术方案；二是要对不同的技术方案进行技术经济分析比较，选择最佳方案。

（3）经济措施

经济措施是最易为人们所接受和采用的措施。管理人员应编制资金使用计划，确定、分解成本管理目标。对成本管理目标进行风险分析，并制定防范性对策。对于各种支出，应认真做好资金的使用计划，并在施工中严格控制各项开支。及时准确地记录、收集、整理、核算实际支出的费用。对于各种变更，应及时做好增减账，落实业主签证并结算工程款。通过偏差分析和未完工程施工成本预测，发现一些潜在的可能引起未完工程施工成本增加的问题，及时采取预防措施。因此，经济措施的运用绝不仅仅是财务人员的事情。

（4）合同措施

采用合同措施控制施工成本，应贯穿整个合同周期，包括从合同谈判开始到合同终结的全过程。对于分包项目，首先，应选用合适的合同结构，对各种合同结构模式进行分析、比较，在合同谈判时，要争取选用适合工程规模、性质和特点的合同结构模式。其次，在合同的条款中应仔细考虑一切影响成本和效益的因素，特别是潜在的风险因素。通过对引起成本变动的风险因素的识别和分析，采取必要的风险对策，如通过合理的方式增加承担风险的个体数量，以降低损失发生的比例，并最终将这些策略体现在合同的具体条款中。最后，在合同执行期间，既要密切关注对方合同的执行情况，以寻求合同索赔的机会，同时也要密切关注自己履行合同的情况，以防被对方索赔。

6.2　成本计划

6.2.1　成本计划的类型

对于施工项目而言，成本计划的编制是一个不断深化的过程。在这一过程的不同阶段形成深度和作用不同的成本计划。按照其发挥作用的不同可以分为竞争性成本计划、指导性成本计划和实施性成本计划；也可以按成本组成、项目结构和工程实施阶段分别编制项目成本计划。成本计划的编制以成本预测为基础，关键是确定目标成本。

微课 6-2

施工项目成本计划类型与预算管理

1）竞争性成本计划

竞争性成本计划是施工项目投标及签订合同阶段的估算成本计划。这类成本计划以招标文件中的合同条件、投标者须知、技术规范、设计图纸和工程量清单为依据，以有关价格条件说明为基础，结合调研、现场踏勘、答疑等情况，根据施工企业自身的工料消耗标准、水平、价格资料和费用指标等，对本企业完成投标工作所需要支出的全部费用进行估算。在投标报价过程中，虽也着重考虑降低成本的途径和措施，但总体上比较粗略。

2）指导性成本计划

指导性成本计划是选派项目经理阶段的预算成本计划，是项目经理的责任成本目标。它是以合同价为依据，按照企业的预算定额标准制订的预算成本计划，且一般情况下以此确定责任总成本目标。

3）实施性成本计划

实施性成本计划是项目施工准备阶段的施工预算成本计划，它是以项目实施方案为依据，以落实项目经理责任目标为出发点，采用企业的施工定额通过施工预算的编制而形成的实施性成本计划。

以上三类成本计划相互衔接、不断深化，构成了整个工程项目成本的计划过程。其中，竞争性成本计划带有成本战略的性质，是施工项目投标阶段商务标书的基础，而有竞争力的商务标书又是以其先进合理的技术标书为支撑的。因此，它奠定了成本的基本框架和水平。指导性成本计划和实施性成本计划，都是竞争性成本计划的进一步开展和深化，是对竞争性成本计划的战术安排。

4）施工预算

施工预算是编制实施性成本计划的主要依据，是施工企业为了加强企业内部的经济核算，在施工图预算的控制下，依据企业内部的施工定额，以建筑安装单位工程为对象，根据施工图纸、施工定额、施工及验收规范、标准图集、施工组织设计（或施工方案）编制的单位工程（或分部分项工程）施工所需的人工、材料和施工机械台班用量的技术经济文件。它是施工企业的内部文件，同时也是施工企业进行劳动调配、物资技术供应、控制成本开支、进行成本分析和班组经济核算的依据。施工预算不仅规定了单位工程（或分部分项工程）所需人工、材料和施工机械台班用量，还规定了工种的类型，工程材料的规格、品种，所需各种机械的规格，以便有计划、有步骤地合理组织施工，从而达到节约人力、物力和财力的目的。

（1）施工预算的编制要求、依据和方法

①施工预算的编制要求。

A.编制的深度要求。

a.施工预算的各项目要能满足签发施工任务单和限额领料单的要求，以便加强管理，实行班组经济核算。

b.施工预算要能反映出经济效果，以便为经济活动分析提供可靠的依据。

B.编制要紧密结合现场实际，按照所承担的任务范围、现场实际情况及采取的施工技术措施，结合企业管理水平进行编制。

②施工预算的编制依据。

A.会审后的施工图纸、设计说明书和有关的标准图；

B.施工组织设计或施工方案；

C.施工图预算；

D.现行的施工定额、材料预算价格、人工工资标准、机械台班费用定额及有关文件；

E.工程现场实际勘察与测量资料，如工程地质报告、地下水位标高等；

F.建筑材料手册等常用工具性资料。

③施工预算的编制方法。

A.熟悉施工图纸、施工组织设计及现场资料；

B.熟悉施工定额及有关文件规定；

C.列出工程项目，计算工程量；

D.套用定额，计算人料机费并进行工料分析；

E.单位工程人料机费及人工、材料、机械台班消耗量汇总；

F.进行"两算"对比分析；

G.编写编制说明并填写封面，装订成册。

（2）施工预算内容

施工预算的内容是以单位工程为对象，进行人工、材料、机械台班数量及其费用总和的计算。它由编制说明和预算表格两部分组成。

①编制说明部分。施工预算的编制说明应简明扼要地叙述以下几个方面的内容：

A.工程概况及建设地点；

B.编制的依据（如采用的定额、图纸、图集、施工组织设计等）；

C.对设计图纸和说明书的审查意见及编制中的处理方法；

D.所涉及工程的范围；

E.在编制时所考虑的新技术、新材料、新工艺、冬雨期施工措施、安全措施等；

F.工程中还存在的需要进一步解决的其他问题。

②预算表格部分。

A.工程量计算汇总表。工程量计算汇总表是按照施工定额的工程量计算规则得出的重要基础数据。为了便于生产、调度、计划、统计及分期材料的供应，根据工程情况，可将工程量按分层、分段、分部位进行汇总，然后进行单位工程汇总。

B.施工预算工料分析表。施工预算工料分析表与施工图预算的工料分析表编制方法基本相同，要注意按照工程量进行汇总表的划分，作出分层、分段、分部位的工料分析结果，为施工分期生产计划提供方便。

C.人工汇总表。人工汇总表是将工料分析表中的人工按工种分层、分段、分部位进行汇总的表格，是编制劳动力计划、合理调配劳动力的依据。

D.材料消耗量汇总表。材料消耗汇总表是将工料分析表中不同品种、规格的材料按层、段、部位进行汇总，作为编制材料供应计划的依据。一般工程常见的材料消耗量汇总表有：钢筋混凝土预制构件委托加工表；金属构件委托加工表；钢木门窗委托加工表；门窗五金明细表；周转性材料需用量表；现场分规格、品种的钢材、木材、水泥需用量表；现场分规格、品种的地方性材料需用量表；各种其他成品、半成品需用量表。

E.机械台班使用量汇总表。将工料分析表中各种施工机具及消耗台班数量按层、段、部位进行汇总。

F.施工预算表。将已汇总的人工、材料、机械台班消耗数量分别乘以所在地区的人工工资标准、材料预算价格、机械台班单价，计算出人料机费用（有定额单价时可直接使用定额单价）。

G."两算"对比表。这是指同一工程内容的施工预算与施工图预算的对比分析表。将计算出的人工、材料、机械台班消耗数量，以及人工费、材料费、机械费等与施工图预算进行对比，找出节约或超支的原因，作为开工之前的预测分析依据。

③编制时应注意的问题。

A.当定额中仅给出砌砖砂浆、混凝土强度等级，而没有给出砂、石子、水泥用量时，必须根据砂浆或混凝土的强度等级，按定额附录"砂浆配合比表"及"混凝土配合比表"的使用说明进行二次分析，计算出各原材料的用量。

B.凡明确外加工的成品、半成品，如预制混凝土构件、钢木门窗制作等，不需要进行工料分析，应与现场施工的项目区别开，便于基层施工班组进行经济核算。

C.人工分析中的其他用工是指各工种搭接和单位工程之间转移操作地点，临时停水停电，个别材料超运距，以及其他细小、难以计算工程量的直接用工。下达班组施工任务单时未包括这些用工。

（3）施工预算与施工图预算的对比

施工预算不同于施工图预算。两者虽然有一定的联系，但区别较大。

①编制的依据不同。施工预算的编制以施工定额为主要依据，施工图预算的编制以预算定额为主要依据，而施工定额比预算定额划分得更详细、更具体，并对其中所包括的内容，如质量要求、施工方法以及所需劳动工日、材料品种、规格型号等均有比较详细的规定或要求。

②适用的范围不同。施工预算是施工单位内部管理用的一种文本，与发包人无直接关系；而施工图预算既适用于发包人，又适用于承包人。

③发挥的作用不同。施工预算是承包人组织生产、编制施工计划、准备现场材料、签发任务书、考核工效、进行经济核算的依据，它也是承包人改善经营管理、降低生产成本和推进内部经营承包责任制的重要手段；而施工图预算则是投标报价的主要依据。

在编制实施性成本计划时，要进行施工预算和施工图预算的对比分析，通过"两算"对比，算出节约或超支的金额及百分比，并分析其原因。

"两算"对比的内容如下：

A.人工量及人工费的对比分析。

施工预算的人工量及人工费比施工图预算一般要低6%。这是由于两者使用不同定额造成的。例如，砌砖墙项目中，砂子、标准砖和砂浆的场内水平运输距离，施工定额按50m考虑；而预算定额包含了材料、半成品的超运距用工。同时，预算定额的人工消耗指标还考虑了未包括在施工定额中而在一般施工条件下又不可避免的一些零星用工因素，如土建施工中各工种之间的工序搭接所需停歇的时间；因工程质量检查和隐蔽工程验收而影响工人操作的时间；施工中不可避免的其他零星用工等。所以，施工定额的用工量一般都比预算定额低。

B.材料消耗量及材料费的对比分析。

施工定额的材料损耗率一般都低于计价定额，同时，编制施工预算时还需要考虑扣除技术措施的材料节约量。所以，施工预算的材料消耗量及材料费一般低于施工图预算。

有时，由于两种定额之间的标准不一致，个别项目也会出现施工预算的材料消耗量大于施工图预算的情况。不过，总的水平应该是施工预算低于施工图预算。如果出现反常情况，则应进行分析研究，找出原因，制定相应的措施。

C.施工机具费的对比分析。

施工预算机具费是指在施工作业过程中所发生的施工机械、仪器仪表使用费或租赁费。而施工图预算的施工机具是计价定额综合确定的，与实际情况可能不一致。因此，施工机具费只能采用两种预算方式进行对比分析。如果施工预算机具费大量超支而又无特殊原因，则应考虑改变原施工方案，尽量做到不亏损而略有盈余。

D.周转材料使用费的对比分析。

周转材料主要指脚手架和模板。施工预算的脚手架费用是根据施工方案确定的搭设方式和材料计算的，施工图预算则是综合考虑了脚手架搭设方式，按不同结构和高度，以建筑面积为基数计算的；施工预算的"模板"费用是按混凝土与模板的接触面积计算的，施工图预算的模板费用则按混凝土体积综合计算。因而，周转材料使用费宜按其发生的费用进行对比分析。

6.2.2 成本计划的编制依据

施工成本计划是施工项目成本控制的一个重要环节，是实现降低施工成本任务的指导性文件。如果针对施工项目所编制的成本计划达不到目标成本要求，就必须组织施工项目经理部的有关人员重新研究，寻找降低成本的途径，重新进行编制。同时，编制成本计划的过程也是动员全体施工项目管理人员的过程，是挖掘降低成本潜力的过程，是检验施工技术质量管理、工期管理、物资消耗和劳动力消耗管理等是否有效落实的过程。

编制施工成本计划，需要广泛收集相关资料并进行整理，以作为成本计划编制的依据。在此基础上，根据有关设计文件、工程承包合同、施工组织设计、施工成本预测资料等，按照项目应投入的生产要素，结合各种要素变化的预测和拟采取的各种措施，估算项目生产费用支出的总水平，进而提出项目的成本计划控制指标，明确目标总成本。目标总成本确定后，应将其分解落实到各级部门，以便有效地进行控制。最后，通过综合平衡，完成成本计划编制。

成本计划的编制依据包括下列内容：

（1）合同文件。

（2）项目管理实施规划。

（3）相关设计文件。

（4）价格信息。

（5）相关定额。

（6）类似项目的成本资料。

6.2.3   按成本组成编制成本计划的方法

施工成本计划的编制以施工成本预测为基础,关键是确定目标成本。需要结合施工组织设计的编制过程,通过不断优化施工技术方案和合理配置生产要素,进行工、料、机消耗的分析,从而制定一系列节约成本的措施,确定施工成本计划。一般情况下,施工成本计划总额应控制在目标成本的范围内,并建立在切实可行的基础上。

施工成本目标确定后,还需要通过编制详细的实施性施工成本计划把目标成本层层分解,落实到施工过程的每个环节,有效地进行成本控制。施工成本计划的编制方式有:

(1)按施工成本编制施工成本计划。
(2)按施工项目组成编制施工成本计划。
(3)按施工进度编制施工成本计划。

按照成本组成要素划分,建筑安装工程费由人工费、材料(包含工程设备)费、施工机具使用费、企业管理费、利润、规费和增值税组成。其中人工费、材料费、施工机具使用费、企业管理费和利润包含在分部分项工程费、措施项目费、其他项目费中。

6.2.4   按项目结构编制成本计划的方法

大中型工程项目通常是由若干单项工程构成的,而每个单项工程包括了多个单位工程,每个单位工程又由若干分部分项工程构成。因此,首先要把总施工成本分解到单项工程和单位工程中,再进一步分解到分部工程和分项工程中。

在完成施工项目成本目标分解之后,接下来就要具体地分配成本,编制分项工程的成本支出计划,从而形成详细的成本计划表。

在编制分项工程的成本支出计划时,既要在项目总体层面上综合考虑预备费,也要在主要的分项工程中考虑适当的不可预见费,避免在具体编制成本计划时,因个别单位工程的工程量计算有较大出入而偏离原来的成本预算。

6.2.5   按工程实施阶段编制成本计划的方法

按工程实施阶段编制成本计划,可以按实施阶段,如基础、主体、安装、装修等,或按月、季、年等施工进度进行编制。按施工进度编制施工成本计划,通常可在控制项目进度的网络图的基础上进一步扩充得到,即在建立网络图时,一方面确定完成各项工作所需花费的时间,另一方面确定完成这一工作合理的成本支出。在实践中,将工程项目分解为既能方便地表示时间,又能方便地表示成本支出计划的工作是不容易的,通常如果项目分解程度在时间控制方面合适的话,则在成本支出计划方面可能需要详细分解,但是现实中往往不能确定每项工作的成本支出计划;反之亦然。因此在编制网络计划时,应在充分考虑进度控制对项目划分要求的同时,考虑成本支出计划对项目划分的要求,做到两者兼顾。

通过对施工成本目标按时间进行分解,可获得项目进度计划的横道图,并在此基础上编制成本计划。其表示方式有两种:一种是在时标网络图上按月编制的成本计划直方图，如图6-1所示。另一种是时间-成本累积曲线（S形曲线），如图6-2所示。

成本（万元）

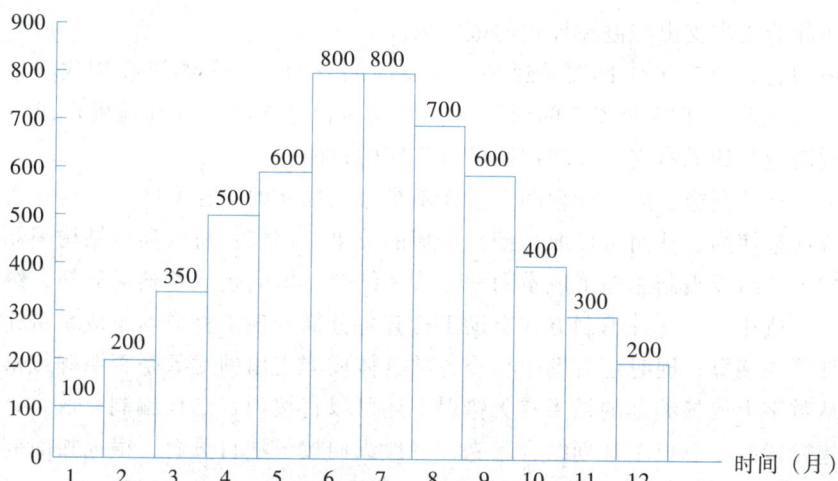

图6-1　时标网络图上按月编制的成本计划直方图

成本（万元）

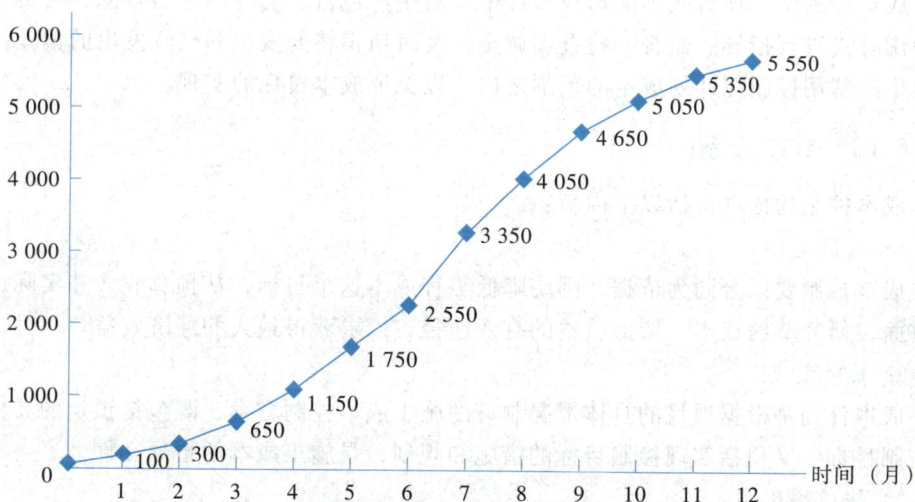

图6-2　时间-成本累积曲线（S形曲线）

其中，时间-成本累积曲线的绘制步骤如下：

（1）确定工程项目进度计划，编制进度计划的横道图（月或旬）。

（2）根据每单位时间内完成的实物工程量或投入的人力、物力和财力，计算单位时间的成本，在时标网络图上按时间编制成本支出计划。

（3）计算规定时间内计划累计支出的成本额。其计算方法为：将各单位时间内计划完成的成本额累加求和。

（4）按照规定时间的Q_t值，绘制S形曲线。

每一条S形曲线都对应某一特定的工程进度计划。因为在进度计划的非关键路线中存在许多有时差的工序或工作，因而S形曲线必然包括在由全部工作都按最早开始时间开始，和全部工作都按最迟必须开始时间开始的曲线组成的"香蕉图"内。项目经理可根据编制的成本支出计划来合理安排资金，同时项目经理也可以根据筹措资金情况来调整S形曲线，即通过调整非关键路线上的工序项目的最早或最迟开工时间，力争将实际的成本支出控制在计划的范围内。

一般而言，所有工作都按最迟必须开始时间开始，对节约资金贷款利息是有利的，但同时也降低了按期竣工的保证率，因此项目经理必须合理地确定成本支出计划，达到既能节约成本支出又能控制项目工期的目的。

以上三种编制施工成本计划的方式并不是相互独立的。在实践中，往往将这几种方式结合起来使用，从而可以取得扬长避短的效果。例如：将按项目结构编制总施工成本与按成本组成编制总施工成本两种方式相结合，横向按成本构成分解，纵向按子项目分解，或相反。这种编制方式有助于检查各分部分项工程成本组成是否完整，有无重复计算或漏算；同时还有助于检查各项具体成本支出的对象是否明确或落实，并且可以从数字上校核编制的结果有无错误。还可以将按项目结构编制总成本计划与按工程实施阶段编制总成本计划结合起来，一般纵向按子项目分解，横向按时间分解。

6.3　成本控制

成本控制是在项目成本的形成过程中，对生产经营所消耗的人力资源、物资资源和费用开支进行指导、监督、检查和调整，及时纠正将要发生和已经发生的偏差，把各项生产费用控制在计划成本的范围之内，以保证成本目标的实现。

6.3.1　成本控制的依据

成本控制的依据包括以下内容：

1）合同文件

成本控制要以合同为依据，围绕降低工程成本这个目标，从预算收入和实际成本两方面，研究节约成本、增加收益的有效途径，以求获得最大的经济效益。

2）成本计划

成本计划是根据项目的具体情况制订的施工成本控制方案，既包括预定的具体成本控制目标，又包括实现控制目标的措施和规划，是施工成本的指导文件。

3）进度报告

进度报告提供了对应节点的工程实际完成量、工程成本实际支付情况等重要信息。成本控制工作正是通过实际情况与施工成本计划相比较，找出两者之间的差别，分析偏差产生的原因，从而采取措施改进以后的工作。此外，进度报告还有助于管理者及时发现工程实施中存在的隐患，并在可能造成重大损失之前采取有效的措施，尽量避免损失。

4）工程变更与索赔资料

在项目的实施过程中，由于各方的原因，工程变更是很难避免的。工程变更一般包括设计变更、进度计划变更、施工条件变更、技术规范与标准变更、施工次序变更、工程量变更等。一旦出现变更，工程量、工期、成本都有可能发生变化，从而使得成本控制工作变得更加复杂和困难。因此，成本管理人员应当通过对变更与索赔中各类数据的计算、分析，及时掌握变更情况，包括已发生工程量、将要发生工程量、工期是否拖延、支付情况等重要信息，判断变更索赔可能带来的成本增减。

5）各种资源的市场价格信息

根据各种资源的市场价格信息和项目的实施情况，计算项目的成本偏差，估计成本的发展趋势。

6.3.2　成本控制的程序

要做好成本的过程控制，必须制定规范化的过程控制程序。成本控制程序有两类，一类是管理行为控制程序，另一类是指标控制程序。管理行为控制程序是对成本全过程控制的基础，指标控制程序则是成本过程控制的重点。两个程序既相互独立又相互联系，既相互补充又相互制约。

1）管理行为控制程序

管理行为控制的目标是确保每个岗位人员在成本管理过程中的管理行为符合事先确定的程序和方法的要求。从这个意义上讲，首先要清楚企业建立的成本管理体系是否能对成本形成的过程进行有效的控制，其次要考察成本管理体系是否处于有效的运行状态。管理行为控制程序就是为规范项目成本管理行为而制定的约束和激励体系，其内容如下：

（1）建立项目成本管理体系的评审组织和评审程序

成本管理体系的建立不同于质量管理体系，质量管理体系反映的是企业的质量保证能力，由社会有关组织进行评审和认证；成本管理体系的建立是企业自身生存发展的需要，没有社会组织来评审和认证，因此企业必须建立项目成本管理体系的评审组织和评审程序，定期进行评审和总结，持续改进。

（2）建立项目成本管理体系运行的评审组织和评审程序

项目成本管理体系的运行有一个逐步推行的过程。一个企业的各分公司、项目管理机构的运行质量往往是不均衡的。因此，必须建立常设组织，依照程序定期地进行检查和评审，发现问题，总结经验，以保证成本管理体系的持续改进。

（3）目标考核，定期检查

管理行为控制程序文件应明确每个岗位人员在成本管理中的职责，确定每个岗位人员的管理行为，如应提供的报表、提供的时间和原始数据的质量要求等。要把每个岗位人员是否按要求履行职责作为一个目标来考核。为了方便检查，应将考核目标具体化，并设专人定期或不定期地检查。

（4）定制对策，纠正偏差

对管理人员进行管理行为控制的目的是保证管理工作按预定的程序和标准进行，从而保证项目成本管理能够达到预期的目的。因此，对检查中发现的问题，要及时进行分析，然后根据不同的情况，及时采取对策。

2）指标控制程序

能否达到预期的成本目标，是成本控制成功与否的关键。对各岗位人员的成本管理行为进行控制，就是为了保证成本目标的实现。项目成本指标控制程序如下：

（1）确定成本管理分层次目标

在工程开工之初，项目管理机构应根据《项目承包合同》确定项目的成本管理目标，并根据工程进度计划确定月度成本计划目标。

（2）采集成本数据，监测成本形成过程

在施工过程中定期收集反映施工成本支出情况的数据，并将实际发生情况与目标计划进行对比，从而保证有效地控制成本的整个形成过程。

（3）找出偏差，分析原因

施工过程是一个多工种、多方位立体交叉的复杂活动，成本的发生和形成是很难按预定的目标进行的，因此，需要及时分析偏差产生的原因，分清是客观因素（如市场调价）还是人为因素（如管理行为失控）。

（4）制定对策，纠正偏差

过程控制的目的在于不断纠正成本形成过程中的偏差，保证成本项目的运行在预定范围之内。针对产生偏差的原因及时制定对策并予以纠正。

（5）调整改进成本管理方法

用成本指标考核管理行为，用管理行为来保证成本指标。管理行为的控制程序和成本指标的控制程序是对项目施工成本进行过程控制的主要内容，这两个程序在实施过程中，是相互交叉、相互制约又相互联系的。只有把成本指标的控制程序和管理行为的控制程序相结合，才能保证成本管理工作有序地、富有成效地进行。成本指标控制程序图如图6-3所示。

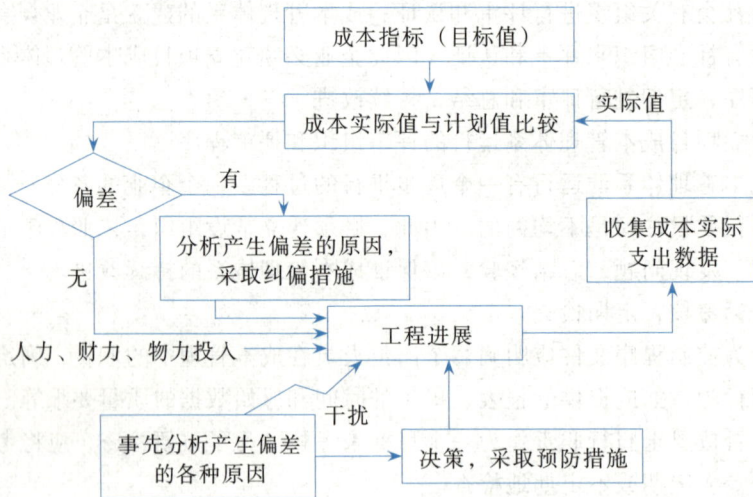

图6-3　成本指标控制程序图

6.3.3　成本控制的方法

1）成本的过程控制方法

施工阶段是成本发生的主要阶段，这个阶段的成本控制主要通过确定控制方法，并按计划成本组织施工，合理配置资源，对施工现场发生的各项成本过程费用进行有效控制。其具体的控制方法如下：

（1）人工费的控制

人工费的控制实行"量价分离"的方法，将作业用工及零星用工按定额工日的一定比例综合确定用工数量与单价，通过劳务合同进行控制。

①人工费的影响因素如下：

A.社会平均工资水平。建筑安装工人人工单价必须和社会平均工资水平趋同。社会平均工资水平取决于经济发展水平。我国改革开放以来经济迅速增长，社会平均工资也有大幅增长，从而导致人工单价大幅提高。

B.生产消费指数。生产消费指数的提高会导致人工单价的提高，这会减缓生活水平的下降速度，维持原来的生活水平。生活消费指数的变动取决于物价的变动，尤其取决于生活消费物价的变动。

C.劳动力市场供需变化。劳动力市场如果供不应求，人工单价就会提高；如果供过于求，人工单价就会下降。

D.政府推行的社会保障和福利政策也会影响人工单价的变动。经会审的施工图、施工定额、施工组织设计等决定人工的消耗量。

②控制人工费的方法。加强劳动定额管理、提高劳动生产率、降低工程耗用人工工日，是控制人工费支出的主要手段。

A.制定先进合理的企业内部劳动定额，严格执行劳动定额，并将安全生产、文明施工及零星用工下达到作业队进行控制。全面推行全额计件的劳动管理办法和单项工程集体承包的经济管理办法，以不超出施工图预算人工费指标为控制目标，实行工资包干制度。认真执行按劳分配的原则，使职工个人所得与劳动贡献相一致，充分调动广大职工的劳动积极性，以提高劳动力效率。把工程项目的进度、安全、质量等指标与定额管理结合起来，提高劳动者的综合能力，实行奖励制度。

B.提高生产工人的技术水平和作业队的组织管理水平，根据施工进度、技术要求，合理搭配各工种工人的数量，减少和避免无效劳动。不断改善劳动组织，创造良好的工作环境，改善工人的劳动条件，提高劳动效率。合理调节各工序人数安排情况，安排劳动力时，尽量做到技术工不做普通工的工作，高级工不做低级工的工作，避免技术上的浪费，既要加快工程进度，又要节约人工费用。

C.加强职工的技术培训和多种施工作业技能的培训，不断提高职工的业务技能水平和操作熟练程度，培养一专多能的技术工人，提高作业效率。提倡技术革新和推广新技术，提高技术装备水平和工厂化生产水平，提高企业的劳动生产率。

D.实行弹性需求的劳务管理制度。施工生产各环节上的业务骨干和基本的施工力量，要保持相对稳定。对短期需要的施工力量，要做好预测、计划管理，通过企业内部的劳务市场及外部协作队伍进行调剂。严格做到项目部的定员随工程进度要求及时进行调整，实行弹性管理。要打破行业、工种壁垒，提倡一专多能，提高劳动力的利用效率。

（2）材料费的控制

材料费控制同样按照"量价分离"原则，控制材料用量和材料价格。

A.定额控制。对于有消耗定额的材料，以消耗定额为依据，实行限额领料制度。

B.指标控制。对于没有消耗定额的材料，则实行计划管理和按指标控制的办法，根据以往项目的实际耗用情况，结合具体施工项目的内容和要求，制定领用材料指标，以控制发料。超过指标的材料，必须经过一定的审批手续方可领用。

C.计量控制。准确做好材料物资的收发计量检查和投料计量检查。

D.包干控制。在材料使用过程中，对部分小型及零星用材（如钢钉、钢丝等），根据工程量计算出所需材料量，将其折算成费用，由作业者包干使用。

材料价格主要由材料采购部门控制。由于材料价格是由买价、运杂费、运输中的合理损耗等所组成，因此主要通过掌握市场信息、应用招标和询价等方式控制材料设备的采购价格。

施工项目的材料物资，包括构成工程实体的主要材料和结构件，以及有助于工程实体形成的周转使用材料和低值易耗品。从价值角度上看，材料物资的价值约占建筑安装工程造价的60%，有的甚至占到70%以上，因此，对材料价格的控制非常重要。由于材料物资的供应渠道和管理方式各不相同，所以控制的内容和所采取的控制方法也将有所不同。

（3）施工机械使用费的控制

合理使用施工机械设备对成本控制具有十分重要的意义，尤其是在高层建筑施工中。据某些工程实例统计，高层建筑地面以上部分的总费用中，垂直运输机械费用占6% ~ 10%。由于不同的起重运输机械各有不同的特点，因此在选择起重运输机械时，首先应根据工程特点和施工条件确定所采取的起重运输机械的组合方式。在确定采用何种组合方式时，首先应满足施工需要，其次要考虑费用的高低和综合经济效益。

施工机械使用费主要由台班数量和台班单价两方面决定，因此为有效控制施工机械使用费用支出，应主要从这两方面进行控制。

（4）施工分包费用的控制

分包工程价格的高低，必然对项目管理机构的施工项目成本产生一定的影响。因此，施工项目成本控制的重要工作之一是对分包价格的控制。项目管理机构应在确定施工方案的初期就要明确需要分包的工程范围，决定分包范围的因素主要是施工项目的专业性和项目规模。对分包费用的控制，主要是做好分包工程的询价、订立平等互利的分包合同、建立稳定的分包关系网络、加强施工验收和分包结算等工作。

2）赢得值（挣值）法

（1）赢得值法的三个基本参数

①已完工作预算费用。已完工作预算费用（Budgeted Cost for Work Performed，BCWP），是指在某一时间已经完成的工作（或部分工作），以批准认可的预算为标准所需要的资金总额。由于发包人正是根据这个值为承包人完成的工作量支付相应的费用，也就是承包人获得（挣得）的金额，因此称赢得值或挣值。

已完工作预算费用（$BCWP$）=已完成工作量×预算单价

②计划工作预算费用。计划工作预算费用（Budgeted Cost for Work Scheduled，BCWS），是指根据进度计划在某一时刻应当完成的工作（或部分工作），以预算为标准所需要的资金总额。一般来说，除非合同有变更，BCWS在工程实施过程中应保持不变。

计划工作预算费用（BCWS）=计划工作量×预算单价

③已完工作实际费用。已完工作实际费用（Actual Cost for Work Performed，ACWP），是指到某一时刻为止，已完成的工作（或部分工作）所实际花费的总金额。

已完工作实际费用（ACWP）=已完成工作量×实际单价

（2）赢得值法的四个评价指标

在三个基本参数的基础上，可以确定赢得值法的四个评价指标，它们都是时间的函数。

①费用偏差（Cost Variance，CV）

费用偏差（CV）=已完工作预算费用（BCWP）-已完工作实际费用（ACWP）

当费用偏差 CV 为负值时，即表示项目运行超出预算费用；

当费用偏差 CV 为正值时，表示项目运行节支，实际费用没有超出预算费用。

②进度偏差（Schedule Variance，SV）

进度偏差（SV）=已完工作预算费用（BCWP）-计划工作预算费用（BCWS）

当进度偏差 SV 为负值时，表示进度延误，即实际进度落后于计划进度；

当进度偏差 SV 为正值时，表示进度提前，即实际进度快于计划进度。

【例 6-1】某工程施工至 2025 年 9 月底，经统计分析得：已完工作预算费用为 1 700 万元，已完工作实际费用为 2 000 万元，计划工作预算费用为 1 800 万元，则该工程此时的费用偏差和进度偏差各为多少？

【解】费用偏差=1 700-2 000=-300（万元）

说明工程费用超支 300 万元。

进度偏差=1 700-1 800=-100（万元）

说明工程进度拖后。

③费用绩效指数（CPI）

费用绩效指数（CPI）=已完工作预算费用（BCWP）÷已完工作实际费用（ACWP）

当费用绩效指数（CPI）<1 时，表示超支，即实际费用高于预算费用；

当费用绩效指数（CPI）>1 时，表示节支，即实际费用低于预算费用。

④进度绩效指数（SPI）

进度绩效指数（SPI）=已完工作预算费用（BCWP）÷计划工作预算费用（BCWS）

当进度绩效指数（SPI）<1 时，表示进度延误，即实际进度比计划进度慢；

当进度绩效指数（SPI）>1 时，表示进度提前，即实际进度比计划进度快。

费用（进度）偏差反映的是绝对偏差，结果很直观，有助于费用管理人员了解项目费用出现偏差的绝对数额，并依此采取一定措施，制订或调整费用支出计划和资金筹措计划。但是，绝对偏差有其不容忽视的局限性。如同样是 10 万元的费用偏差，对于总费用 1 000 万元的项目和总费用 1 亿元的项目而言，其严重性显然是不同的。因此，费用（进度）偏差仅适合于对同一项目作偏差分析。费用（进度）绩效指数反映的是相对偏差，它不受项目层次的限制，也不受项目实施时间的限制，因而在同一项目和不同项目比较中均可采用。

在项目的费用、进度综合控制中引入赢得值法，可以克服过去进度、费用分开控制的缺点，即当发现费用超支时，很难立即判断是由于费用超出预算，还是进度提前；相反，当发现费用低于预算时，也很难立即判断是由于费用节省，还是进度拖延。而引入赢得值法即可定量地判断进度、费用的执行效果。

3）偏差分析的表达方法

偏差分析可以采用不同的表达方法，常用的有横道图法、表格法、时标网络图法和曲线法。

（1）横道图法

用横道图法进行费用偏差分析，是用不同的横道标识已完工作预算费用、计划工作预算费用和已完工作实际费用，横道的长度与其金额成正比。如图6-4所示。

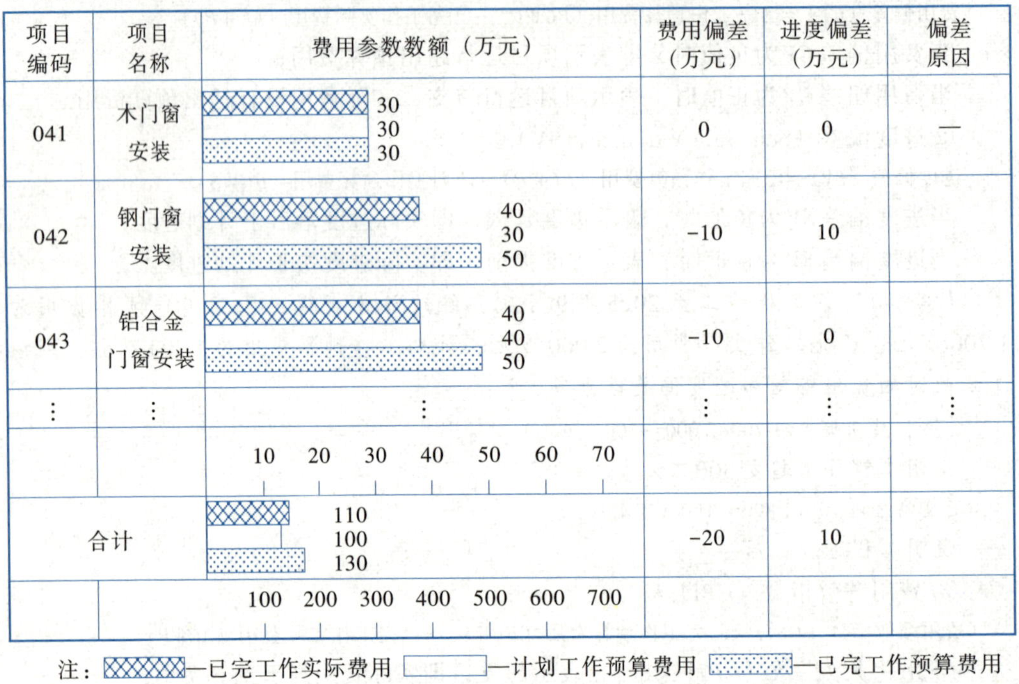

项目编码	项目名称	费用参数数额（万元）	费用偏差（万元）	进度偏差（万元）	偏差原因
041	木门窗安装	30 30 30	0	0	—
042	钢门窗安装	40 30 50	−10	10	
043	铝合金门窗安装	40 40 50	−10	0	
⋮	⋮	⋮	⋮	⋮	⋮
		10　20　30　40　50　60　70			
	合计	110 100 130	−20	10	
		100　200　300　400　500　600　700			

注：▨▨▨—已完工作实际费用　▭—计划工作预算费用　▨▨▨—已完工作预算费用

图6-4　费用偏差分析的横道图法

横道图法具有形象、直观、一目了然等优点，它能够准确表达出费用的绝对偏差，而且能直观地表明偏差的严重性。但这种方法反映的信息量小，一般在项目的较高管理层中应用。

（2）表格法

表格法是进行偏差分析最常用的一种方法，它将项目编码、名称、费用及偏差数综合归纳入一张表格，并且直接在表格中进行比较。由于各偏差参数都在表中列出，因此费用管理者能够综合地了解并处理这些数据。

用表格法进行偏差分析具有如下优点：

①灵活、实用性强。可根据实际需要设计表格，进行增减项。

②信息量大。可以反映偏差分析所需的资料，从而有利于费用控制人员及时采取针对性措施，加强控制。

③表格处理可借助计算机，从而节约大量数据处理所需的人力，并大大提高速度。

表6-2为用表格法分析某基础工程在一周内的费用偏差和进度偏差。

表6-2 费用偏差和进度偏差分析表

项目编码		021		022		023	
项目名称		土方开挖工程		打桩工程		混凝土基础工程	
费用及偏差	代码或计算式	单位	数量	单位	数量	单位	数量
计划单价	(1)	元/m³	6	元/m	8	元/m³	10
拟完工程量	(2)	m³	500	m	80	m³	200
拟完工程计划费用	(3)=(1)×(2)	元	3 000	元	640	元	2 000
已完工程量	(4)	m³	600	m	90	m³	180
已完工程计划费用	(5)=(1)×(4)	元	3 600	元	720	元	1 800
实际单价	(6)	元/m³	7	元/m	7	元/m³	9
已完工程实际费用	(7)=(4)×(6)	元	4 200	元	630	元	1 620
费用偏差	(8)=(5)-(7)	元	-600	元	90	元	180
费用绩效指数	(9)=(5)÷(7)	—	0.857	—	1.143		1.111
进度偏差	(10)=(5)-(3)	元	600	元	80	元	-200
进度绩效指数	(11)=(5)÷(3)	—	1.2	—	1.125		0.9

（3）时标网络图法

应用时标网络图法进行费用偏差分析，是根据时标网络图得到每一时间段拟完工程计划费用、根据实际工作完成情况测得已完工程实际费用，并通过分析时标网络图中的实际进度前锋线，得出每一时间段已完工程计划费用，即可分析费用偏差和进度偏差。

实际进度前锋线表示整个工程项目目前实际完成的工作面情况，将某一确定时点下时标网络图中各项工作的实际进度点相连就可得到实际进度前锋线。

时标网络图法具有简单、直观的优点，可用来反映累计偏差和局部偏差，但实际进度前锋线的绘制需要以工程网络计划为基础。

（4）曲线法

在项目实施过程中，赢得值法的三个基本参数可以形成三条曲线，即计划工作预算费用（BCWS）、已完工作预算费用（BCWP）、已完工作实际费用（ACWP）曲线，如图6-5所示。

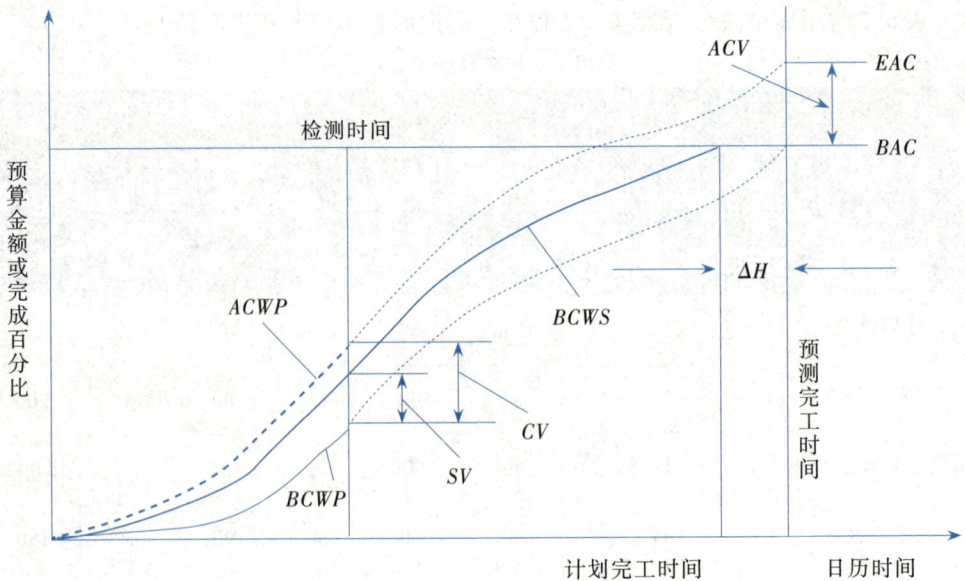

图6-5　赢得值法评价曲线

图6-5中：$CV=BCWP-ACWP$，由于两项参数均以已完工作为计算基准，所以两项参数之差，反映项目进展的费用偏差。

$SV=BCWP-BCWS$，由于两项参数均以预算值（计划值）作为计算基准，所以两者之差，反映项目进展的进度偏差。

采用赢得值法进行费用、进度综合控制，还可以根据当前的进度、费用偏差情况，通过原因分析，对趋势进行预测，预测项目结束时的进度、费用情况。图6-5中：

BAC（Budget at Completion）——项目完工预算，指编制计划时预计的项目完工费用；

EAC（Estimate at Completion）——预测的项目完工估算，指计划执行过程中根据当前的进度、费用偏差情况预测的项目完工总费用；

ACV（at Completion Variance）——预测项目完工时的费用偏差。

$ACV=BAC-EAC$

4）偏差原因分析与纠偏措施

（1）偏差原因分析

在实际执行过程中，最理想的状态是已完工作实际费用（ACWP）、计划工作预算费用（BCWS）、已完工作预算费用（BCWP）三条曲线靠得很近、平稳上升，表示项目按预定计划目标进行。如果三条曲线离散度不断增加，则可能出现较大的投资偏差。

偏差分析的一个重要目的就是要找出引起偏差的原因，从而采取有针对性的措施，减少或避免相同问题的再次发生。在进行偏差原因分析时，首先应当将已经导致和可能导致偏差的各种原因逐一列举出来。导致不同工程项目产生费用偏差的原因具有一定共性，因而可以通过已建项目的费用偏差原因进行归纳、总结，为该项目采取预防措施提供依据。

一般来说，产生费用偏差的原因如图6-6所示。

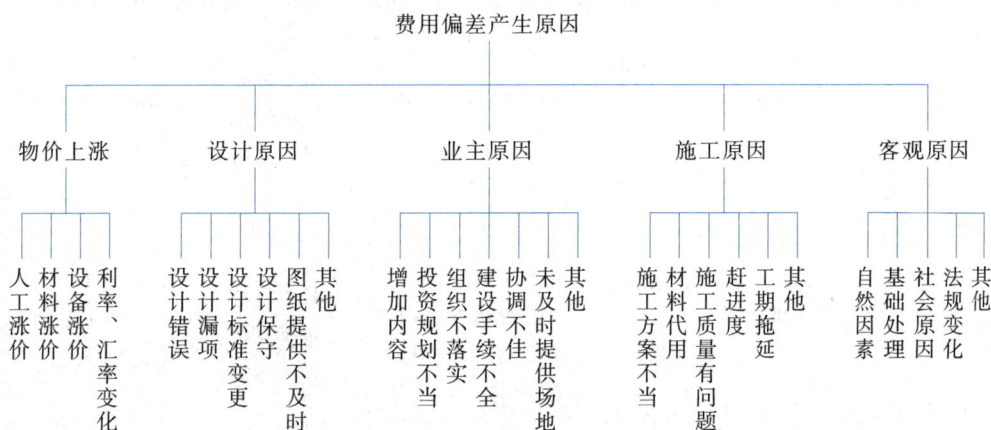

费用偏差产生原因

物价上涨：人工涨价、材料涨价、设备涨价、利率、汇率变化

设计原因：设计错误、设计漏项、设计标准变更、图纸提供不及时、其他

业主原因：增加内容、投资规划不当、组织不落实、建设手续不全、协调不佳、未及时提供场地、其他

施工原因：施工方案不当、材料代用、施工质量有问题、赶进度、工期拖延、其他

客观原因：自然因素、基础处理、社会原因、法规变化、其他

图6-6　费用偏差产生原因

（2）纠偏措施

通常，要压缩已经超支的费用而不影响其他目标是十分困难的，一般只有当给出的措施比原计划已选定的措施更为有利时，如使工程范围缩小或生产效率提高，成本才能降低。一些纠偏措施如下：

①寻找新的、效率更高的设计方案；

②购买部分产品，而不是采用完全由自己生产的产品；

③重新选择供应商，但会产生供应风险，选择需要时间；

④改变实施过程；

⑤变更工程范围；

⑥索赔，如向业主、承（分）包商、供应商索赔以弥补费用超支。

表6-3为赢得值法参数分析与对应措施表。

表6-3　赢得值法参数分析与对应措施表

序号	图形	三参数关系	分析	措施
1	BCWS、ACWP、BCWP	$ACWP>BCWS>BCWP$ $SV<0$；$CV<0$	效率低 进度较慢 投入延后	用工作效率高的人员更换一批工作效率低的人员
2	BCWS、BCWP、ACWP	$BCWP>BCWS>ACWP$ $SV>0$；$CV>0$	效率高 速度较快 投入超前	若偏离不大，维持现状

续表

序号	图形	三参数关系	分析	措施
3		$BCWP>ACWP>BCWS$ $SV>0$；$CV>0$	效率较高 进度快 投入超前	抽出部分人员，放慢进度
4		$ACWP>BCWP>BCWS$ $SV>0$；$CV<0$	效率较低 进度较快 投入超前	抽出部分人员，增加少量骨干人员
5		$BCWS>ACWP>BCWP$ $SV<0$；$CV<0$	效率较低 进度慢 投入延后	增加高效人员投入
6		$BCWS>BCWP>ACWP$ $SV<0$；$CV<0$	效率较高 进度较慢 投入延后	迅速增加人员投入

6.4 成本核算

6.4.1 成本核算的原则、依据、范围和程序

1）成本核算的原则

项目成本核算应坚持形象进度、产值统计、成本归集同步的原则，即三者的取值范围应是一致的。形象进度表达的工程量、统计施工产值的工程量和实际成本归集所依据的工程量均应是相同的数值。

2）成本核算的依据

成本核算的依据包括：

（1）各种财产物资的收发、领退、转移、报废、清查、盘点资料。做好各项财产物资的收发、领退、清查和盘点工作，是正确计算成本的前提条件。

（2）与成本核算有关的各项原始记录和工程量统计资料。

（3）工时、材料、费用等各项内部消耗定额以及材料、结构件、作业、劳务的内部结算指导价。

3）成本核算的范围

工程成本包括从建造合同签订开始至合同完成时所发生的、与执行合同有关的直接费用和间接费用。

直接费用是指为完成合同所发生的、可以直接计入合同成本核算对象的各项费用支出。直接费用包括：①耗用的材料费用；②耗用的人工费用；③耗用的机械使用费；④其他直接费用，指其他可以直接计入合同成本的费用。

间接费用是企业下属的施工单位或生产单位为组织和管理施工生产活动所发生的费用。

施工企业在核算产品成本时，就是按照成本项目来归集企业在施工生产经营过程中所发生的应计入成本核算对象的各项费用。其中，人工费、材料费、机械使用费和其他直接费用等直接成本费用，直接计入有关工程成本。间接费用可先通过费用明细科目进行归集，期末再按确定的方法分配计入有关工程成本核算对象的成本中。

4）成本核算的程序

成本核算是企业会计核算的重要组成部分，应当根据工程成本核算的要求和作用，按照企业会计核算程序的总体要求，确立工程成本核算程序。工程成本核算的程序为：

（1）对所发生的费用进行审核，以确定应计入工程成本费用和计入各项期间费用的数额。

（2）将应计入工程成本的各项费用，区分为哪些应当计入本月的工程成本，哪些应由其他月份的工程成本负担。

（3）将每个月应计入工程成本的生产费用，在各个成本对象之间进行分配和归集，计算各工程成本。

（4）对未完工程进行盘点，以确定本期已完工程实际成本。

（5）将已完工程成本转入工程结算成本，核算竣工工程实际成本。

6.4.2 成本核算的方法

施工项目成本核算的方法主要有表格核算法和会计核算法。

1）表格核算法

表格核算法是指核算单位和各部门定期采集信息，按照有关规定填制一系列表格，完成数据比较、考核，形成工程项目成本的核算体系，作为支撑工程项目成本核算的平台。这种核算的优点是简便易懂，方便操作，实用性较好；缺点是难以实现较为科学严密的审核制度，精度不高，覆盖面较小。

2）会计核算法

会计核算法是建立在对工程项目进行全面核算的基础上，利用收支全面核实和借贷记账法的综合特点，按照施工项目成本的收支范围和内容，进行施工项目成本核算。会计核算法不仅核算工程项目施工的直接成本，还要核算工程项目在施工过程中出现的债权债务、为施工生产而自购的工具费用、器具摊销费用、向发包单位的报量和收款、分包完成和分包付款等。这种核算方法的优点是科学严密，人为控制的因素较小而且核算的覆盖面较大；缺点是对核算工作人员的专业水平和工作经验都要求较高。项目财务部门一般采用此种方法。

3）两种核算方法的综合使用

因为表格核算法具有操作简单和格式自由等特点，因而对工程项目内各岗位成本的责任核算比较实用。施工单位除了对整个企业的生产经营进行会计核算外，还应在工程项目上设成本会计岗位，进行工程项目成本核算，以减少数据的传递程序，提高数据的及时性，便于与表格核算的数据对接。总的来说，用表格核算法进行工程项目施工各岗位成本的责任核算和控制，用会计核算法进行工程项目成本核算，两者互补，相得益彰，以确保工程项目成本核算工作的开展。

6.5　成本分析和成本考核

6.5.1　成本分析的依据、内容、步骤和方法

1）成本分析的依据

通过成本分析，可从账簿、报表反映的成本现象中看清楚成本的实质，从而增强项目成本的透明性和可控性，为加强成本控制、实现项目成本目标创造条件。项目成本分析的依据包括：项目成本计划，项目成本核算资料，项目的会计核算、统计核算和业务核算资料。其中，主要依据的是会计核算、统计核算和业务核算所提供的资料。

（1）会计核算

会计核算主要是价值核算。会计是对一定单位的经济业务进行计量、记录、分析和检查，作出预测、参与决策、实行监督，旨在实现最优经济效益的一种管理活动。它通过设置账户、复式记账、填制和审核凭证、登记账簿、成本计算、财产清查和编制会计报表等一系列有组织有系统的活动，来记录企业的一切生产经营行为，然后据此产生一些用货币来反映的有关各种综合性经济指标的数据，如资产、负债、所有者权益、收入、费用和利润等。由于会计记录具有连续性、系统性、综合性等特点，所以是施工成本分析的重要依据。

（2）统计核算

统计核算是利用会计核算资料和业务核算资料，将企业生产经营活动客观现状的大量数据，按统计方法加以系统整理，以发现其规律性。它的计量尺度比会计宽，可以用货币计量，也可以用实物或劳动量计量。它通过全面调查和抽样调查等特有的方法，不仅能提供绝对数指标，还能提供相对数和平均数指标；不仅可以计算当前的实际水平，还可以确定变动速度以预测发展的趋势。

（3）业务核算

业务核算是各业务部门根据业务工作的需要建立的核算制度。其包括原始记录和计算登记表，如单位工程及分部分项工程进度登记，质量登记，工效、定额计算登记，物资消耗定额记录，测试记录等。业务核算的范围比会计、统计核算要广。会计和统计核算一般是对已经发生的经济活动进行核算，而业务核算不但可以核算已经完成的项目是否达到原定的目的、取得预期的效果，而且可以对尚未发生或正在发生的经济活动进行核算，以确定该项经济活动是否有经济效果，是否有执行的

必要。它的特点是对个别的经济业务进行单项核算，例如各种技术措施、新工艺等项目。业务核算的目的在于迅速取得资料，以便在经济活动中及时采取措施进行调整。

2）成本分析的内容

成本分析的内容包括：

（1）时间节点成本分析。

（2）工作任务分解单元成本分析。

（3）组织单元成本分析。

（4）单项指标成本分析。

（5）综合项目成本分析。

3）成本分析的步骤

成本分析应遵循下列步骤：

（1）选择成本分析方法。

（2）收集成本信息。

（3）进行成本数据处理。

（4）分析成本形成原因。

（5）确定成本分析结果。

4）成本分析的方法

由于项目成本涉及的范围很广，需要分析的内容较多，因此应该在不同的情况下采取不同的分析方法，除了成本分析的基本方法外，还有综合成本的分析方法、成本项目的分析方法和专项成本的分析方法等。

（1）成本分析的基本方法

成本分析的基本方法包括比较法、因素分析法、差额计算法、比率法等。

①比较法。比较法又称"指标对比分析法"，是指对比技术经济指标，检查目标的完成情况，分析产生差异的原因，进而挖掘降低成本的方法。这种方法通俗易懂、简单易行、便于掌握，因而得到了广泛的应用。但在应用时必须注意各技术经济指标的可比性。比较法的应用通常有以下形式：将实际指标与目标指标对比；本期实际指标与上期实际指标对比；与本行业平均水平、先进水平对比。

②因素分析法。因素分析法又称连环置换法，可用来分析各种因素对成本的影响程度。在进行分析时假定众多因素中的一个因素发生了变化，其他因素则不变，然后逐个替换，分别比较其计算结果，以确定各个因素的变化对成本的影响程度。

③差额计算法。差额计算法是因素分析法的一种简化形式，它利用各个因素的目标值与实际值的差额来计算其对成本的影响程度。

④比率法。比率法是指用两个以上的指标的比例进行分析的方法。它的基本特点是：先把对比分析的数值变成相对数，再观察其相互之间的关系。常用的比率法有以下几种：

A.相关比率法。由于项目经济活动的各个方面是相互联系、相互依存、相互影响的，因而可以将两个性质不同但相关的指标加以对比，求出比率，并以此来考察经营成果的好坏。例如：产值和工资是两个不同的概念，但它们是投入与产出的关系。

在一般情况下，都希望以最少的工资支出完成最大的产值。因此，用产值工资率指标来考核人工费的支出水平，可以很好地分析人工成本。

B.构成比率法。构成比率法又称比重分析法或结构对比分析法。通过构成比率，可以考察成本总量的构成情况及各成本项目占总成本的比重，同时也可以看出预算成本和实际成本的比例关系，从而寻求降低成本的途径。

C.动态比率法。动态比率法是将同类指标不同时期的数值进行对比，求出比率，以分析该项指标的发展方向和发展速度。动态比率的计算，通常采用基期指数和环比指数两种方法。

（2）综合成本的分析方法

综合成本是指涉及多种生产要素，并受多种因素影响的成本费用，如分部分项工程成本、月（季）度成本、年度成本等。由于这些成本都是随着项目施工的进展而逐步形成的，与生产经营有着密切的关系，因此，做好上述成本的分析工作，无疑将促进项目的生产经营管理，提高项目的经济效益。

①分部分项工程成本分析。分部分项工程成本分析是施工项目成本分析的基础。分部分项工程成本分析的对象为已完工分部分项工程，分析的方法是：进行预算成本、目标成本和实际成本的"三算"对比，分别计算实际偏差和目标偏差，分析偏差产生的原因，为今后的分部分项工程成本寻求节约途径。

分部分项工程成本分析的资料来源为：预算成本来自投标报价成本，目标成本来自施工预算，实际成本来自施工任务单的实际工程量、实耗人工和限额领料单的实耗材料。

②月（季）度成本分析。月（季）度成本分析，是施工项目定期的、经常性的中间成本分析，对于施工项目来说具有特别重要的意义。通过月（季）度成本分析，可以及时发现问题，以便按照成本目标指定的方向进行监督和控制，保证项目成本目标的实现。

③年度成本分析。企业成本要求一年结算一次，不得将本年成本转入下一年度。而项目成本则以项目的寿命周期为结算期，要求从开工到竣工直至保修期结束连续计算，最后算出总成本及其盈亏。由于项目的施工周期一般较长，除进行月（季）度成本核算和分析外，还要进行年度成本的核算和分析。这不仅是企业汇编年度成本报表的需要，同时也是项目成本管理的需要，通过年度成本的综合分析，可以总结一年来成本管理的成绩和不足，重点是为今后的成本管理提供经验和教训，并针对下一年度的施工进展情况制定切实可行的成本管理措施，以保证施工项目成本目标的实现。

④竣工成本的综合分析。如果施工项目有几个成本核算（单位工程）对象且单独进行成本核算，其竣工成本分析应以各单位工程竣工成本分析资料为基础，再加上项目管理层的经营效益（如资金调度、对外分包等所产生的效益）预测进行综合分析。如果施工项目只有一个成本核算对象（单位工程），就以该成本核算对象的竣工成本资料作为成本分析的依据。

（3）成本项目的分析方法

①人工费分析。项目施工需要的人工和人工费，由项目管理机构与作业队签订劳

务分包合同，明确承包范围、承包金额和双方的权利义务。

②材料费分析。材料费分析包括主要材料和结构件费用分析、周转材料使用费分析、采购保险费分析，以及材料储备资金分析。

A.主要材料和结构件费用分析。主要材料和结构件费用的高低，主要受价格和消耗数量的影响。材料价格的变动，受采购价格、运输费用、途中损耗、供应不足等因素的影响；材料消耗数量的变动，则受操作损耗、管理损耗和返工损失等因素的影响。因此，可在价格变动较大和数量超用异常的时候再作深入分析。

B.周转材料使用费分析。在实行周转材料内部租赁制的情况下，项目周转材料费的节约或超支，取决于材料周转率和损耗率。周转减慢，则材料周转的时间加长，租赁费支出就增加；而超过规定的损耗，则要照价赔偿。

C.采购保管费分析。材料采购保管费属于材料的采购成本，其包括：材料采购保管人员的工资、工资附加费、劳动保护费、办公费、差旅费，以及材料采购保管过程中发生的固定资产使用费、工具用具使用费、检验试验费、材料整理及零星运费、材料物资的盘亏及毁损等。材料采购保管费一般应与材料采购数量同步，即材料采购多，采购保管费也会相应增加。因此，应根据每月实际采购的材料数量（金额）和实际发生的材料采购保管费，分析保管费率的变化。

D.材料储备资金分析。材料的储备资金是根据日平均用量、材料单价和储备天数（即从采购到进场所需要的时间）计算的。上述任何一个因素变动，都会影响储备资金的占用量。材料储备资金的分析，可以应用"因素分析法"。储备天数是影响储备资金的关键因素，因此，材料采购人员应该选择运距短的供应单位，尽可能减少材料采购的中转环节，缩短储备天数。

③机械使用费分析。由于项目施工具有一次性，项目管理机构不可能拥有自己的机械设备，而是随着施工的需要，向企业动力部或外单位租用。在机械设备的租用过程中，存在两种情况：一种是按产量进行承包，并按完成产量计算费用，如土方工程。项目管理机构只要按实际挖掘的土方工程量结算挖土费用，而不必考虑挖土机械的完好程度和利用程度。另一种是按使用时间（台班）计算机械费用，如塔式起重机、搅拌机、砂浆机等，如果机械完好率低或在使用中调度不当，必然会影响机械的利用率，从而延长使用时间，增加使用费。因此，项目管理机构应该给予一定的重视。

④管理费分析。管理费分析，也应通过预算（或计划）数与实际数的比较来进行。

（4）专项成本的分析方法

与成本有关的特定事项的分析，包括成本盈亏异常分析、工期成本分析和资金成本分析等内容。

①成本盈亏异常分析。施工项目出现成本盈亏异常情况，必须引起高度重视，必须彻底查明原因并及时纠正。

检查成本盈亏异常的原因，应从经济核算的"三同步"入手。因为项目经济核算的基本规律是：在完成多少产值、消耗多少资源、发生多少成本之间，有着必然的同步关系。如果违背这个规律，就会发生成本的盈亏异常。

②工期成本分析。工期成本分析是对计划工期成本与实际工期成本的比较分析。计划工期成本是指在假定完成预期利润的前提下计划工期内所耗用的成本；而实际成本是在实际工期中耗用的成本。

工期成本分析一般采用比较法，即将计划工期成本与实际工期成本进行比较，然后应用"因素分析法"分析各种因素的变动对工期成本差异的影响程度。

③资金成本分析。资金与成本的关系是指工程收入与成本支出的关系。根据工程成本核算的特点，工程收入与成本支出有着很强的相关性。进行资金成本分析通常应用"成本支出率"指标，即成本支出占工程款收入的比例，计算公式如下：

成本支出率=计算期实际成本支出÷计算期实际工程款收入×100%

通过对"成本支出率"的分析，可以看出资金收入中用于成本支出的比重。结合储备金和结存资金的比重，分析资金使用的合理性。

6.5.2　成本考核的依据和方法

成本考核是衡量成本降低的实际成果，也是对成本指标完成情况的总结和评价。组织应根据项目成本管理制度，确定项目成本考核目的、时间、范围、对象、方式、依据、指标、组织领导、评价与奖惩原则。

1）成本考核的依据

成本考核的依据包括成本计划、成本控制、成本核算和成本分析的资料。成本考核的主要依据是成本计划确定的各类指标。

成本计划一般包括以下三类指标：

（1）成本计划的数量指标，如：

①按子项汇总的工程项目计划总成本指标。

②按分部汇总的各单位工程计划成本指标。

③按人工、材料、机具等各主要生产要素划分的计划成本指标。

（2）成本计划的质量指标，如项目成本降低率：

设计预算总成本计划降低率=设计预算总成本计划降低额÷设计预算总成本

责任目标总成本计划降低率=责任目标总成本计划降低额÷责任目标总成本

（3）成本计划的效益指标，如项目成本降低额：

设计预算总成本计划降低额=设计预算总成本−计划总成本

责任目标总成本计划降低额=责任目标总成本−计划总成本

2）成本考核的方法

公司应以项目成本降低额、项目成本降低率作为对项目管理机构成本考核的主要指标。要加强公司层对项目管理机构的指导，并充分依靠管理人员、技术人员和作业人员的经验和智慧，防止项目管理在企业内部异化为靠少数人承担风险的以包代管模式。成本考核也可分别考核公司层和项目管理机构。

公司应对项目管理机构的成本和效益进行全面评价、考核与奖惩。公司对项目管理机构进行考核与奖惩时，既要防止虚盈实亏，也要避免实际成本归集差错等的影响，使成本考核真正做到公平、公正、公开，并在此基础上落实成本管理责任制的奖惩措施。项目管理机构应根据成本考核结果对相关人员进行奖惩。

单元总结

建设工程项目成本控制有多种类型，代表不同利益方的成本管理都有成本控制的任务，但是，其成本控制的构成和目标并不相同；本单元主要从建设工程项目施工成本管理角度进行阐述。

本单元内容包括：成本管理的任务、程序和措施，成本计划，成本控制，成本核算，成本分析和成本考核等。

单元练习

一、单项选择题

1.关于建设工程项目成本管理的任务，下列说法正确的是（　　）。

A.成本管理仅在施工阶段进行

B.成本管理的任务包括成本预测、计划、控制、核算、分析和考核

C.成本管理的目标是成本最低化，不考虑工期和质量

D.成本管理的责任仅在企业层面

2.施工成本计划的编制基础是（　　）。

A.成本预测　　　　B.成本核算　　　　C.成本分析　　　　D.成本控制

3.关于成本控制的方法，下列说法错误的是（　　）。

A.人工费的控制实行"量价分离"方法

B.材料费控制按照"量价分离"原则，控制材料用量和价格

C.施工机械使用费的控制主要通过控制台班数量和单价

D.施工分包费用的控制主要通过控制分包工程数量

4.在成本控制中，关于管理行为控制程序和指标控制程序的说法正确的是（　　）。

A.管理行为控制程序是对成本全过程控制的基础

B.指标控制程序是成本控制的重点

C.两者既相互独立又相互联系，既相互补充又相互制约

D.以上说法都正确

5.关于赢得值法的三个基本参数，下列说法错误的是（　　）。

A.已完工作预算费用（BCWP）是指在某一时间已经完成的工作，以批准认可的预算为标准所需要的资金总额

B.计划工作预算费用（BCWS）是指根据进度计划在某一时刻应当完成的工作，以预算为标准所需要的资金总额

C.已完工作实际费用（ACWP）是指到某一时刻为止，已完成的工作所实际花费的总金额

D.BCWS在工程实施过程中应根据实际情况进行调整

6.在成本分析中，关于比较法的说法错误的是（　　）。

A.比较法是通过对比技术经济指标，检查目标的完成情况，分析产生差异的原因

B.比较法的应用通常有以下形式：将实际指标与目标指标对比；本期实际指标与

上期实际指标对比；与本行业平均水平、先进水平对比

C.比较法的优点是通俗易懂、简单易行、便于掌握

D.在应用时必须注意各技术经济指标的可比性，但无须考虑其他因素的影响

7.关于成本核算的方法，下列说法正确的是（   ）。

A.表格核算法的优点是简便易懂，方便操作，实用性较好

B.会计核算法的优点是科学严密，人为控制的因素较小而且核算的覆盖面较大

C.表格核算法和会计核算法可以结合使用，相得益彰

D.以上说法都正确

8.在成本控制中，关于经济措施的说法错误的是（   ）。

A.经济措施是最易为人们所接受和采用的措施

B.经济措施包括编制资金使用计划，确定、分解成本管理目标

C.经济措施仅是财务人员的事情，与其他管理人员无关

D.经济措施的运用需要管理人员具备一定的财务知识

9.关于成本计划的类型，下列说法正确的是（   ）。

A.竞争性成本计划是在施工项目投标及签订合同阶段的估算成本计划

B.指导性成本计划是以合同价为依据，按照企业的预算定额标准制订的预算成本
计划

C.实施性成本计划是以项目实施方案为依据，采用企业的施工定额通过施工预算
的编制而形成的实施性成本计划

D.以上说法都正确

10.关于成本考核的依据和方法，下列说法错误的是（   ）。

A.成本考核的依据包括成本计划、成本控制、成本核算和成本分析的资料

B.成本考核的主要依据是成本计划确定的各类指标

C.公司应以项目成本降低额、项目成本降低率作为对项目管理机构成本考核的主
要指标

D.成本考核仅在项目竣工后进行

二、多项选择题

1.关于成本管理的任务，下列说法正确的是（   ）。

A.成本管理的任务包括成本预测、成本计划、成本控制、成本核算、成本分析
和成本考核

B.成本考核是成本决策的前提

C.成本计划是成本决策所确定目标的具体化

D.成本控制是对成本计划的实施进行控制和监督

E.成本核算是对成本计划是否实现的最后检验

2.关于成本控制的依据，下列说法正确的是（   ）。

A.合同文件是成本控制的重要依据

B.成本计划是成本控制的指导文件

C.进度报告提供了工程实际完成量和成本实际支付情况等重要信息

D.工程变更与索赔资料对成本控制没有影响

E.各种资源的市场信息有助于成本控制

3.关于成本控制的方法，下列说法正确的是（　　　）。

A.成本的过程控制方法只包括人工费的控制

B.赢得值法是一种综合评价费用和进度偏差的方法

C.偏差分析可以采用横道图法、表格法和曲线法

D.偏差原因分析的目的是找出引起偏差的原因，采取有针对性的措施

E.纠偏措施包括技术措施、组织措施、经济措施和合同措施

4.关于成本核算的原则、依据、范围和程序，下列说法正确的是（　　　）。

A.成本核算应坚持形象进度、产值统计、成本归集同步的原则

B.成本核算的依据包括各种财产物资的收发、领退、转移、报废、清查、盘点资料

C.工程成本包括从建造合同签订开始至合同完成时所发生的、与执行合同有关的直接费用和间接费用

D.成本核算的程序包括对所发生的费用进行审核，确定应计入非工程成本的费用

E.成本核算的方法有表格核算法和会计核算法

5.关于成本分析和成本考核，下列说法正确的是（　　　）。

A.成本分析的依据包括项目成本计划、成本核算资料、会计核算、业务核算和统计核算资料

B.成本分析的内容包括时间节点成本分析、工作任务分解单元成本分析、组织单元成本分析、单项指标成本分析、综合项目成本分析

C.成本分析的方法包括比较法、因素分析法、差额计算法、比率法等

D.成本分析是衡量成本降低的实际成果，也是对成本指标完成情况的总结和评价

E.成本考核的方法包括公司层对项目管理机构的考核和项目管理机构内部的考核

6.关于成本管理的措施，下列说法正确的是（　　　）。

A.合同措施包括建立成本管理体系、明确各级人员的任务和责任

B.技术措施包括改进施工技术、采用新材料和新工艺

C.经济措施包括编制资金使用计划、采取经济激励措施

D.组织措施包括合理签订合同、加强合同管理

E.信息措施包括建立成本管理信息系统、进行成本信息的收集和分析

三、判断题

1.成本管理的任务仅包括成本预测、成本计划和成本控制。（　　　）

2.成本计划的编制以成本预测为基础，关键是确定目标成本。（　　　）

3.成本控制的依据包括合同文件、成本计划、进度报告、工程变更与索赔资料、各种资源的市场信息。（　　　）

4.在成本过程控制中，管理行为控制程序和指标控制程序是相互独立的。（　　　）

5.赢得值法可以综合评价费用和进度偏差，但不能预测项目完成时的费用和进度情况。（　　　）

6.成本核算应坚持形象进度、产值统计、成本归集同步的原则。   （   ）

四、简答题

1.简述成本管理的任务和程序。

2.简述成本控制的依据和程序。

3.简述成本核算的原则、依据和方法。

4.简述成本分析的内容和方法。

5.简述成本考核的依据和方法。

6.简述成本管理的措施。

教学单元 7
建设工程项目职业健康安全与环境管理

教学目标

☐ 知识目标：了解建设工程职业健康安全与环境管理的目的、任务和特点；掌握建设工程安全生产管理措施；掌握建设工程职业健康安全事故的分类和处理方法；熟悉建设工程职业健康安全事故的处理程序；掌握建设工程环境保护的要求和措施；掌握建设工程现场文明施工控制要点。

☐ 能力目标：具备编制安全生产施工方案的能力，对施工现场安全生产进行指导和控制；具备编制安全生产责任制度的能力；具备编制环境保护施工方案的能力；具备准确判定施工安全事故等级的能力；具备编制简单的土方工程施工方案的能力；具备独立进行施工技术交底的能力。

☐ 素养目标：严格执行建筑领域法律法规、行业标准，树立法纪意识、规则意识、标准意识，在工程建设中要加强劳动保护措施，不违章指挥，及时发现并坚决制止违章作业，检查和消除各类事故隐患。

7.1　建设工程项目职业健康安全与环境管理概述

7.1.1　职业健康安全与环境管理的概念

职业健康安全是国际上通用的词语，通常是指影响作业场所内的员工、临时工作人员、合同方人员、访问者和其他人员健康安全的条件和因素。职业健康安全是组织管理体系的一部分，是组织对与其业务相关的职业健康风险的管理，包括为制定、实施、实现、评审和保持职业健康安全方针所需的组织结构、计划活动、职责、惯例、程序、过程和资源。

环境是指组织运行活动的外部存在，包括空气、水、土地、自然资源、植物、动物、人，以及它们之间的相互关系。环境管理体系是组织管理体系的一部分，包括为制定、实施、实现、评审和保持环境安全方针所需的组织结构、计划活动、职责、惯例、程序、过程和资源。

7.1.2　职业健康安全与环境管理的目的

建设工程项目职业健康安全管理的目的是防止和减少生产安全事故、保护产品生产者的健康和安全、保障人民群众的生命和财产免受损失。控制影响工作场所内员工、临时工作人员、合同方人员、访问者和其他人员健康和安全的条件和因素，考虑和避免因管理不当对员工健康和安全造成的危险，是职业健康安全管理的有效手段和措施。

建设工程项目环境管理的目的是保护生态环境，使社会的经济发展与人类的生存环境相协调。控制作业现场的各种粉尘、废水、废气、固体废物以及噪声、振动对环境的污染和危害，考虑能源节约和避免资源的浪费。

7.1.3　职业健康安全与环境管理的任务

职业健康安全与环境管理的任务是建筑生产组织为达到建筑工程的职业健康安全与环境管理目的的指挥和控制的协调活动。不同的组织应根据自身的实际情况制定方针，建立组织结构、计划活动、明确职责、遵守有关法律法规和惯例、编制程序控制文件，实行过程控制并提供人员、设备、资金和信息资源，保证职业健康安全与环境管理任务的完成。

7.1.4　建设工程职业健康与环境管理的特点

（1）建筑产品的固定性、生产的流动性及受外部环境影响因素多，决定了职业健康安全与环境管理的复杂性。

（2）建筑产品生产的单件性决定了职业健康安全与环境管理的多样性。

（3）产品生产过程的连续性和分工性决定了职业健康安全与环境管理的协调性。

（4）产品的委托性决定了职业健康安全与环境管理的不符合性。

（5）产品生产的阶段性决定了职业健康安全与环境管理的持续性。

（6）产品的时代性、社会性和多样性决定了职业健康安全与环境管理的经济性。

7.1.5　工程项目职业健康的基本原则

1）管生产同时管安全

安全寓于生产之中，并对生产发挥促进与保证作用。管生产的同时必须管安全，将各级负责人员、各职能部门及其工作人员和各岗位生产工人在安全生产方面应做的事情及应负的责任加以明确规定形成一种制度。

2）坚持安全管理的目的性

安全管理的内容是对生产中的人、物、环境因素的管理，有效控制人的不安全行为，减少或消除设备、材料的不安全状态，以改善生产环境和保护自然环境为目的。没有明确目的的安全管理是一种盲目行为，在一定意义上，盲目的安全管理只能纵容威胁人的安全与健康的状态向更为严重的方向发展或转化。

3）贯彻以预防为主的方针

安全生产的方针是"安全第一、预防为主"。安全第一是从保护生产力的角度和高度，表明在生产范围内安全与生产的关系，肯定安全在生产活动中的位置和重要性。进行安全管理不是处理事故，而是在生产活动中，针对生产的特点，对生产因素采取管理措施，有效地控制不安全因素的发展与扩大，把可能发生的事故，消灭在萌芽状态，以保证生产活动中人的安全与健康。

4）坚持"四全"动态管理

安全管理不是少数人和安全机构的事，而是一切与生产有关的人共同的事。安全管理涉及生产活动的方方面面，从开工到竣工交付的全部生产过程、全部生产时间、一切变化的生产要素。因此，生产活动中必须坚持全员、全过程、全方位、全天候的动态安全管理。

5）安全管理重在控制

进行安全管理的目的是预防、消灭事故，防止或消除事故伤害，保护劳动者的安全与健康。虽然安全管理的主要内容是为了达到安全管理的目的，但是对生产因素状态的控制，与安全管理目的的关系更直接，显得更为突出。因此，对生产中人的不安全行为和物的不安全状态的控制，是动态安全管理的重点。

6）在管理中发展提高

既然安全管理是在变化的生产活动中进行的，是一种动态的管理，就意味着安全管理是不断发展变化的，从而适应变化的生产活动，消除新的危险因素。更为重要的是，组织应不间断地摸索新的规律，总结管理、控制的办法与经验，指导新变化后的管理，从而使安全管理不断上升到新的高度。

7.2　施工项目安全控制

7.2.1　施工项目安全控制的概述

1）施工项目安全控制的概念和内容

施工项目安全控制是生产过程中涉及的计划、组织、监控、调节和改进等一系列致力于满足生产安全所进行的管理活动。按施工项目形成过程的时间阶段划分，施工项目安全控制可分为以下两个环节：

（1）施工准备阶段的安全控制。在各工程对象正式施工活动开始前，对各项准备工作及影响施工安全生产的各因素进行控制，这是确保施工安全的先决条件。

（2）施工过程的安全控制。在施工过程中，对实际投入的生产要素及作业、管理活动的实施状态结果所进行的控制，包括作业者发挥技术能力过程的自控行为和来自有关管理者的监管行为，以及施工现场文明施工管理、劳动保护管理、职业卫生管理、现场消防安全管理和季节性施工安全管理。

施工项目安全控制的内容如图7-1所示。

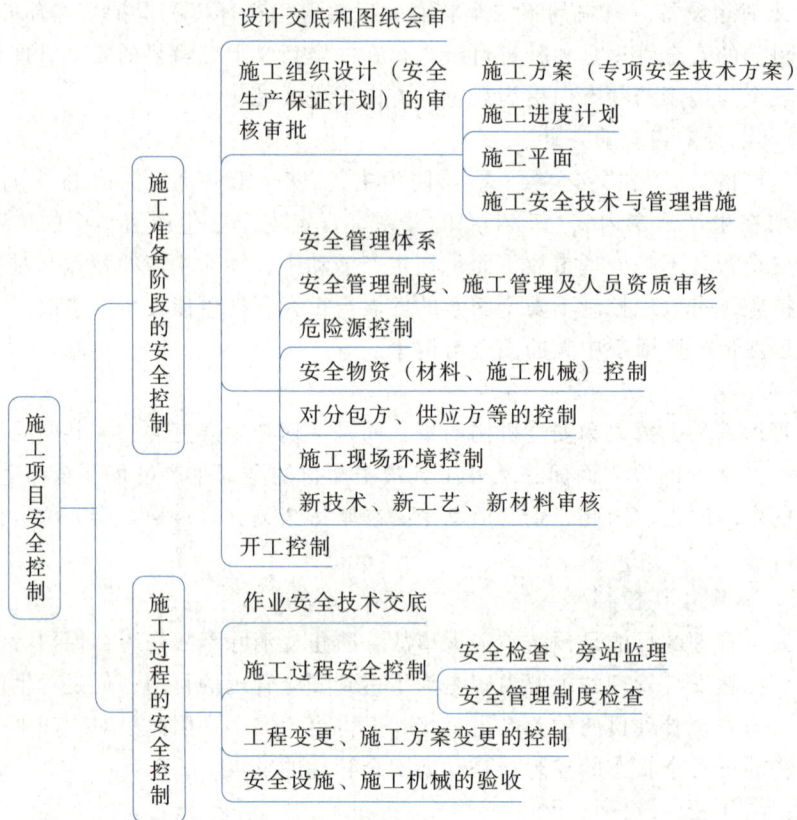

图7-1　施工项目安全控制的内容

2）施工项目安全控制的特点

（1）控制面广

由于建设工程规模较大，生产工艺复杂、工序多，因此在建造过程中流动作业多，高处作业多，作业位置多变，遇到的不确定因素多，安全控制工作涉及范围大，控制面广。

（2）控制的动态性

①由于建设工程项目的单件性，使得每项工程所具备的条件不同，所面临的危险因素和防范措施也会有所变化，因此员工在转移工地后，熟悉一个新的工作环境需要一定的时间，有些工作制度和安全技术措施也会有所调整，员工同样需要有一个熟悉的过程。

②建设工程项目施工的分散性。因为现场施工是分散于施工现场的各个部位，尽管有各种规章制度和安全技术交底的环节，但是在面对具体的生产环境时，员工需要自行作出判断和处理，以适应不断变化的情况。

（3）控制的交叉性

建设工程项目是开放系统，受自然环境和社会环境影响较大，也会对社会和环境造成影响，安全控制需要把工程系统、环境系统、社会系统结合起来。

（4）控制的严谨性

由于建设工程施工的危害因素复杂、风险程度高、伤亡事故多，因此预防控制措施必须严谨，如有疏漏就可能发展到失控，酿成事故，造成损失和伤害。

3）施工项目安全控制的程序

施工项目安全控制的程序如图 7-2 所示。

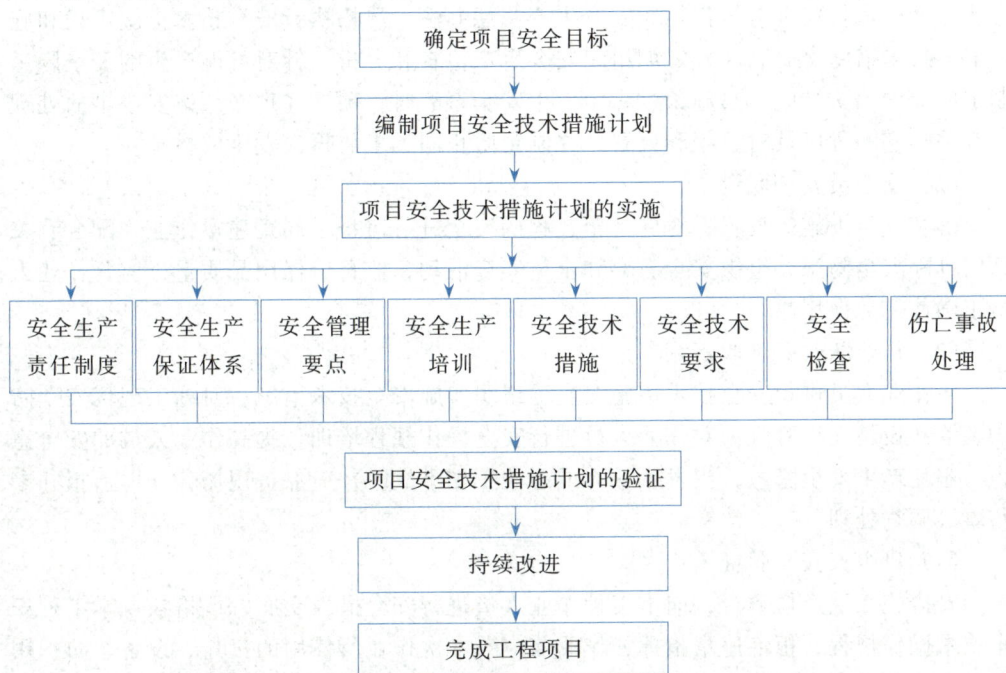

图7-2　施工项目安全控制程序

（1）确定项目安全目标。按目标管理方法在以项目经理为首的项目管理系统内进行分解，从而确定每个岗位的安全目标，实现全员安全控制。

（2）编制项目安全技术措施计划。对生产过程中的不安全因素，用技术手段加以消除和控制，是落实"预防为主"方针的具体体现，是进行工程项目安全控制的指导性文件。

（3）项目安全技术措施计划的实施。项目安全技术措施计划包括建立健全安全生产责任制、设置安全生产设施、采用安全技术和应急措施、加强安全教育和培训、强化安全检查意识，以及如何及时、妥善处理伤亡事故，通过对一系列安全措施的贯彻，使生产作业的安全状态处于受控状态。

（4）项目安全技术措施计划的验证。通过施工中对安全技术措施计划实施情况的

微课 7-2

安全事故举例

安全检查，纠正不符合安全技术措施防护的情况，保证安全技术措施的贯彻和实施。

（5）持续改进。根据安全技术措施计划的验证结果，对不适宜的安全技术措施计划进行修改、补充和完善。

7.2.2　施工安全控制措施

1）安全生产责任制度

安全生产责任制度是最基本的安全管理制度，是所有安全生产管理制度的核心。安全生产责任制是将各级负责人员、各职能部门及其工作人员和各岗位生产工人在安全生产方面应做的及应负的责任加以明确。

（1）项目经理安全职责

认真贯彻安全生产方针、政策、法规和各项规章制度，制订和执行安全生产管理办法，严格执行安全考核指标和安全生产奖惩办法，严格执行安全技术措施审批和施工安全技术措施交底制度；定期组织安全生产检查和分析，针对可能产生的安全隐患制定相应的预防措施；当施工过程中发生安全事故时，项目经理必须按安全事故处理的有关规定和程序及时上报和处置，并制定防止同类事故再次发生的措施。

（2）安全员安全职责

落实安全设施的设置；对施工全过程的安全进行监督，纠正违章作业，配合有关部门排除安全隐患，组织安全教育和全员安全活动，监督劳保用品质量，监督作业人员正确使用劳保用品。

（3）作业队长安全职责

向作业人员进行安全技术措施交底，组织实施安全技术措施；对施工现场安全防护装置和设施进行验收；对作业人员进行安全操作规程培训，提高作业人员的安全意识，避免产生安全隐患；当发生重大或恶性工伤事故时，应保护现场，立即上报并参与事故调查处理。

（4）班组长安全职责

安排施工生产任务时，向本工种作业人员进行安全措施交底；严格执行本工种安全技术操作规程，拒绝违章指挥；作业前应对本次作业所使用的机具、设备、防护用具及作业环境进行安全检查，消除安全隐患，检查安全标牌是否按规定设置，检查标识方法和内容是否正确完整；组织班组开展安全活动，召开上岗前安全生产会；每周应进行安全讲评。

（5）操作工人安全职责

认真学习并严格执行安全技术操作规程，不违规作业；自觉遵守安全生产规章制度，执行安全技术交底和有关安全生产的规定；服从安全监督人员的指导，积极参加安全活动；爱护安全设施；正确使用防护用具；对不安全作业提出意见，拒绝违章指挥。

（6）承包人对分包人的安全生产责任

审查分包人的安全施工资格和安全生产保证体系，不应将工程分包给不具备安全生产条件的分包人；在分包合同中应明确分包人的安全生产责任和义务；对分包人提出安全要求，并认真监督、检查；对违反安全规定冒险蛮干的分包人，应令其停工整改；承包人应统计分包人的伤亡事故，按规定上报，并按分包合同约定协助处理分包人的伤亡事故。

（7）分包人安全生产责任

分包人对本施工现场的安全工作负责，认真履行分包合同规定的安全生产责任；遵守承包人的有关安全生产制度，服从承包人的安全生产管理，及时向承包人报告伤亡事故并参与调查，处理善后事宜。

2）安全教育

（1）管理人员安全教育

①企业领导的安全教育。对企业法定代表人和经理主要进行安全生产方针、政策、法规、规章制度、基本安全技术知识、基本安全管理知识的教育；对企业管理人员进行安全教育的目的在于提高他们对安全生产方针的认识，增强安全生产的责任感和自觉性，使他们懂得并掌握基本的安全生产技术和安全管理方法，并以身作则、遵章守纪，积极支持安全部门的工作，为安全生产提供良好的条件。

②项目经理、技术负责人和技术干部的安全教育。这类安全教育包括安全生产的方针、政策和法律、法规；本职安全生产责任制，主要是强调履行安全技术措施；典型的事故案例剖析；系统的安全生产工程知识；基本的安全技术知识。这类安全教育的职责包括贯彻上级有关安全生产和劳动保护的方针、政策、法令、指示和规章制度，负责制定本单位的安全生产规章制度并认真贯彻执行；每季度主持召开车间、科室领导人员会议，分析本单位的安全生产形势，制定相应措施；每年组织数次以查思想、查制度、查纪律、查事故隐患为主要内容的全员性安全大检查，对检查中发现的重大问题，企业负责制定措施、计划，组织有关部门实施。

③行政管理干部的安全教育。这类安全教育包括安全生产的方针、政策和法律、法规，安全技术知识以及他们本职的安全生产责任制等内容。这类安全教育的目的是使他们提高责任感和自觉性，主动支持安全生产工作。

④企业安全管理人员的安全教育。这类安全教育包括国家有关安全生产的方针、政策、法规和标准；企业安全生产管理、安全技术、劳动卫生、安全文化的知识和技能；工伤保险、职工伤亡事故和职业病统计报告及调查处理程序；有关事故案例及事故应急处理措施等内容。

⑤班组长和安全员的安全教育。这类安全教育包括劳动安全卫生的法律、法规；安全技术、劳动卫生和安全文化的知识、技能；本企业、本班组和一些岗位的危险危害因素、安全注意事项；本岗位安全生产职责；典型的事故案例及事故抢救与应急处理措施等内容。

（2）特种作业人员安全教育

①特种作业人员的定义和范围。所谓的特种作业，是指容易发生事故，对操作者本人、他人的安全健康及设备、设施的安全可能造成重大危害的作业。直接从事特种作业的人，称为特种作业人员（根据《特种作业人员安全技术培训考核管理规定》）。特种作业包括电工作业、焊接与热切割作业、高处作业、制冷与空调作业、煤矿安全作业、金属非金属矿山安全作业、石油天然气安全作业、冶金（有色）生产安全作业、危险化学品安全作业、烟花爆竹安全作业及安全监管总局认定的其他

作业。

特种作业人员应具备的条件是必须年满18周岁；从事爆破作业和煤矿井下瓦斯检验的人员，年龄不得低于20周岁。

②特种作业人员的安全教育。由于特种作业较一般作业的危险性大，因此特种作业人员必须经过安全培训和严格考核。对特种作业人员的安全教育应注意以下三点：

第一，特种作业人员上岗作业前，必须进行专门的安全技术和操作技能的培训教育。

第二，培训后，经考核合格后方可取得操作证，并准许独立作业。

第三，获得操作证的特种作业人员，必须定期进行复审。复审期限除机动车辆驾驶按国家有关规定执行外，其他特种作业人员2年进行1次。

（3）企业员工安全教育

企业员工的安全教育主要有新员工上岗前的三级安全教育、改变工艺和变换岗位时的安全教育、经常性安全教育三种形式。

①新员工上岗前的三级安全教育。三级安全教育通常是指工厂级安全教育、车间级安全教育、班组级安全教育。对建设工程来说，三级安全教育是指企业（公司）级安全教育、项目（或工区、工程处、施工队）级安全教育、班组级安全教育。

企业（公司）级安全教育由企业主管领导负责，企业职业健康安全管理部门会同有关部门组织实施。

项目（或工区、工程处、施工队）级安全教育由项目级负责人组织实施，由专职或兼职安全员协助。

班组级安全教育由班组长组织实施，主要内容包括岗位安全操作规程、岗位间工作衔接配合的安全生产事项、典型事故及发生事故后应采取的紧急措施、劳动防护用品（用具）的性能及正确使用方法等。

②改变工艺和变换岗位时的安全教育。企业在实施新工艺、新技术或使用新设备、新材料时，必须对有关人员进行相应级别的安全教育，按新的安全操作规程教育和培训操作人员及有关人员，使其了解新工艺、新技术、新设备、新材料的安全性能及安全技术，以适应新岗位作业的要求。

当组织内部员工从一个岗位调到另一个岗位，或从某一工种改变为另一工种，或因放长假离岗1年以上重新上岗时，企业必须对其进行相应的安全技术培训和教育。

③经常性安全教育。经常性安全教育必须坚持不懈、经常不断地进行，通过采用多种形式的安全教育，如每天的班前班后会上说明安全注意事项、安全活动日、安全生产会议、事故现场会、张贴宣传标语及标志等。

3）施工安全检查

工程安全检查的目的是消除隐患、防止事故、改善劳动条件及提高员工安全生产意识。通过安全检查可以发现工程中的危险因素，以便有计划地采取措施，保证安全生产。施工项目的安全检查是由项目经理组织，定期进行。

（1）安全检查的主要类型

①经常性检查是指企业一般每年进行1~4次；车间每月至少进行1次；班组每班都应进行安全检查。专职安全技术人员的检查应有计划地针对重点部位进行周期性

检查。

②专业或专职安全管理人员的专业安全检查是指针对特种作业、特种设备、特殊场所进行的检查，如焊接施工、起重机械设备、压力容器、易燃易爆场所等。专业或专职安全管理人员在进行安全检查时，必须按章检查，发现违章操作立即纠正，发现隐患及时指出，并上报检查结果。

③季节性检查是根据季节特点，为保障安全生产的要求所进行的检查。例如，春季防风防沙；夏季防涝抗旱、防雷电、防暑、防触电；冬季防寒、防冻、防煤烟中毒。

④节假日检查是指在节假日的前后容易放松警惕而发生意外，因此节假日前必须进行安全生产综合检查，节假日后必须进行遵章守纪检查。

⑤不定期检查是指在工程或设备开工和停工前、检修中，工程或设备竣工及试运转时进行的安全检查。

（2）安全检查的主要内容

①查思想。检查企业领导和员工对安全生产方针的认识程度，建立健全安全生产管理和安全生产规章制度。

②查管理。检查安全生产管理是否有效；检查安全生产管理和规章制度是否落实到位。

③查隐患。检查作业现场是否符合安全生产要求，如检查劳动条件、卫生设施、安全通道、防护设施、电气设备、压力容器、化学用品储存、有毒有害作业部位的达标情况；检查个人劳动防护用品的使用是否符合规定。

④查整改。检查对安全问题和安全隐患是否采取了安全技术措施和安全管理措施；检查整改的效果如何。

⑤查事故处理。检查对伤亡事故是否及时报告，明确责任并对责任人作出严肃处理。安全检查前必须成立检查组，安全检查结束后应编制安全检查报告，说明已达标项目、未达标项目、存在的问题、问题的原因、对问题的纠正和预防措施。

（3）安全检查的注意事项

①安全检查要深入基层、紧紧依靠职工，坚持领导与群众相结合的原则，组织好检查工作；

②建立检查的组织领导机构，配备适当的检查力量，挑选具备技术业务水平的专业人员参加；

③明确检查的目的和要求，既要严格要求，又要防止一刀切，要从实际出发，分清主次矛盾，力求实效；

④做好检查的各项准备工作，包括思想工作、业务知识、法规政策等；

⑤把自查与互查有机结合起来，基层以自检为主，企业内部相应部门相互检查，取长补短，相互学习和借鉴；

⑥坚持查改结合，检查不是目的，只是一种手段，整改才是最终的目的，发现问题要及时采取切实有效的防范措施；

⑦建立检查档案，结合安全检查表的实施，逐步建立健全检查档案，收集基本数据，掌握基本安全状况，为及时消除隐患提供数据，也为以后的职业健康安全检查奠

定基础。

4)"三同时"制度

"三同时"制度是指凡是我国境内新建、改建、扩建的基本建设项目(工程),技术改建项目(工程)和引进的建设项目,其安全生产设施必须符合国家规定的标准,必须与主体工程同时设计、同时施工、同时投入生产和使用。安全生产设施主要包括安全技术设施、职业卫生设施、生产辅助设施。

5)安全设施管理

施工项目的安全设施有脚手架、安全帽、安全带、安全网、防护栏杆、临时用电安全防护等。

(1)脚手架

①脚手架的基本要求。

A.坚固稳定。保证足够的承载能力、刚度和稳定性,保证在施工期间不产生超过容许要求的变形、倾斜、摇晃或扭曲现象,不发生失稳倒塌,确保施工作业人员的人身安全。

B.装拆简便,可以多次使用。

C.脚手架的宽度应满足施工作业人员操作、材料堆放和运输的要求。

②脚手架的材质要求。钢管材质一般采用外径48mm、壁厚3.5mm的钢管,钢管应涂防锈漆。脚手架钢管要求无严重锈蚀、弯曲、压扁和裂纹。

③脚手架的设计要求。使用的脚手架及搭设方案必须经设计人员的计算,并经技术负责人审批后方可搭设。特别在高层建筑施工中,因脚手架的问题导致的安全事故较多,所以脚手架的设计不但要满足使用要求,还要考虑安全问题,脚手架应设置可靠的安全防护措施,如防护栏、挡脚板、安全网等。

(2)安全帽

安全帽须经有关部门检验合格后方能使用。施工人员应正确使用安全帽,不准抛、扔或坐、垫安全帽,不准使用缺衬、缺带及破损的安全帽。

(3)安全带

①安全带须经有关部门检验合格后方能使用;

②安全带使用2年后,必须按规定抽检1次,对抽检不合格的,必须更换安全绳后才能使用;

③安全带应储存在干燥、通风的仓库内,不准接触高温、明火、强酸碱或尖锐的坚硬物体;

④安全带应高挂低用,不准将绳打结使用;

⑤安全带上下的各种部件不得任意拆除,更换新绳时要注意加绳套。

(4)安全网

①从二层楼面设安全网,往上每隔4层设置一道,同时须设一道随施工高度可提升的安全网;

②网绳不破损,生根要牢固、绷紧、圈牢,拼接严密,网绳支架用钢管为宜;

③网宽不小于2.6m,里口离墙不得大于15cm,外高内低,每隔3m设立支撑,角度45°;

④立网随施工层提升，网高出施工层1m，网下口与墙生根牢靠，离墙不大于15cm，网之间拼接严密，空隙不大于10cm。

（5）防护栏杆

地面基坑周边，无外脚手架的楼面及屋面周边，分层施工的楼梯口与楼段边，尚未安装栏杆或栏板的阳台、料台周边，挑平台周边，雨篷与挑檐边，井架，施工用电梯，外脚手架等通向建筑物的通道的两侧边，以及水箱与水塔周边，均应设置防护栏杆；顶层的楼梯口应随工程结构的进度安装正式栏杆或立挂安全网封闭。

（6）临时用电安全防护

①临时用电应按有关规定编制施工组织设计，并建立对现场线路、设施的定期检查制度。

②配电线路必须按有关规定架设整齐，架空线应采用绝缘导线，不得采用塑胶软线，不得成束架空敷设或沿地明敷。

③架空线路与建筑物水平距离一般不小于10m，与地面垂直距离不小于6m；与建筑物顶部垂直距离不小于2.5m。

④配电系统必须采取分线配电，各类配电箱、开关箱的安装和内部设置必须符合有关规定，开关电器应标明用途。

⑤一般场地采用220V电压作为现场照明，照明导线用绝缘子固定，照明灯具的金属外壳必须接地或接零。特殊场所必须按国家有关规定使用安全电压照明。

⑥手持电动工具必须单独安装漏电保护装置，具有良好的绝缘性，金属外壳接地良好。所有手持电动工具必须装有可靠的防护罩（盖），橡皮电线不得损坏。

⑦电焊机应有良好的接地或接零保护，并有可靠的防雨、防潮、防砸保护措施。焊把线应双线到位，绝缘良好。

7.3　职业健康安全事故的分类和处理

7.3.1　职业伤害事故的分类

事故是指造成死亡、疾病、伤害、损坏或其他损失的意外情况。职业健康安全事故分为职业伤害事故和职业病两类。

职业伤害事故是指因生产过程及工作原因或与其相关的其他原因造成的伤亡事故。

1）按照事故发生的原因分类

按照《企业职工伤亡事故分类》（GB/T 6441—1986）的规定，职业伤害事故可分为20类，其中与建筑业有关的包括以下情况：

（1）物体打击。由落物、滚石、锤击、碎裂、崩块、砸伤等所造成的人身伤害，不包括因爆炸而引起的物体打击。

（2）车辆伤害。由车辆挤、压、撞和车辆倾覆等所造成的人身伤害。

（3）机械伤害。由机械设备或工具绞、碾、碰、割、戳等所造成的人身伤害，不包括车辆、起重设备引起的伤害。

（4）起重伤害。在从事各种起重作业时发生的机械伤害事故，不包括上下驾驶室

微课 7-3

安全事故分类

时发生的坠落伤害，以及起重设备引起的触电及检修时制动失灵造成的伤害。

（5）触电。因电流经过人体导致的生理伤害，包括雷击伤害。

（6）灼烫。火焰引起的烧伤、高温物体引起的烫伤、强酸或强碱引起的灼伤、放射线引起的皮肤损伤，不包括电烧伤及火灾事故引起的烧伤。

（7）火灾。在火灾时造成的人体烧伤、窒息、中毒等。

（8）高处坠落。因危险势能差引起的伤害，包括从架子、屋架上坠落以及平地坠入坑内等。

（9）坍塌。因建筑物、堆置物倒塌以及土石塌方等所引起的事故伤害。

（10）火药爆炸。因火药爆炸导致的建筑物、土石方坍塌等的事故伤害。

（11）中毒和窒息。例如，因对煤气、汽油、沥青、化学品、一氧化碳等的使用不当引起的中毒和窒息等。

（12）容器爆炸。因压力容器的内部压力超出容器壁所能承受的压力而引起的物理性爆炸。容器内部可燃气体泄漏与周围空气混合遇火源而发生的化学性爆炸。

（13）其他伤害。例如，扭伤、跌伤、冻伤、野兽咬伤等。

2）按事故后果严重程度分类

根据《企业职工伤亡事故分类》（GB/T6441—1986）的规定，事故按事故后果的严重程度可分为：

（1）轻伤事故，是指造成职工肢体或某些器官功能性或器质性轻度损伤，表现为劳动能力轻度或暂时丧失的伤害，一般受伤人员可以休息1个工作日以上、105个工作日以下。

（2）重伤事故，是指受伤人员肢体残缺或视觉、听觉等器官受到严重损伤，能够引起人体长期存在功能障碍或劳动能力有重大损失的伤害，或者造成每个受伤人损失105个工作日以上的失能伤害。

（3）死亡事故，是指一次事故中死亡职工1～2人的事故。

（4）重大伤亡事故，是指一次事故中死亡3人以上（含3人）的事故。

（5）特大伤亡事故，是指一次事故中死亡10人以上（含10人）的事故。

（6）急性中毒事故，是指生产性毒物1次或短期内通过人的呼吸道、皮肤或消化道大量进入人体内，使人体在短时间内发生病变，导致职工立即中断工作，并须进行急救或死亡的事故。急性中毒的特点是发病快，一般不超过1个工作日，有的毒物因毒性有一定的潜伏期，可在下班后的数小时内发病。

3）按事故造成的人员伤亡或直接经济损失分类

根据《生产安全事故报告和调查处理条例》的规定，工程质量事故按生产安全事故造成的人员伤亡或者直接经济损失可分为：

（1）特别重大事故，是指造成30人以上死亡，或者100人以上重伤（包括急性工业中毒，下同），或者1亿元以上直接经济损失的事故。

（2）重大事故，是指造成10人以上30人以下死亡，或者50人以上100人以下重伤，或者5 000万元以上1亿元以下直接经济损失的事故。

（3）较大事故，是指造成3人以上10人以下死亡，或者10人以上50人以下重伤，或者1 000万元以上5 000万元以下直接经济损失的事故。

（4）一般事故，是指造成3人以下死亡，或者10人以下重伤，或者1 000万元以下直接经济损失的事故。

注意上述划分中的"以上"包括本数、"以下"不包括本数。

目前，在建设工程领域中一般采用《生产安全事故报告和调查处理条例》中的标准来判别事故的等级。

7.3.2　职业伤害事故的处理

1）安全事故处理的原则

强化安全生产监管监察行政执法。各级安全生产监管监察机构要增强执法意识，做到严格、公正、文明执法。认真查处各类事故，坚持事故原因不清楚不放过、事故责任者和员工没有受到教育不放过、事故责任者没有处理不放过、没有制定防范措施不放过的"四不放过"原则，不仅要追究事故直接责任人的责任，还要追究有关负责人的领导责任。

微课7-4

安全事故处理

2）安全事故的急救、现场保护与报告

（1）安全事故的急救与现场保护

事故发生后，施工现场项目负责人应迅速组织施工现场人员抢救伤员、保护事故现场。现场人员要服从组织、指挥，并迅速做好以下两件事：

①急救伤员，排除险情，制止事故蔓延扩大。抢救伤员时，应采取正确的救助方法，避免二次伤害；同时应遵循救护的科学性和时效性，防止抢救受到阻碍或事故蔓延；对于伤员救治医院的选择要迅速、准确，减少不必要的转院，贻误治疗时机。

②保护好事故现场。由于事故现场是提供有关物证的主要场所，是调查事故原因不可缺少的客观条件，要求现场各种物件的位置、颜色、形状及其物理、化学性质等应尽可能保持事故结束时的原来状态。因此，在事故排险、伤员抢救的过程中，应保护好事故现场，确因抢救伤员或为防止事故继续扩大而必须移动现场设备、设施时，施工现场项目负责人应组织现场人员查清现场情况，作出标志，记明数据，绘出现场示意图。任何单位和个人不得以抢救伤员等名义故意破坏或者伪造事故现场，必须采取一切可能的措施，防止人为或自然因素的破坏。发生事故的工程项目，如果其生产作业场所仍然存在危及人身安全的事故隐患，要立即停工，进行全面的检查和整改。

（2）安全事故的报告

①安全事故报告程序。事故发生后，事故现场有关人员应当立即向本单位负责人报告；单位负责人接到报告后，应当于1小时内向事故发生地县级以上人民政府安全生产监督管理部门和负有安全生产监督管理职责的有关部门报告。情况紧急时，事故现场有关人员可以直接向事故发生地县级以上人民政府安全生产监督部门和负有安全生产监督管理职责的有关部门报告。安全生产监督管理部门和负有安全生产监督管理职责的有关部门接到事故报告后，应当依照下列规定上报事故情况，并通知公安机关、劳动保障行政部门、工会和人民检察院：

A.特别重大事故、重大事故逐级上报至国务院安全生产监督管理部门和负有安全生产监督管理职责的有关部门；

B.较大事故逐级上报至省、自治区、直辖市人民政府安全生产监督管理部门和负

有安全生产监督管理职责的有关部门；

C.一般事故上报至下设区县的市级人民政府安全生产监督管理部门和负有安全生产监督管理职责的有关部门。

安全生产监督管理部门和负有安全生产监督管理职责的有关部门依照规定上报事故情况，应当同时报告本级人民政府。国务院安全生产监督管理部门和负有安全生产监督管理职责的有关部门以及省级人民政府接到发生特别重大事故、重大事故的报告后，应当立即报告国务院。

必要时，安全生产监督管理部门和负有安全生产监督管理职责的有关部门可以越级上报事故情况。

安全生产监督管理部门和负有安全生产监督管理职责的有关部门逐级上报事故情况，每级上报时间不得超过2小时。

②安全事故报告内容。报告事故应当包括以下内容：事故发生单位概况；事故发生的时间、地点以及事故现场情况；事故的简要经过；事故已经造成或者可能造成的伤亡人数（包括下落不明的人数）和初步估计的直接经济损失；已经采取的措施；其他应当报告的情况。

事故报告后出现新情况的，应当及时补报。

交通事故、火灾事故自发生之日起7天内，事故造成的伤亡人数发生变化的，应当及时补报。7天内，事故造成的伤亡人数应当及时补报。

3）安全事故处理的程序

（1）组织调查组

特别重大事故由国务院或者国务院授权有关部门组织事故调查组进行调查。

重大事故、较大事故、一般事故分别由事故发生地省级人民政府、设区的市级人民政府、县级人民政府负责调查。省级人民政府、设区的市级人民政府、县级人民政府可以直接组织事故调查组进行调查，也可以授权或者委托有关部门组织事故调查组进行调查。

未造成人员伤亡的一般事故，县级人民政府也可以委托事故发生单位组织事故调查组进行调查。

上级人民政府认为必要时，可以调查由下级人民政府负责调查的事故。

自事故发生之日起30天内（道路交通事故、火灾事故自发生之日起7天内），因事故伤亡人数变化导致事故等级发生变化，应当由上级人民政府负责调查的，上级人民政府可以另行组织事故调查组进行调查。

特别重大事故以下等级事故，事故发生地与事故发生单位不在同一个县级以上行政区域的，由事故发生地人民政府负责调查，事故发生单位所在地人民政府应当派人参加。

根据事故的具体情况，事故调查组由有关人民政府、安全生产监督管理部门、负有安全生产监督管理职责的有关部门、监察机关、公安机关以及工会派人组成，并应当邀请人民检察院派人参加。

事故调查组成员应当具有事故调查所需的知识和专长，并与所调查的事故没有直接利害关系。事故调查组可以聘请有关专家参与调查。事故调查组组长由负责事故调查的人民政府指定。事故调查组组长主持事故调查组的工作。

（2）现场勘察

①现场笔录：发生事故的时间、地点、气象等；现场勘察人员姓名、单位、职务；现场勘察起止时间、勘察过程；设备、设施损坏或异常情况及事故前后的位置；能量失散所造成的破坏情况、状态、程度等；事故发生前劳动组合、现场人员的位置和行动；重要物证的特征、位置及检验情况。

②现场拍照：方位拍照，反映出事故现场在周围环境中的位置；全面拍照，反映出事故现场各部分之间的关系；中心拍照，反映出事故现场中心的情况；细目拍照，反映出事故直接原因的痕迹、致害物等；人体拍照，反映出伤亡者主要受伤和造成死亡的伤害部位。

③现场绘制事故图。根据事故类别和规模以及调查工作的需要绘制下列示意图：建筑平面图、剖面图；事故时人员位置及活动图；破坏物立体图或展开图；设备或工具、器具构造简图等。

④事故资料。事故资料包括事故单位的建筑业企业资质、安全生产许可证、营业证及复印件；有关经营承包的经济合同；事故单位的安全生产管理制度、安全培训教育记录、安全技术标准规程和安全技术交底；伤亡人员和肇事者的证件及工作情况；劳务用工注册手续；对证人的口述材料经本人签字认可，考证其真实性；事故现场示意图等。

（3）分析事故原因

通过调查分析，查明事故经过，按受伤部位、受伤性质、起因物、致害物、伤害方法、不安全状态、不安全行为等，查清事故原因，包括人、物、生产管理、技术管理等方面的原因。通过直接和间接的分析，确定事故的直接责任者、间接责任者和主要责任者。

（4）制定防范措施

根据事故原因分析，制定防止类似事故再次发生的防范措施。在防范措施中，应把改善劳动生产条件、作业环境和提高安全技术措施水平放在首位，力求从根本上消除危险因素。根据事故后果和事故责任者应负的责任提出处理意见。

（5）提交事故调查报告

事故调查组应当自事故发生之日起60天内提交事故调查报告；特殊情况下，经负责事故调查的人民政府批准，提交事故调查报告的期限可以适当延长，但延长的期限最长不超过60天。

事故调查报告应当包括下列内容：

①事故发生单位概况；

②事故发生经过和事故救援情况；

③事故造成的人员伤亡和直接经济损失；

④事故发生的原因和事故性质；

⑤事故责任的认定以及对事故责任者的处理意见；

⑥事故防范和整改措施。

事故调查报告应当附具有关证据材料。事故调查组成员应当在事故调查报告上签名。

（6）安全事故的审理和结案

对于重大事故、较大事故、一般事故，负责事故调查的人民政府应当自收到事故调查报告之日起15天内作出批复。对于特别重大事故，负责事故调查的人民政府应当自收到事故调查报告之日起30天内作出批复，特殊情况下，批复时间可以适当延长，但延长的时间最长不超过30天。

有关机关应当按照人民政府的批复，依照法律、行政法规规定的权限和程序，对事故发生单位和有关人员进行行政处罚，对负有事故责任的国家工作人员进行处分。事故发生单位应当按照负有责任事故调查的人民政府的批复，对本单位负有事故责任的人员进行处理。负有事故责任的人员涉嫌犯罪的，依法追究刑事责任。

事故处理的情况由负责事故调查的人民政府或者其授权的有关部门、机构向社会公布，依法应当保密的除外。事故调查处理的文件记录应长期完整地保存。

7.4　环境保护与文明施工

7.4.1　环境保护

工程建设过程中的污染主要包括对施工场界内的污染和对周围环境的污染。对施工场界内的污染防治属于职业健康问题，对周围环境的污染防治属于环境保护问题。

施工现场环境保护是按照法律、法规、各级主管部门和企业的要求，保护和改善作业现场的环境，控制现场的各种粉尘、废水、废气、固体废物、噪声、振动等对环境的污染和危害。

1）建设工程施工环境影响因素的识别与评价

（1）建设工程施工应从噪声排放、粉尘排放、有毒有害物质排放、废水排放、固体废物处置、潜在的油品化学品泄漏、潜在的火灾爆炸和能源浪费等方面着手进行环境影响因素的识别。

（2）建设工程施工应根据环境影响的规模、严重程度、发生的频率、持续的时间、社区关注程度和法规限定等情况对识别出的环境影响因素进行分析和评价，找出对环境有重大影响或潜在重大影响的因素，采取切实可行的措施进行控制，减少有害的环境影响，降低工程建造成本，提高环保效益。

2）建设工程施工时常见的环境影响

（1）施工机械作业，模板支拆、清理与修复作业，脚手架安装与拆除作业等产生的噪声排放。

（2）施工场地平整作业，土、灰、砂、石的搬运及存放，混凝土搅拌作业等产生的粉尘排放。

（3）现场渣土、商品混凝土、生活垃圾、建筑垃圾、原材料运输等过程中产生的遗撒。

（4）现场油品、化学品库房、作业点产生的油品、化学品泄漏。

（5）现场废弃的涂料桶、油桶、油手套，机械维修保养废液、废渣等产生的有毒有害废弃物排放。

（6）城区施工现场夜间照明造成的光污染。

（7）现场生活区、库房、作业点等处发生的火灾、爆炸。

（8）现场食堂、厕所、搅拌站、洗车点等处产生的生活、生产污水排放。

（9）现场钢材、木材等主要建筑材料的消耗。

（10）现场用水、用电等的消耗。

3）建设工程施工现场的环境保护要求

（1）施工现场必须建立环境保护、环境卫生管理和检查制度，并应做好检查记录。对施工现场作业人员的教育培训、考核应包括环境保护、环境卫生等有关法律、法规的内容。

（2）在城市市区范围内从事建筑工程施工，项目必须在工程开工15日以前向工程所在地县级以上地方人民政府环境保护管理部门申报登记。

（3）施工期间应遵照《建筑施工场界环境噪声排放标准》（GB 12523—2011）采取降噪措施。确需夜间施工的，应办理《夜间施工许可证》，并公告附近社区居民。

（4）尽量避免或减少施工过程中的光污染。夜间室外照明灯应加设灯罩，透光方向集中在施工范围。电焊作业采取遮挡措施，避免电焊弧光外泄。

（5）施工现场污水排放要与所在地县级以上人民政府市政管理部门签署污水排放许可协议，申领《临时排水许可证》。雨水排入市政雨水管网，污水经沉淀处理后二次使用或排入市政污水管网。施工现场的泥浆、污水未经处理不得直接排入城市排水设施和河流、湖泊、池塘。

（6）施工现场存放化学品等有毒材料、油料，必须对库房进行防渗漏处理，储存和使用都要采取措施，防止渗漏，污染土壤、水体。施工现场设置的食堂，用餐人数在100人以上的，应设置简易有效的隔油池，加强管理，专人负责定期掏油。

（7）施工现场产生的固体废物应在所在地县级以上地方人民政府环卫部门申报登记，分类存放。建筑垃圾和生活垃圾应与所在地垃圾消纳中心签署环保协议，及时清运处置。有毒有害废物应运送到专门的有毒有害废物中心消纳。

（8）施工现场的主要道路必须进行硬化处理，土方应集中堆放。裸露的场地和集中堆放的土方应采取覆盖、固化或绿化等措施。施工现场土方作业应采取防止扬尘措施。

（9）拆除建筑物、构筑物时，应采用隔离、洒水等措施，并应在规定期限内将废物清理完毕。建筑物内施工垃圾的清运，必须采用相应的容器或管道运输，严禁凌空抛掷。

（10）施工现场使用的水泥和其他易飞扬的细颗粒建筑材料应密闭存放或采取覆盖等措施。混凝土搅拌场所应采取封闭、降尘措施。

（11）除有符合规定的装置外，施工现场内严禁焚烧各类废物，禁止将有毒有害废物做土方回填。

（12）在居民和单位密集区域进行爆破、打桩等施工作业前，项目经理部除按规定报告申请批准外，还应将作业计划、影响范围、程度及有关措施等情况，向有关的居民和单位通报说明，取得协作和配合；对施工机械的噪声与振动扰民的，应有相应的措施予以控制。

（13）经过施工现场的地下管线，应由发包人在施工前通知承包人，标出位置，加以保护。

（14）施工时发现文物、古迹、爆炸物、电缆等，应当停止施工，保护好现场，及时向有关部门报告，按照有关规定处理后方可继续施工。

4）建设工程施工现场的环境保护措施

建设工程环境保护措施主要包括大气污染防治、水污染防治、噪声防治、固体废物的处理以及文明施工措施。

（1）大气污染防治

大气污染物的种类有数千种，已发现有危害作用的有100多种，其中大部分是有机物。大气污染物通常以气体状态和粒子状态存在于空气中。

①气体状态污染物，如二氧化硫、氮氧化物、一氧化碳、碳氢化合物、苯等。

②粒子状态污染物，包括降尘和飘尘。降尘是分散在大气中的微小液滴和固体颗粒，粒径通常在$10\mu m$以上，是一种复杂的非均匀体；飘尘是可长期漂浮于大气中的固体颗粒，其粒径小于$10\mu m$。

施工现场主要的大气污染物有锅炉、熔化炉、厨房烧煤产生的烟尘，建材破碎、筛分、碾磨、加料过程、装卸运输过程产生的粉尘，施工动力机械排放的尾气等。

施工现场空气污染的防治措施如下：

①施工现场垃圾渣土要及时清理出现场。

②高大建筑物清理施工垃圾时，要使用封闭式的容器或者采取其他措施处理高空废物，严禁凌空随意抛撒。

③施工现场道路应指定专人定期洒水清扫，形成制度，防止道路扬尘。

④对于细颗粒散体材料（如水泥、粉煤灰、白灰等）的运输、储存要注意遮盖、密封，防止和减少飞扬。

⑤车辆开出工地要做到不带泥沙，基本做到不洒土、不扬尘，减少对周围环境的污染。

⑥除设有符合规定的装置外，禁止在施工现场焚烧油毡、橡胶、塑料、皮革、树叶、枯草、各种包装物等废弃物品以及其他会产生有毒、有害烟尘和恶臭气体的物质。

⑦机动车要安装减少尾气排放的装置，确保符合国家标准。

⑧工地茶炉应尽量采用电热水器，若只能使用烧煤茶炉和锅炉时，应选用消烟除尘型茶炉和锅炉，大灶应选用消烟节能回风炉灶，使烟尘降至允许排放范围为止。

⑨大城市市区的建设工程禁止现场搅拌混凝土。在允许设置搅拌站的工地，应将搅拌站封闭严密，并在进料仓上方安装除尘装置，采用可靠措施控制工地的粉尘污染。

⑩拆除旧建筑物时，应适当洒水，防止扬尘。

（2）水污染防治

水污染物主要来源如下：

①工业污染源：各种工业废水向自然水体的排放。

②生活污染源：主要有食物废渣、食油、粪便、合成洗涤剂、杀虫剂、病原微生物等。

施工现场废水和固体废物随水流流入水体部分，包括泥浆、水泥、油漆、各种油类、混凝土外加剂、重金属等。

施工过程水污染的防治措施如下：

①禁止将有毒有害废物做土方回填。

②施工现场搅拌站废水、现制水磨石的污水、电石（碳化钙）的污水都必须经沉淀池沉淀合格后再排放，最好将沉淀水用于工地洒水降尘或采取措施回收利用。

③现场存放油料必须对库房地面进行防渗处理，如采用防渗混凝土地面、铺油毡等措施。使用油料时，应采取防止油料跑、冒、滴、漏的措施，以免污染水体。

④施工现场的临时食堂（可容纳100人以上的）在排放污水时可设置简易有效的隔油池，定期清理，防止污染。

⑤工地临时厕所、化粪池应采取防渗漏措施。中心城市施工现场的临时厕所可采用水冲式厕所，并有防蝇、灭蛆措施，防止污染水体和环境。

⑥化学用品、外加剂等要妥善保管，库内存放，防止污染环境。

（3）噪声污染防治

噪声的分类和危害如下：

①噪声按照振动性质可分为气体动力噪声、机械噪声、电磁性噪声。

②按噪声来源可分为交通噪声（如汽车、火车、飞机等发出的声音）、工业噪声（如鼓风机、汽轮机、冲压设备等发出的声音）、建筑施工噪声（如打桩机、推土机、混凝土搅拌机等发出的声音）、社会生活噪声（如高音喇叭、收音机等发出的声音）。

③噪声的危害：噪声是一类影响与危害非常广泛的环境污染问题。噪声环境可以干扰人的睡眠与工作，影响人的心理状态与情绪，造成人的听力损失，甚至可能引发许多疾病。此外，噪声对人们的对话干扰也是相当大的。

施工现场噪声的控制措施如下：

①声源控制。噪声控制技术可从声源、传播途径、接收者防护等方面来控制噪声。

A.从声源上降低噪声是防止噪声污染最根本的措施；

B.尽量采用低噪声设备和新工艺代替高噪声设备与加工工艺；

C.在声源处安装消声器消声，即在通风机、鼓风机、压缩机、燃气机、内燃机等的适当位置安装消声器。

②传播途径控制。

A.吸声：利用吸声材料（大多由多孔材料制成）或由吸声结构形成的共振结构（金属或木质薄板钻孔制成的空腔体）吸收声能，降低噪声。

B.隔声：应用隔声结构，阻碍噪声向空间传播，将接收者与噪声声源分隔。隔声结构包括隔声室、隔声罩、隔声屏障、隔声墙等。

C.消声：利用消声器阻止传播。例如，利用管道截面的突变或旁接共振腔，使沿管道传播的某些频率的声波在突变处向声源方向反射回去，从而达到消声目的。

D.减振降噪：对来自振动引起的噪声，通过降低机械振动减少噪声，如将阻尼材料涂在振动源上，或改变振动源与其他刚性结构的连接方式等。

③接收者的防护。让处于噪声环境下的人员使用耳塞、耳罩等防护用品，减少相关人员在噪声环境中的暴露时间，以减少噪声对人体的危害。

④严格控制人为噪声。凡在人口稠密区进行强噪声作业时，须严格控制作业时间，一般晚10点到次日早6点之间停止强噪声作业。确系特殊情况必须昼夜施工时，尽量采取降低噪声措施，并会同建设单位找当地居委会、村委会或当地居民协调，出安民告示，求得群众谅解。

在工程施工中，要特别注意不得超过国家标准的限值，尤其是夜间禁止打桩作业。

（4）固体废物的处理技术

固体废物是生产、建设、日常生活和其他活动中产生的固态、半固态废弃物质。固体废物是一个极其复杂的废物体系，按照其化学组成可分为有机废物和无机废物；按照对其环境和人类健康的危害程度可分为一般废物和危险废物。

①建设工程施工工地上常见的固体废物：

A.建筑渣土：包括砖瓦、碎石、渣土、混凝土碎块、废钢铁、碎玻璃、废屑、废弃装饰材料等。

B.废弃的散装大宗建筑材料：包括水泥、石灰等。

C.生活垃圾：包括厨余垃圾、废纸、生活用品、玻璃、陶瓷碎片、废电池、废塑料制品、煤灰渣等。

D.设备、材料等的包装材料。

E.粪便。

②固体废物的处理和处置。固体废物处理的基本思路：采取资源化、减量化和无害化的处理，对固体废物产生的全过程进行控制。固体废物的主要处理方法如下：

A.回收利用。回收利用是对固体废物进行资源化、减量化的重要手段之一。粉煤灰在建设工程领域的广泛应用就是对固体废物进行资源化利用的典型范例。

B.减量化处理。减量化是对已经产生的固体废物进行分选、破碎、压实浓缩、脱水等，减少其最终处置量，降低处理成本，减少对环境的污染。在减量化处理的过程中，也包括和其他处理技术相关的工艺方法，如焚烧、热解、堆肥等。

C.焚烧。焚烧用于不适合再利用且不宜直接予以填埋处理的废物，除有符合规定的装置外，不得在施工现场熔化沥青和焚烧油毡、油漆，也不得焚烧其他可产生有毒有害和恶臭气体的废物。垃圾焚烧处理应使用符合环境要求的处置装置，避免对大气的二次污染。

D.稳定和固化。利用水泥、沥青等胶凝材料，将松散的废物包裹起来，减少有害物质从废物中向外迁移、扩散，从而减少对环境的污染。

E.填埋。填埋是将经过无害化、减量化处理的固体废物残渣集中到填埋场进行处置。禁止将有毒有害废物现场填埋。填埋场应利用天然或人工屏障，尽量使需要处置的废物与环境隔离，并注意废物的稳定性和长期安全性。

7.4.2 施工现场卫生与防疫

施工企业应加强现场的卫生与防疫工作，改善作业人员的工作环境与生活条件，防止施工过程中各类疾病的发生，保障作业人员的身体健康和生命安全。

1）施工现场卫生与防疫的基本要求

（1）施工企业应根据法律、法规的规定，制订施工现场的公共卫生突发事件应急预案。

（2）施工现场应配备常用药品及绷带、止血带、颈托、担架等急救器材。

（3）施工现场应结合季节特点，做好作业人员的饮食卫生和防暑降温、防寒取暖、防煤气中毒、防疫等各项工作。

（4）施工现场应设专职或兼职保洁员，负责现场日常的卫生清扫和保洁工作，现场办公区和生活区应采取灭鼠、灭蚊、灭蝇、灭蜂等措施，并应定期投放和喷洒灭虫、消毒药物。

（5）施工现场办公室内布局应合理，文件资料宜归类存放，并应保持室内清洁卫生。

（6）施工现场生活区内应设置开水炉、电热水器或饮用水保温桶，施工区应配备流动保温水桶，水质应符合饮用水安全卫生要求。

2）现场宿舍的管理

（1）现场宿舍必须设置可开启式窗户，宿舍内的床铺不得超过2层，严禁使用通铺。

（2）现场宿舍内应保证有充足的空间，室内净高不得小于2.4m，通道宽度不得小于0.9m，每间宿舍居住人员不得超过16人。

（3）现场宿舍内应设置生活用品专柜，门口应设置垃圾桶。

（4）现场生活区内应提供为作业人员晾晒衣物的场地。

3）现场食堂的管理

（1）现场食堂应设置在远离厕所、垃圾站、有毒有害场所等污染源的地方。

（2）现场食堂应设置独立的制作间、储藏间，在门扇下方应设不低于0.2m的防鼠挡板，配备必要的排风设施和冷藏设施，燃气罐应单独设置存放间，存放间应通风良好并严禁存放其他物品。

（3）现场食堂的制作间、灶台及其周围应铺贴瓷砖，所贴瓷砖高度不宜小于1.5m，地面应做硬化和防滑处理，炊具宜存放在封闭的橱柜内，刀、盆、案板等炊具应生熟分开，炊具、餐具和公用饮水器具必须清洗消毒。

（4）现场食堂储藏室的粮食存放台距墙和地面应大于0.2m，食品应有遮盖，遮盖物品应有正反面标识，各种佐料和副食应存放在密闭器皿内，并应有标识。

（5）现场食堂外应设置密闭式水桶，并应及时清运。

（6）现场食堂必须办理卫生许可证，炊事人员必须持身体健康证上岗，上岗应穿戴洁净的工作服、工作帽和口罩，应保持个人卫生，不得穿工作服出食堂，非炊事人员不得随意进入制作间。

4）现场厕所的管理

（1）现场应设置水冲式或移动式厕所，厕所大小应根据作业人员的数量设置。

（2）现场厕所地面应做硬化处理，门窗应齐全。

（3）现场厕所应设专人负责清扫、消毒，化粪池应及时清掏。

5）现场淋浴间的管理

淋浴间内应设置满足需要的淋浴喷头，盥洗设施应满足作业人员使用，并应使用节水器具。

6）现场文体活动室的管理

文体活动室应配备电视机、书报、杂志等文体活动设施和用品。

7）现场食品卫生与防疫

（1）施工现场应加强食品、原料的进货管理，食堂严禁购买和出售变质食品。

（2）施工作业人员如发生法定传染病、食物中毒或急性职业中毒时，必须在2小时内向施工现场所在地建设行政主管部门和卫生防疫等部门进行报告，并积极配合调查处理。

（3）施工作业人员如患有法定传染病时，应及时进行隔离，并由卫生防疫部门进行处置。

7.4.3　建设工程现场文明施工

文明施工是指保持施工现场整洁卫生、施工组织科学、施工程序合理的一种施工活动。建筑工程施工现场是企业对外的"窗口"，文明施工可以适应现代化施工的客观要求，有利于员工的身心健康，有利于培养和提高施工队伍的整体素质，促进企业综合管理水平的提高，提高企业的知名度和市场竞争力。

1）现场文明施工管理的内容

（1）规范施工现场的场容，保持作业环境的整洁卫生。

（2）科学组织施工，使生产有序进行。

（3）减少施工对周围居民和环境的影响。

（4）遵守施工现场文明施工的规定，保证职工的安全和身体健康。

2）现场文明施工的控制要点

（1）施工现场主要出入口应设置大门，大门应牢固美观，两侧应设置门垛并与围挡连接，大门上方应标有企业名称或企业标识，次出入口也应设专人负责。主要出入口明显处应设置"六牌二图"，即工程概况牌、入场须知牌、管理人员名单和监督电话牌、消防保卫牌、安全生产牌、文明施工牌、施工现场总平面布置图和工程立面图。

（2）施工现场必须实行封闭管理。沿工地四周连续设置围挡，市区主要路段和其他涉及市容景观路段的工地设置围挡的高度不低于2.5m，其他工地的围挡高度不低于1.8m。

（3）在建工程应使用密目式安全立网封闭，既可以保护作业人员的安全，又可以减少扬尘外泄。小区内多个工程之间可以用软质材料围挡，但在集中小区最外围，应当设置硬质围挡。严禁将围挡作为挡土墙使用或在围挡一侧堆放杂物。

（4）施工现场进出口必须设门卫，并实行外来人员登记和门卫交接班记录制度，治安保卫责任要分解到个人，项目部管理人员都是治安保卫员，并制定治安防范的措施，严防失盗事件发生。

（5）进入施工现场的所有人员都必须正确佩戴安全帽，门卫处应设置备用安全帽存放处，备足10个以上合格安全帽，施工现场所有工作人员必须佩戴工作卡。

（6）施工现场应进行施工道路统一规划，要平整、坚实，并进行混凝土硬化，达到黄土不露天。在基坑开挖前，施工现场必须设置便于车辆出入的冲洗泵和地漏。设备放置点、料场，以及办公室与宿舍门前都必须硬化。建筑物四周尽可能设置循环干道，以满足运输、消防的要求。道路应做成凸形，硬化宽度宜为5m，载重汽车转弯半径不宜小于15m。

（7）工程开工前，施工现场应对施工用水、排水系统进行统一规划，确定整体流水坡向，所有道路两侧、临时设施周围、塔式起重机基础、搅拌机沉淀池、外脚手架周围、总配电箱和分配电箱周围、钢筋作业区设备及其他设备周围都应设置具有明显排水坡度的排水沟或沉淀池，排水沟宽度宜为30cm，深度宜为10cm，所有排水要自成系统，保持畅通，流入城市污水干道前应经过沉淀。施工现场临时给水管线应埋入地下，无滴漏和长流水现象，施工现场必须有防泥浆、污水外流或堵塞下水道和排水河道的措施，并要符合施工现场排水总平面图的布置。

（8）施工现场要按照总平面布置图进行合理规划，必须有明显的办公区域、生活区域、施工作业区域的划分，各区域应相互隔开。

（9）施工现场的材料、构配件、料具必须按总平面指示位置堆放和设置。材料堆放应整齐、美观有序，要悬挂或固定50cm×45cm的硬质物料标识牌，并注明材料的名称、品种、规格、数量、产地、检验状态等。

（10）施工现场的建筑垃圾应按品种、名称等标牌指示的位置集中分类堆放，集中清运，易燃易爆物品要分类存放，并注明品种、规格、性质的标识牌。各种材料、垃圾、物品堆放要整齐、清洁有序，标牌栏内要注明责任人姓名，做到工完料净场地清，保持场容场貌整洁并建立日清扫制度，责任到人。

（11）施工现场的机械设备（如混凝土地泵、搅拌机、轮子锯、卷扬机、切断机、弯曲机、箍筋机、无齿锯等）必须采用定型化、工具化、易于装拆的防尘防护棚。

（12）施工现场应设置办公室、会议室、资料室、门卫值班室等办公设施；宿舍、食堂、厕所、淋浴间、开水房、阅览室、文体活动室、卫生保健室等生活设施；仓库、防护棚、加工棚、操作棚等生产设施；道路、围墙、大门、供水处、吸烟处、密闭式垃圾站（或容器）等辅助设施，所有临时设施使用的建筑材料应符合环保、消防的要求。

（13）施工现场搭建的办公设施和临时设施必须采用定型化、工具化的材料，应优选隔热环保彩钢板制作。

（14）工程开工时，必须有绿化规划。

（15）施工现场应根据工程状况和施工阶段有针对性地设置、悬挂、张贴人性化的安全标语、横幅，以及禁止、警告、指令、提示的安全标志，各种安全标志必须符合国家标准，做到齐全、整洁、醒目、悬挂位置得当，并按照施工现场总平面图布置，悬挂高度宜在2.0m～3.5m。

单元总结

随着社会和经济的发展，职业健康安全和环境问题也日益凸显。为了保证劳动生产者和参与者在生产过程中的健康安全和保护人类的生存环境，必须加强职业健康安全与环境管理。按照法律法规、各级主管部门和企业的要求，保护和改善作业现场的环境，控制现场的各种粉尘、废水、废气、固体废物、噪声、振动等对环境的污染和危害。

本单元主要内容是理解职业健康安全与环境管理的概念、目的、任务、特点和基本原则；掌握职业健康安全的控制措施、安全事故分类和安全事故处理程序；掌握建筑工程环境保护的要求和施工控制措施。

单元练习

一、填空题

1._____是组织管理体系的一部分，是组织对与其业务相关的职业健康风险的管理，包括为制定、实施、实现、评审和保持职业健康安全方针所需的组织结构、计划活动、职责、惯例、程序、过程和资源。

2.建设工程项目_____的目的是保护生态环境，使社会的经济发展与人类的生存环境相协调。

3.按施工项目形成过程的时间阶段划分，施工项目安全控制可分为施工准备阶段和_____两个环节。

4.安全生产责任制度是最基本的安全管理制度，包括项目经理安全职责、_____、作业队长安全职责、班组长安全职责、操作工人安全职责、承包人对分包人的安全生产责任、分包人安全生产责任。

5.新员工上岗前的三级安全教育通常是指工厂级安全教育、车间级安全教育、班组级安全教育。对建设工程来说，三级安全教育可分为企业（公司）级安全教育、_____、班组级安全教育。

二、单项选择题

1.各建设工程项目的条件不同，其所面临的危险因素和防范措施也会有所不同。员工在转移工地后需要一定的时间来熟悉新的工作环境，而对于工作制度和安全技术措施的调整，员工同样需要有一个熟悉的过程。这说明施工项目安全控制具有（　　）的特点。

A.控制面广　　　　　　　　B.动态性

C.交叉性　　　　　　　　　D.严谨性

2.施工项目安全控制的程序中，确定项目安全目标之后需要进行的工作是（　　）。

A.编制项目安全技术措施计划　　B.项目安全技术措施计划的验证

C.项目安全技术措施计划的实施　　D.持续改进

3.特种作业人员应具备的条件是：必须年满（　　）周岁以上，而从事爆破作业和煤矿井下瓦斯检验的人员，年龄不得低于20周岁。

A.16　　　　　　　B.17　　　　　　　C.18　　　　　　　D.19

4.“三同时”制度是指凡是我国境内新建、改建、扩建的基本建设项目（工程），技术改建项目（工程）和引进的建设项目，其安全生产设施必须符合国家规定的标准，必须与（　　　）同时设计、同时施工、同时投入生产和使用。

A.单向工程　　　　B.单位工程　　　　C.主体工程　　　　D.附属工程

5.（　　　）的安全教育，包括劳动安全卫生的法律、法规；安全技术、劳动卫生和安全文化的知识、技能；本企业、本班组和一些岗位的危险危害因素、安全注意事项；本岗位安全生产职责；典型的事故案例及事故抢救与应急处理措施等内容。

A.企业安全管理人员　　　　　　　B.班组长和安全员

C.企业领导　　　　　　　　　　　D.行政管理干部

6.安全网的立网随施工层提升，网高出施工层（　　　），网下口与墙生根牢靠，离墙不大于15cm，网之间拼接严密，空隙不大于10cm。

A.0.8m　　　　　　B.1m　　　　　　　C.1.2m　　　　　　D.1.5m

7.按事故造成的人员伤亡或直接经济损失分类，（　　　）是指造成3人以上10人以下死亡，或者10人以上50人以下重伤，或者1 000万元以上5 000万元以下直接经济损失的事故。

A.特别重大事故　　　　　　　　　B.重大事故

C.较大事故　　　　　　　　　　　D.一般事故

8.安全事故发生后，事故现场有关人员应当立即向本单位负责人报告；单位负责人接到报告后，应当于（　　　）内向事故发生地县级以上人民政府安全生产监督管理部门和负有安全生产监督管理职责的有关部门报告。

A.1小时　　　　　　B.2小时　　　　　　C.8小时　　　　　　D.24小时

9.自事故发生之日起（　　　）天内，事故造成的伤亡人数发生变化的，应当及时补报。道路交通事故、火灾事故自发生之日起7天内，事故造成的伤亡人数发生变化的，应当及时补报。

A.10　　　　　　　B.15　　　　　　　C.20　　　　　　　D.30

三、多项选择题

1.职业健康安全与环境管理的任务是建筑生产组织为达到建筑工程的职业健康安全与环境管理目的的（　　　）的协调活动，包括制定、实施、实现、评审和保持职业健康安全与环境方针所需的组织机构、计划活动、职责、惯例、程序、过程和资源。

A.指挥　　　　　　B.计划　　　　　　C.实现

D.控制　　　　　　E.开展

2.建设工程职业健康与环境管理的特点有（　　　）、多样性、协调性和经济性。

A.单一性　　　　　　B.复杂性　　　　　　C.阶段性

D.持续性　　　　　　E.科学性

3.“三同时”制度是指凡是我国境内新建、改建、扩建的基本建设项目（工程），技术改建项目（工程）和引进的建设项目，其安全生产设施必须符合国家规定的标准，必须与主体工程（　　　）。

A.同时立项　　　　　　B.同时设计　　　　　　C.同时施工

D.同时投入生产和使用　　E.同时拆除

4.固体废物处理的基本思路是采取资源化、减量化和无害化的处理，对固体废物产生的全过程进行控制。固体废物的主要处理方法有（　　）、稳定和固化。

A.回收利用　　　　　　B.减量化处理　　　　　C.吸附法

D.填埋　　　　　　　　E.焚烧

四、简答题

1.简述安全检查的注意事项。

2.试列举安全事故处理程序。

3.事故调查报告应当包括哪些内容？

4.简述建筑施工场界噪声限值的要求。

5.现场文明施工管理的内容包括哪些？

教学单元 8
建设工程项目资源管理

教学目标

☐ 知识目标：理解工程项目管理资源的概念、目的和要求；掌握工程项目管理资源的范围、内容、程序；理解工程项目人力资源的管理方法；了解人力资源的计划编制和考核；掌握工程项目材料分类、管理办法；掌握工程项目机械设备的获取方式、计划编制、管理办法；理解工程项目技术管理内容；理解工程项目资金管理；了解工程项目信息管理相关知识。

☐ 能力目标：具备工程项目资源管理计划编制能力；具备参与工程项目资源管理的能力。

☐ 素养目标：培养学生的质量意识、安全意识，引导学生在工程建设中要精心组织，严格把关；要树立科学态度，掌握科学知识，运用科学思维，不断提高实际工作中发现问题、分析问题、解决问题的能力；培养学生互相支持、互相配合的团队协作能力。

8.1　建设工程项目资源管理概述

工程项目建设中的人力、材料、机械设备、技术、资金和信息均属于工程项目资源，它们是最终形成工程项目实体必不可少的有形、无形物质和知识基础，对这些资源进行有效的计划、组织、指挥、协调和控制，使其发挥应有的作用，给工程项目带来增值，确保工程项目达到或超越我们的预期目标，是进行建设工程项目资源管理的目的。

8.1.1　工程项目资源管理的概念和特点

建设工程项目资源管理是对项目所需的人力资源、材料、机械设备、技术、资金和信息进行计划、组织、指挥、协调和控制的专业化活动，简称工程项目资源管理或资源管理。

工程项目资源管理的特点：

（1）工程项目实施所需的资源种类多、需求量大。

（2）工程项目对资源的消耗不均衡。按照建设工程项目的施工特点，资源的消耗量呈现由无到有、由小到大，再由大到小的整体需求特点。在不同时期，各种资源消耗呈现不同的特征。

（3）资源供应受外界影响很大，具有一定的复杂性和不确定性，且资源经常需要在多个项目之间进行调配。也就是说，当资源供应受到外界因素（如社会、经济、气候等）的影响时，其供应结构、供应量和供应周期会相应随之变化；同时，为了保证资源的合理利用，在一个项目中或多个项目之间需要进行合理调配，以有效利用有限的资源。

（4）资源对项目成本的影响很大。资源构成了建设项目的基本成本，要做好成本控制，资源管理是关键。

提高资源管理水平，加强资源管理控制，事前对资源进行充分的调查和研究，是保证工程项目顺利进行，达到预期的质量、进度和成本目标的基本保障。

8.1.2　工程项目资源管理范围

1）人力资源

人力资源是各种资源中最重要、最具主观能动性的因素，具有非常重要的作用。管理对象包括工程项目中不同层次的项目管理人员和参与作业的生产工人。

项目管理人员包括企业高管、企业各职能部门负责人及部门成员、项目经理、项目技术负责人、技术员、施工员、材料员、资料员等；生产工人包括瓦工、钢筋工、混凝土工、架子工、电焊工、水电工、普工、塔式起重机司机等一线作业人员。人是生产中最活跃的因素，人具有能动性和社会性，人可以组织、协调、控制其他资源的有效利用，因此必须予以重视。

2）材料

材料是直接或间接形成建筑物实体的物质，如石灰、石子、砂子、水、钢筋、型钢、防水材料、保温材料、各种砌体、乳胶漆、壁纸、铝合金板等。在土建工程造价中材料费用一般占工程成本的65%～75%，占建筑企业流动资金的50%～60%。因此，材料管理是建筑企业生产经营的一个重要环节。

3）机械设备

工程项目的机械设备主要是工程项目施工所需的施工机械设备，它是建筑生产力的重要组成因素，现代建筑企业是运用机器和机械体系进行工程施工的，施工机械设备是现代建筑企业进行生产活动的基本技术保证设施，包括施工中使用的挖掘机械、起重机械、压实机械、路面机械、打桩机械等。

机械设备还包括建筑物在运营阶段使用的电梯、消防风机、厂房吊车等设备。这些机械设备是需要建筑企业在施工阶段购买、安装并进行管理的。本单元我们讲的工程项目机械设备管理主要是指对施工中所需的施工机械设备的管理。

4）技术

技术是指人们在改造自然、改造社会的生产和科学实践中积累的知识、技能、经验。技术具体包括影响工程项目的操作技能、劳动手段、生产工艺、检验试验方法及管理程序和办法等。任何物质生产活动都是建立在一定的技术基础上的，也是在一定技术要求和技术标准的控制下进行的。随着生产的发展，整体技术水平也在不断提高。

技术管理是对各项技术工作要素和技术活动过程的管理。建设工程项目的单件性、复杂性、受自然条件影响大的特点，决定了其技术管理工作的复杂性和重要性。

5）资金

工程项目建设需要大量的资金支持，从资金流动过程来讲，首先是资金流出，即将资金投入到施工项目上；其次是资金流入，即最终取得的利润。资金的合理使用是施工项目能够有序进行的重要保证，这也是常说的"资金是项目的生命线"的原因。而最终实现资金净流入，是企业参与工程项目建设的最终目的。

6）信息

信息指的是用口头、书面或电子的方式传输（传达、传递）知识、新闻，以及可靠的或不可靠的情报。声音、文字、数字和图像等都是信息表达的形式。

建设工程项目的信息包括在项目决策过程、实施过程和运行过程中产生的信息，以及其他与项目建设有关的信息，包括项目的组织类信息、管理类信息、经济类信息、技术类信息和法规类信息。

8.1.3　工程项目资源管理的目的和要求

1）工程项目资源管理的目的

工程项目资源管理的目的是通过对工程项目资源的计划、组织、指挥、协调和控制等专业化活动，使工程项目资源适时、适量、按比例优化配置到工程项目建设中，充分发挥其作用，满足工程项目对质量、进度、成本的要求。

2）工程项目资源管理的要求

（1）资源优化配置与组合。

①对资源进行优化配置就是对资源进行优化管理，即适时、适量地按照一定比例配置资源，并投入到施工生产中，以满足需求；

②进行资源的优化组合，即对投入项目的各种资源进行适当、协调的搭配，使其能够充分发挥作用，更有效地形成生产力。

（2）合理节约使用资源。在建设工程项目运行中，合理节约使用资源是控制成本、完成工程项目资源管理的重要手段。

（3）动态管理资源。建设工程项目具有一次性和不可逆性，项目的实施过程是一个不断变化的过程，对资源的需求也会不断发生变化，因此资源的配置与组合管理也需要根据项目实际情况进行动态管理。

8.1.4　工程项目资源管理的程序

（1）明确项目的资源需求。

（2）分析项目整体的资源状态。

（3）确定资源的各种提供方式。

（4）编制资源的相关配置计划。

（5）提供并配置各种资源。

（6）控制项目资源的使用过程。

（7）跟踪分析总结改进。

8.1.5　工程项目资源管理的内容

1）人力资源管理

人力资源管理的内容主要包括管理人员和施工人员的招收、培训、录用和调配；劳务单位和专业单位的选择和招标；科学合理地组织劳动力，节约使用劳动力；制定、实施劳动定额和定员；改善劳动条件，保证企业员工在生产中的安全与健康；加强劳动纪律，开展劳动竞赛；进行企业员工的考核、晋升和奖罚。

2）材料管理

材料管理主要是指在材料计划的基础上，对材料的采购、供应、保管和使用进行组织、指挥、协调和控制，其具体内容包括材料定额的制定、材料计划的编制、材料的订货采购、材料的组织运输、材料的仓库管理和发放、材料的现场管理、材料的成本管理等方面。

3）机械设备管理

机械设备管理主要包括机械设备的合理装备、选择、使用维护和修理等。建设工程项目施工中，应正确、合理地使用机械设备，保持其良好的工作性能，减轻机械磨损，延长机械使用寿命，并注意机械设备的保养和更新。

4）技术管理

建设工程项目的施工过程是一项复杂的多工种操作的综合过程，其具体技术管理内容主要有以下两个方面：

（1）技术准备阶段：合同、图纸、标准规范的技术要求，图纸的会审及交底，编制施工组织设计，编制施工方案，完成技术管理相关制度的制定等。

（2）技术管理阶段：技术交底、施工技术标准和规范的执行，施工组织设计执行及检查，施工方案执行及检查，设计变更管理，技术原始记录，技术资料管理等。

5）资金管理

资金管理的主要内容包括资金计划、资金筹集、资金分配和使用、资金回收。另外，资金的流动、资金预测与对比、资金使用效果考核等工作也是资金管理的内容。

6）信息管理

信息管理的内容包括项目信息的分类、项目信息的编码、项目信息的处理和使用管理。

8.2 工程项目人力资源管理

8.2.1 工程项目人力资源计划

1）人力资源的确定

（1）人员确定的原则

①人员确定标准必须先进合理。管理人员的确定标准主要依据企业、部门的人事制度要求、岗位编制和职责要求，并通过管理总结和学习其他先进企业的用人标准制度和选拔方式通过推荐、招聘、竞聘等方法，来选择高素质管理人员，提高项目的整体管理水平。

生产工人的确定主要从技能、经验、年龄、持证等方面进行综合评定。当使用整体劳务队时，主要审查劳务队的资质、信誉、业绩、管理人员组成和作业人员持证等情况。

②有利于促进生产和提高工作效率。是否能够促进生产、满足生产要求、利于提高工作效率是确定人员的重要考虑因素。确定人员的工作任务，应是在其努力的情况下有可能完成的任务，考核完成情况，并通过奖罚的方式，激发员工的工作积极性和劳动热情。尽量使人员和组织机构保持稳定，保证连续施工，以提高工作效率。

③正确处理各类人员之间的合理比例。例如，施工现场人员，包括直接生产工人和非生产人员。直接生产工人如瓦工、钢筋工、混凝土工、架子工、电焊工、电工、水工、普工、塔式起重机司机等一线作业人员，是工程项目形成实体的操作人员，对项目质量、进度起着直接决定作用；而非生产人员是为直接生产工人服务的人员，如工地警卫、医生、厨师、勤杂人员、工地管理人员等，根据项目建设的人员投入按比例计算，或根据实际需要进行配置。对于大型施工项目，非生产人员的投入比例为5%～10%；对于中小型施工项目，非生产人员的投入比例较小。

④人员确定应根据项目生产的特点和发展规律进行不断完善，既要适时增减，又要保持相对稳定。

一个工程项目的基本施工程序为施工前准备、土方施工、地基基础施工、主体施工、屋面施工、安装工程施工、装饰装修工程施工、室外管网和景观绿化工程施工等。在不同的施工阶段，生产人员和管理人员的工种、专业、人数都有所不同，人员数量一般符合由少到多，再慢慢减少的普遍规律。

工程项目经理部可以根据施工阶段调整项目管理人员的组成。对于较小的项目，在工程初期，工程项目经理部可以由项目经理、项目副经理、技术员、材料员、土建工长、资料员和内勤人员组成；随着项目的开展，工程项目经理部可以增加以上人员的人数，并逐步增加安装工长、装饰装修工长和景观绿化管理人员等。对于较大的项目，工程项目经理部可以下设多个部门，如项目经营部、技术部、材料部、生产部等。其中，部门核心人员应保持相对稳定，其他人员则应根据项目的进展适时进行调整。保证人尽其用，节约人力资源成本。

生产工人的确定也应符合工程项目生产的需求，根据工程进度计划，做到生产工人及时进场、保证工程进度、保证工人能够连续施工而不窝工、工人能够及时退场，达到节约人力开支，节约临时设施的搭建和使用维护费用。

（2）人员确定的依据和方法

根据工程项目对象多变、任务分散、工作性质复杂等特点，人员的确定应根据具体工程项目的工程量、进度、人员工作效率等因素确定，主要有以下方法：

①按施工定额确定，根据任务的工作量和工人的劳动效率计算定员人数。

A.确定工作量。在编制人力资源计划时，可以利用已编制的预算文件（如施工图预算或施工预算）导出相关工作量并汇总。例如，在施工进度计划中计算"砌筑墙体"的总工程量时，可先分析它包括哪些施工内容，再从预算文件中摘出这些内容的工程量，最后将它们全部汇总即可求得总工程量。如果施工进度计划中某些施工过程与预算文件的内容不同或有出入时，则应根据施工实际情况加以修改和调整，并重新计算工程量。

B.确定劳动量。确定了施工过程及其工程量后，便可套用施工定额计算劳动量。在套用国家或当地颁布的施工定额计算劳动量时，必须注意结合本企业或项目工人的技术等级、实际操作水平、施工机械设备情况和实际现场条件等因素，确定定额的实际水平，使计算出来的劳动量符合实际需求。

C.计算劳动力投入量。

劳动力投入量的计算公式为：劳动力投入量（人数）= 各施工过程工程量 /（相应施工过程的产量定额×工作班次×工作时间）。

②按机械设备确定。根据机械设备数量、机械设备工作班次和机械设备定额配备人员数量来计算劳动力投入量。

③按岗位确定。根据所设置的岗位数、各岗位的工作量和工作人员的劳动效率来计算劳动力投入量，主要用于计算项目经理部管理人员和专业技术人员的数量。

④按比例确定。根据生产工人的一定比例，确定服务人员和辅助生产人员的数量。

⑤按组织机构的职责范围和业务分工确定。这一方法主要用于计算企业管理人员和专业技术人员的数量。

（3）人员确定的要求

①建立健全定员管理制度。一切人员都要"定岗""定人""定职责范围"，使人员工作内容明确。

②机构设置要求精简、慎重，严格控制增加非生产人员和增设临时机构等。

③施工人员的编制要随着项目规模、机械化水平、工艺技术水平、劳动组织和操作水平及业务水平的变化，适时进行调整，并实施动态管理。

2）人力资源计划的编制要求

人力资源计划是工程项目人力资源管理任务得以实现的重要保证，它有以下编制要求：

（1）保持劳动力均衡使用。如果劳动力使用不均衡，则会产生劳动力过剩、生产率低下或劳动力不足、不能满足生产需求的问题。劳动力成本的增加不仅会影响施工进度，还会带来住宿、交通、饮食、工具和进度索赔等方面的问题。现场施工应尽量组织流水施工，使劳动力保持均衡。

（2）根据工程的实物量和定额标准分析劳动需用总工日，确定各层次施工人员的数量和比例，以便对现有人员进行调整、组织、培训，保证人力资源的供应。

（3）准确计算工程量和施工期限。劳动力管理计划的编制质量直接影响施工期，工程量越准确，施工期限越明确，劳动力使用计划编制才能够准确、合理。

3）工程项目人力资源计划的编制

人力资源计划主要依据已确定的工程项目进度计划来编制，工程项目进度计划有横道图和网络图两种。其中，横道图可以较直观地反映工程项目建设中所需的各种技术工人和普工的种类、数量，还可以相应地计算出管理人员的数量。人力资源计划一般要求按月或旬，由项目经理部编制。

单位工程施工进度计划决定了各单位工程的分部分项工程的施工顺序、工程量、延续时间和各工种人数，它是经过组织流水施工优化，来消减劳动力高峰值及低峰值，反复进行综合平衡调整后，得出的工程进度计划。由此可计算出单位工程人力需求量，反映了计划期内应调入、补充、调出的各种人员变化情况。经历了初排、检查、调整的过程，得出合理的工期，满足施工合同及各方的要求。

在编制人力资源计划时，应注意工程量、可投入的劳动力、可持续时间、工作班次、实际劳动效率等因素。同时，在施工时也可以安排混合型班组承担一些工作任务。此时，企业需要考虑混合班组的整体劳动效率，以及工作面、设备能力和材料供应能力的制约，或与其他班组工作的协调性问题。

按施工工程进度计划计算的劳动力需要人数，应分工种进行统计，得出一定时间段所需的工种和人数，并按时间进度要求汇总编制。

人力资源计划还应考虑其他人员，如为劳动力服务的人员、工地保安、勤杂人员、项目管理人员等的需求量，应根据工程进度、劳动力投入、企业编制和相关人事管理制度等来确定。

8.2.2　工程项目人力资源管理

1）企业对人力资源的管理

施工企业与工程项目经理部对工程项目人力资源均有管理职能，根据各企业的管理经验、管理习惯、人事管理制度、工程项目大小和技术难度不同而有所差别。企业人力资源管理在工程项目人力资源管理中起着主导作用，其主要工作有：

（1）根据企业相关人事制度和工程项目的大小、性质、难度，通过推荐、竞聘、招聘的形式确定项目部项目经理的人选。

（2）协助项目经理明确与企业其他职能部门，如企业经营、技术管理部、材料部、财务部等的管理权限和管理职责范围。

（3）以项目经理为主导，协助项目经理组建项目经理部。

（4）负责签订劳务合同，监督劳务合同的执行。

（5）根据项目经理部的临时劳动力需求，及时从社会劳务市场招募和派遣劳务人员。

（6）根据项目经理部提出的劳动力需求计划，及时派遣劳动力交予项目经理部进行管理，对于较小的劳务队，可以由项目经理部自行确定。

（7）在必要时对劳务人员进行企业范围内培训和各工程项目之间的调度、平衡和统一管理，提高劳动使用率，避免窝工，以降低人力资源成本。

2）项目经理部对人力资源的管理

（1）项目经理按照企业人事管理制度，在企业人力资源管理部门的协助下成立项目经理部。项目经理对项目经理部人员有直接管理权力。项目经理部根据工程进度实行动态管理。

（2）劳务合同签订后，劳务人员由项目经理部负责指挥，并具体执行劳务合同，负责劳务费用的审核和支付批复。

（3）项目经理组织项目经理部人员制定施工人员和劳务公司的规章制度，这是对劳务人员进行有效管理的保障，是对执行劳务合同的细化和组织准备。

3）人员的聘任和劳务队的招标

现阶段企业管理人员普遍实行聘任制，分为内部聘任和外部招聘。通过聘任方式组建项目经理部更有利于发现、培养高素质管理人员，提高企业的整体管理水平，形成有利的竞争机制。

工程项目确定劳务队常用的两种形式：一种是长期合作关系，企业对劳务队的施工能力、管理水平比较了解，双方已形成默契合作关系，可以马上进入工地开展施工工作。但这种形式不利于竞争机制的发挥，不能发现更好的合作伙伴，成本控制无法突破。另一种是采用劳务队招标形式，这是一种较好地选择劳务队的方法，企业可以选取服务好、价格低廉的新劳务队，但其缺点是双方有磨合期，不能判断劳务队实际的管理能力和施工水平，有一定隐患。因此，较小的工程可以采用第一种形式，较大的劳务分包应采取招标形式。

4）人力资源的培训

（1）培训的意义

人力资源的培训是企业劳动管理的一项主要内容，是企业为提高人员政治、文化、科学、技术和管理水平而进行的教育和培训。企业为完成经营目标，增强企业后劲，必须提高企业职工的素质。为此，企业本着"学以致用"的原则，应对所有人员（包括企业高管、部门负责人、项目经理、工程技术人员、管理人员、班组长、工人和劳务人员等）进行有计划、有重点的专门培训。

（2）培训的形式和要求

①人力资源培训要从实际出发，兼顾当前和长期需求，采取多种方式，如岗前培训、在职学习、业余学习、半脱产专业技术训练班、脱产轮训班和专科大专班；

②人力资源培训应直接有效地为企业生产工作服务，要有针对性和实用性，讲究质量、注重实效；

③人力资源培训应从上而下建立完整的培训系统，建立专门的培训机构，形成专门的培训模式；

④建立考试考核制度。

（3）管理人员的培训

①岗位培训。岗位培训旨在提高技术管理人员的本职工作能力，根据生产发展和技术进步的需要，不断提高其适应能力，更好地完成本职工作。岗位培训是对一切从业人员，根据岗位或者职务对其具备的全面素质的要求，按照相应的劳动标准、规范进行培训活动，包括对项目经理的培训，对基层管理人员和土建、装饰、水暖、电气工程人员的培训以及其他岗位的业务、技术干部的培训。

②继续教育。采取分时间、分层次、多形式的方法，对具有中专以上学历的管理人员的继续教育。

③学历教育。学历教育主要是有计划选派部分管理人员到高等院校深造，培养企业高层次管理人员和技术人员，毕业后回企业继续工作。

（4）生产工人的培训

①班组长培训。按照国家建设行政主管部门制定的班组长岗位规范，对班组长进行培训，通过培训最终达到班组长标准持证上岗。

②技术工人等级一般分为初级、中级和高级，是衡量技术工人业务水平和工作能力的尺度，培训内容应根据各省建设行政主管部门的相关规定要求制订具体的培训方案，使工人在知识理论和实际操作两个方面满足企业、岗位和项目的要求。

③特种作业人员的培训。根据国家有关特种作业人员必须单独培训、持证上岗的规定，对从事电工、焊工、架子工、塔式起重机司机、信号指挥工等工种的特种作业人员进行培训，要求100%持证上岗。

④对外地施工队伍的培训。按照各省、市有关外地务工人员必须进行岗前培训的规定，对所有的外地务工人员进行培训，颁发省、市统一制发的外地务工人员就业专业训练证书。

5）劳动力管理

目前，工程项目施工现场的劳动力大致可分为分包（社会）劳动力和自有班组劳动力两类。我国大部分建筑工程项目采用分包（社会）劳动力的方式，而对施工单位和工程项目专业性要求较高的企业，则采用自有班组劳动力的方式。相对于分包（社会）劳动力而言，自有班组劳动力具有责任心强、技术水平高、沟通简单等特点，往往用于重要的、特殊的施工项目和区域。

（1）自有班组劳动力的特点。班组是企业的最基本单元，是最基层、最直接的生产单位，直接与劳动对象、生产工具相结合，站在为社会创造物质财富的最前沿，是企业各项工作的中心，是培养人、造就人的重要阵地，也是企业生存发展的源泉。

（2）班组建设的内容。一个班组是由兴趣、爱好、性格各不相同的人员组成的，为了使各成员能够协调一致，互相配合，完成同一目标而共同努力，就必须加强对班组的建设。具体来说，对班组的建设主要应从班组组织建设、业务建设、劳动纪律和规章制度建设、工作协调建设、生活需求建设等方面进行。

6）劳动纪律和劳动保护

（1）劳动纪律。劳动纪律是指劳动者在共同劳动中必须遵循的规则和秩序。

劳动纪律是组织集体劳动不可缺少的条件，是加强企业管理和项目管理，提高劳动生产率的重要保证。

巩固劳动纪律和加强劳动纪律，首先必须做好思想教育工作，提高广大职工遵守纪律的自觉性，建立健全各种规章制度和必要的奖惩制度，做到有奖有罚，奖罚分明。对一贯遵守劳动纪律者，应予以表扬和奖励；对不遵守纪律者，既要做好耐心细致的教育工作，又要予以严肃批评；对严重破坏劳动纪律、玩忽职守、造成严重后果者，应予以必要的处分，甚至可以追究刑事责任。

（2）劳动保护。劳动保护是国家保护劳动者在生产中的安全与健康的一项重要政策，也是劳动管理的一项重要内容。

施工现场高空和地下作业多，现场环境复杂，都是露天和野外作业，劳动条件差，不安全因素多，是一个事故发生频率较高的行业。这个行业的特点要求企业领导重视安全问题，在组织上、技术上、经济上采取措施以保证安全生产，保护职工健康。安全、卫生的工作环境有助于激发职工愉快的情绪，发挥职工的积极性，提高职工的工作效率。

劳动保护的主要内容包括安全技术、工业卫生、劳动保护制度三个方面：

① 安全技术是指在生产过程中，为了防止和消除伤亡事故、保障职工安全而采取的各种安全技术措施。建筑工程施工过程中，高空作业多，露天操作、高空坠落、物体打击可能性大，施工现场有各种机械设备、电气设备、高压动力设备、临时供电电路，均是危险源，对这些危险源必须有专门的安全技术措施。

②工业卫生是指在生产过程中对高温、粉尘、噪声、有害气体和其他有害因素的防止和消除，以改善劳动条件，保护职工健康。建筑企业必须注意在暑热、严寒、强风、多雨季节的劳动保护和安全施工，严格控制废气、废水、粉尘和噪声等公害。对接触粉尘（如石粉、水泥粉等）的工种，建筑企业应改进生产工艺，增加通风设备，并注意施工现场的清洁卫生，及时清理废料。

③劳动保护制度是指同保护劳动者的安全和健康有关的一系列制度。劳动保护制度包括生产行政管理制度和生产技术管理制度两个方面。生产行政管理制度包括安全生产责任制、安全生产教育制度、安全生产检查监督制度、伤亡事故的调查报告分析处理制度、劳动保护用品和保健食品发放管理制度、保证实现劳逸结合的各种轮休制度、加班加点审批制度、女工保护制度等。生产技术管理制度包括安全生产技术措施计划、设备的维护检修制度、安全技术操作规程等。

7）人力资源的动态管理

人力资源的动态管理指的是根据生产任务和施工条件的变化对劳动力进行跟踪平衡、协调，以解决劳务失衡、劳务与生产要求脱节的动态过程。其目的是实现劳动力动态的优化组合。

项目经理应对项目经理部人力资源进行动态管理。人力资源动态管理包括以下内容：

（1）项目经理应对进场劳务队进行入场教育、过程管理、经济结算、队伍评价。

（2）凡进场劳务人员都应进行入场教育，包括讲解工程施工要求、进行技术交底和组织安全考试。

（3）对施工现场的劳动力进行跟踪平衡，补充或减少劳动力，并向企业劳动管理部门提交申请计划。

（4）向进入施工现场的作业班组下达施工任务书，进行考核并兑现费用支付和奖惩。

（5）在施工过程中，项目经理部的管理人员应加强对劳务分包队伍的管理，按照企业有关规定进行施工，严格执行合同条款，不符合质量标准和技术规范操作要求的应及时纠正，对严重违约的按合同规定处理。

（6）工程结束后，由项目经理组织，项目经理部对分包劳务队进行评价，并将评价结果报企业有关管理部门。

（7）施工现场实行经济承包责任制。

8）人力资源的激励

人力资源激励是指通过认真科学地分析现场人员的合理需求，进行优化管理，并采取措施激发现场人员的内在潜力和能力，充分发挥现场人员的工作积极性和创造性，以提高工程质量、工程产量和生产率。

人员激励的原则包括：为实现工程项目目标而努力的目标原则；项目人员的报酬与贡献公平原则；满足项目员工个体或群体需求原则。

人力资源激励有物质激励和精神激励两种形式。

对于较固定的管理人员，应以精神激励为主，以物质激励为辅。比如，表扬、评选优秀工作者、职称评审、职位晋升等，并予以一定的物质激励。

对于劳务人员，应以物质激励为主，以精神激励为辅。一般可按完成工作量产生的利润，给予一定奖金或物质激励。

8.2.3　工程项目人力资源考核

人力资源考核应以人力资源计划、相关管理目标为依据，对人力资源的计划、组织、协调、指挥和控制工作进行分析和评价。对人力资源的考核应按计划定期进行，以便及时发现问题，及时进行修改和完善。

1）人力资源管理考核评比的标准及方法

人力资源管理考核评比方法有以下两种：一是采用百分制和等级考核相结合的评比方法；二是采用定期考核和不定期考核相结合的评比方法。

人力资源考评小组会从企业层面对项目经理部进行考核，还会从项目经理层面对项目部的管理人员、工人、劳务队进行考核。考核应有考核标准，考核前应召开动员会，客观公正地对每一位管理人员、工人、劳务队作出公开、公正评价，并对人力资源管理工作效果作出评估，提出改进措施。

2）对管理人员的考核

管理人员考核主要是根据被考核人员的德、才、能进行定性和定量考核，从工作业绩、工作态度和工作能力三个方面进行，管理人员绩效考核的方法有：

（1）主观评价法。考评人员依据一定的标准对被考核者进行主观评价，即将被考核者的工作业绩、工作态度和工作能力与其他被考核者进行比较，评出最终的顺序或等级。主观评价法比较简易，易受考评人员的主观影响，需要在使用过程中精心设计考核方案，减少考核的不确定性。

（2）客观评价法。考评人员依据工作指标的完成情况对被考核者进行客观评价，包括生产指标，如产量、销售量、废次品率、原材料消耗量等；个人工作指标，如出勤率、事故率、违规违纪次数等。客观评价法注重工作结果，忽略被考核者的工作行为，一般只适用于生产一线从事体力劳动的员工。

（3）工作成果评价法。考评人员设定一个工作业绩标准，将被考核者的工作结果与该工作业绩标准进行比较，重点考评被考核者的产出和贡献。

为保持员工的工作状态，企业可以通过奖惩、解聘、晋升、调动的方法，使员工的技能水平和工作效率达到岗位要求。

3）对工人、劳务队的考核

对工人、劳务队的考核主要是从产值、质量和材料消耗三个方面进行定量考核。项目经理部应以劳务合同为主要依据，对进场的工人、劳务队进行评价，考核内容包括是否按照组织有关规定进行施工；是否严格执行合同条款；是否符合质量标准和技术规范操作要求。工程结束后，由项目经理组织对工人、劳务队进行评价，并将评价结果报劳动管理部门。

4）人力资源考核的分类

（1）试用期考核。对试用期内或届满的人员进行考核，以确定是否正式录用。试用期一般为1~6个月。该项考核由项目经理或专门的劳动管理部门进行，对于技术类或较为重要的职位，需要会同其他职能部门一起考核。试用期优秀者，可以提前转正或正式录用；试用期不合格者，可以延期录用或解聘。

（2）业绩（绩效）考核。该项考核是针对工人在施工生产中的表现、工作量、工作质量等进行的一项综合考核。考评人员可以根据工作岗位的特点和要求，采取定岗定责、一人一岗一卡（工作绩效考核卡）的方式进行考核。工作绩效考核卡的内容包括岗位工作职责、工作要求和工作标准，按卡考评岗位工作。业绩考核应在每月、每年和项目结束时进行。

（3）调配考核。对工人的调配，人事管理部门应考虑工人的素质及技术水平，并向项目经理提出考核意见。调配事项确定后，人事管理部门应提供调配工人在本部门工作情况的考核结论和评语，以供新岗位负责人参考。

（4）离职考核。工人离职时，人事管理部门应对其在企业的工作情况作出书面考核，在离职前完成。企业应为离职工人出具工作履历证明及工作业绩意见，由人事管理部门负责办理，必要时可由部门主管协办。

对工人的考核，应当公开、公平、公正，实事求是，不得徇私舞弊；应以岗位职责和劳务合同为主要依据，坚持定性与定量考核相结合的原则；应客观反映人力资源管理的实际情况，及时进行调整，为工程项目的顺利进行服务。

8.3　工程项目材料管理

8.3.1　工程项目材料分类

1）按材料在建筑过程中所起的作用分类

（1）主要材料，是指直接用于建筑物上能够构成工程实体的各种材料，如钢材、水泥、木材、砖瓦、石灰、砂石、油漆、五金、水管、电线等。

（2）结构件，是指事先对建筑材料进行加工，经安装后能够构成工程实体一部分的各种构件，如屋架、柱、梁、板等。

（3）周转材料，是指在施工中能够反复多次周转使用，而又基本上保持其原有形态的材料，如模板、脚手架等。

（4）机械配件，是指修理机械设备所要使用的各种零件、配件，如曲轴、活塞等。

（5）其他材料，是指构不成工程实体的、但间接地有助于施工生产进行和产品形成的各种材料，如燃料、油料等。

（6）低值易耗品，是指固定单位价值不到规定限额，或使用期限不到1年的各种材料，如小工具、防护用品等。

这种分类方法便于企业制定材料消耗定额，从而进行成本控制。

2）按材料的自然属性分类

（1）金属材料又分为黑色金属材料（如钢筋、型钢、钢管脚手架、铸铁管等）和有色金属材料（如铜、铝、铅、锌及其半成品等）。

（2）非金属材料，如木材、橡胶、塑料和陶瓷制品等。

这种分类方法便于企业根据材料的物理性能和化学性能进行采购、运输、保管。

3）按材料的价值在工程中所占比重分类

建筑工程需要的材料种类繁多，但资金占用量的差距很大。比如，有的材料品种数量少，但资金占用量大；有的材料品种数量多，但资金占用量小；还有的材料则是介于这二者之间。ABC分类法，又称成本比重分析法、帕累托分析法，是根据"关键的少数，次要的多数"的原则，对品种众多的建筑材料进行分类，找出需要主要管理的材料，即根据建设项目材料占用资金的多少，把材料分为A、B、C三类。

4）按材料的采购方不同分类

建设工程项目材料的采购方可以是建设单位（甲方），也可以是施工单位（乙方）。通常建设单位采购的材料称为甲供材，而施工单位采购的材料则称为乙供材。建设单位应在招标时明确由哪一方采购，并在签订合同时确定。

建设单位对于影响工程质量的材料、影响观感的装饰材料和材料参数未确定或不易确定的材料（如钢材、水泥、石材、墙地砖等）往往采取甲供材方式，以便控制建设工程项目质量。虽然甲供材有利于建设单位控制材料质量，但是增加了建设单位的管理成本和管理难度，在材料计划、材料移交、数量控制等方面需要进行大量的、专业的协调工作。虽然甲供材减少了施工方的利润空间，但节省了施工方的资金成本和采购管理工作，从而降低了因施工方采购材料所带来的风险。

材料采购单位的不同会引起材料管理方法和管理重点的不同。

8.3.2 工程项目材料管理计划

材料管理计划是对工程项目所需材料的预测、部署和安排，是降低成本、加速资金周转、节约资金的一个重要因素，更是指导与组织工程项目材料的采购、加工、储备和供应的依据，对工程项目具有重要的意义。

1) 材料需求计划

材料需求计划的编制依据是工程项目设计文件及施工组织设计。材料需求计划反映了完成施工项目所需的各种材料的品种、规格、数量和时间要求，也是编制其他各项计划的基础。

材料需求计划一般划分为材料总需求量计划和材料计划期（年、季、月）需求计划。

（1）材料总需求量计划的编制。工程项目中标后，项目物资管理部门应根据企业投标部门的报价资料和经企业总工签署的施工组织设计，结合本工程的施工要求、特点，以及市场供应状况和业主的特殊要求，编制单位工程材料总需求量计划。单位工程材料总需求量计划是企业组织物资供应和进行总量控制的依据，也是企业编制工程制造成本中材料成本的主要依据。

材料总需求量计划应包括主要材料的供应方式、主要材料大概用量、供应商名称、所选定物资供应商的理由和材质证明、生产企业资质文件等。

①编制依据。编辑依据主要包括项目设计文件、项目投标书中的材料汇总表、施工组织设计、当期材料的市场采购价格和有关材料的消耗定额等。

②材料需求量计算。在工程任务明确、施工图纸齐全的情况下，可采用直接计算法，先按施工图纸计算出分部分项工程实物工程量，再套用相应的材料消耗定额，逐条逐项计算各种材料的需用量，最后汇总编制材料需求计划。在工程任务已经落实，而设计尚未完成、技术资料不全、不具备直接计算需求量的情况下，为了事前做好备料工作，可采用概算指标法、比例计算法、类比计算法和经验估算法进行计算。当设计图纸等技术资料备齐时，再按直接计算法进行调整。

③计划编制。首先，编制人员应通过各种途径了解投标书中工程项目的材料汇总表，熟悉审批的施工组织设计，了解工程项目的工期安排和机械使用计划；其次，编制人员应根据企业资源和库存情况，对工程所需物资的供应进行策划，确定采购或租赁的范围；最后，编制人员应根据企业和地方主管部门的有关规定确定供应方式（招标或非招标，采购或租赁），并在了解当期市场价格的前提下编制材料总需求量计划。

（2）材料计划期（年、季、月）需求计划的编制。按计划期的长短，该计划可分为年度、季度和月度材料需求计划。建筑工程项目一般采用季度或月度材料需求计划。

①编制依据。材料计划期（年、季、月）需求计划主要用于组织企业本计划期（年、季、月）内材料的采购、订货和供应等，其编制依据主要包括施工组织设计、

年度施工计划、企业现行材料消耗定额、计划期内的施工进度计划等。

②确定计划期材料需求量。确定计划期内材料的需求量，常用定额计算法和卡段法。

A.定额计算法：先根据施工进度计划中各分部分项工程量获取相应的材料消耗定额，求得各分部分项工程的材料需求量，再汇总求得计划期内各种材料的总需求量。

B.卡段法：先根据计划期施工进度的形象进度，从施工项目材料计划中摘出与施工进度相对应部分的材料需求量，再汇总求得计划期内各种材料的总需求量。

③计划编制。年度需求计划是物资部门根据企业年初制订的年度施工计划，通过套用现行的消耗定额编制的材料供应计划，也是企业控制成本、编制资金计划和考核物资部门全年工作的主要依据。季度需求计划是年度计划的滚动计划和分解计划。月度需求计划也称备料计划，一般是由材料使用部门依据施工方案编制的下月备料计划，经项目总工审核后报项目物资管理部门。

因此，在编制材料计划期（年、季、月）需求计划时，编制人员首先应了解企业年度计划目标、项目全年计划目标和工程年度施工计划目标；其次，根据市场行情，套用企业现行消耗定额，编制年度计划；最后，编制季度、月度材料需求计划。

2）材料供应计划

材料供应计划，即各类材料的实际进场计划，是项目材料管理部门组织材料采购、加工订货、运输、仓储等材料管理计划的行动指南，是根据施工进度和材料的现场加工周期所提出的最晚进场计划。

材料供应计划的编制，应注意从数量、品种、时间等方面进行平衡，以达到配套供应、均衡施工。材料供应计划中要明确材料物资的类别、名称、品种（型号）规格、数量、进场时间、交货地点、验收人和编制日期、编制依据、送达日期、编制人、审核人、审批人。

在材料供应计划的执行过程中，应定期或不定期进行检查，主要检查供应计划的落实情况、材料采购情况、订货合同执行情况、主要材料的消耗情况、主要材料的储备及周转情况等，以便发现问题及时处理解决。

编制时应注意以下三点：

（1）A类物资供应计划。A类物资的资金占用量较大，一般由项目材料部经理根据月度申请计划和施工现场、加工场地、加工周期和供应周期申报，企业物资部门审核、采购，并按计划要求供应材料。

（2）B类物资供应计划。B类物资由项目材料部经理根据审批的申请计划和工程部门提供的现场实际使用时间、供应周期报审、采购。

（3）C类物资供应计划。C类物资由施工工长、材料员按物资供应周期、现场需求，报项目经理审批，再由项目部组织采购进场。

在编制材料供应计划时，应在确定计划期需求量的基础上，预计各种材料的期初储存量、期末储备量，经过综合平衡后，计算出材料的采购供应量（材料采购供应量一般等于材料需求量和期末储备量之和扣除期初库存量）。

8.3.3　工程项目材料的订购与采购、进场验收、存储与管理

1）材料的订购与采购

材料的订购与采购是实现材料供应的首要环节。材料主管部门必须根据工程项目计划的要求，将材料供应计划按品种、规格、型号、数量、质量和时间逐项落实。这一工作习惯上称为组织货源。正确地选择货源，对保证工程项目的材料供应、提高工程项目的经济效益具有重要的意义。

（1）供货单位的选择。在订购与采购材料时，企业应做到货比三家，"三比一算"，即同样材料比质量，同样质量比价格，同样价格比运距，最后核算成本。对于临时性购买或一次性购买，主要应考虑供货单位的产品质量、价格、运费、交货时间和供应方式等是否对企业最有利；对于大宗材料，应尽量采用就近订货、直达订货，尽量减少中转环节。

供货单位应当是设备齐全、生产能力强，技术经验丰富，具有一定生产规模，建立了质量保证体系，并运行正常的企业。选择和确定材料供应单位是做好材料管理控制的基础。在采购和加工大宗材料时，可以通过招标的方式，择优落实供货单位。

（2）签订供货合同。供货单位落实以后，企业与供货单位应签订材料供货合同，明确双方经济责任。供货合同的内容应符合法律规定，内容包括材料名称、品种、规格、数量、质量、计量单位、单价及总价、交货时间、交货地点、供应方式、运输方法、检验方法、付款方式和违约责任等。

（3）材料订货方式。

①定期订货。它是按事先确定好的订货时间订货，每期订货数量等于下次到货并投入使用前所需材料数量减去实际库存量和已订在途量。其计算公式如下：

每期订货数量=（订货或供货间隔天数+保险储备天数）×平均日消耗量-实际库存量-已订在途量　　(8-1)

②定量订货。它是在材料的库存量由最高储备降到最低储备之前的某一储备量水平时提出订货的一种方法。订货的数量是一定的，一般是批量供给，是一种不定期的订货方式。

订货点储备量的确定有两种情况：

A.在材料消耗和采购期固定不变时，计算公式如下：

订货点储备量=材料采购期×材料平均消耗量+保险储备量　　　　　　　　　　(8-2)

式（8-2）中，材料采购期是指材料备运时间，包括订货到使用前加工准备的时间。

B.在材料消耗和采购期有变化时，计算公式如下：

订货点储备量=平均备运时间×材料平均日消耗量+保险储备量+考虑变动因素增加的储备　　(8-3)

③材料的经济订购量确定。所谓材料的经济订购量，是指用料企业从自己的经济效果出发，确定材料的最佳订货批量，以使材料的储存费达到最低。

材料储存费主要包括两项费用：

A.订购费。它是指与材料申请、订货和采购有关的差旅费、管理费等费用。它与材料的订购次数有关，与订购批量无关。

B.保管费。它是指被材料占用资金应付的利息、仓库和运输工具的维修折旧费、

损耗费等费用。它主要与订购批量有关，与订购次数无关。从节约订购费的角度出发，企业应减少订购次数，增加订购批量；从节约保管费的角度出发，企业应减少订购批量，增加订购次数。因此，企业应确定一个最佳的订购批量，使得材料储存的总费用最低。

2）材料的进场验收

材料进场验收是区分订货单位、收货单位和供货单位的责任与义务的重要管理工作。所有材料进场时都必须进行验收，验收依据为供货合同、材料计划表和建筑材料的相关标准规范。对不符合要求的材料，应拒收、退货。

进场的建筑材料，应由施工单位和监理单位（建设单位）的相关人员共同进行验收，验收内容包括质量证明资料检查、实物质量检查和见证取样检验。

3）材料的存储与管理

（1）建筑材料在施工过程中是逐渐消耗的，而各种材料又是间断、分批进场的，为保证施工的连续性，施工现场必须有合理的材料储备量。

材料储备应从经常储备、保险储备和季节性储备三个方面来考虑。

①经常储备。它是指为保证施工生产正常进行所需的合理储备。这种储备是不断变化的。

②保险储备。它是指为了保证施工生产在材料未能按正常的进料时间到达或进料不符合要求的情况下能够顺利进行，而必须准备的储备。这种储备在正常情况下是不动用的，它固定地占用一笔流动资金。

③季节性储备。它是指某种材料受自然条件的影响，具有季节性限制，为了保证施工生产的顺利进行必须准备的储备。对于这种储备，企业必须在供应发生困难前做好准备，以便保证施工生产的正常需要。

材料的储备由于受到施工现场场地、流动资金、市场供应、自然条件和材料材质等的限制，很难精确计算出材料的储备量。因此，企业应适时、适地、按质、按量、经济地供应施工材料。

（2）仓库管理。对仓库管理工作的基本要求：妥善保管好材料，面向生产第一线，主动配合完成施工任务，积极处理和利用库存闲置材料和废旧材料。

仓库管理的基本内容包括：

①按合同规定的品种、数量、质量要求验收材料；

②按材料的性能和特点，合理存放，妥善保管，防止材料变质和损坏；

③组织材料的发放和供应；

④组织材料回收和废旧利用；

⑤定期清仓，做到账、卡、物相符。做好各种材料的收、发、存记录，掌握材料使用动态和库存动态。

（3）现场材料管理。现场材料管理是对工程施工期间及其前后的全部材料的管理，包括施工前的材料准备、施工过程中的组织供应、现场堆放管理和耗用监督，以及竣工后的清理、回收、盘点、核算等。

现场材料管理的具体内容可分为：

①施工准备阶段的现场材料管理工作，主要包括编制工料预算表，提出材料需求

计划和构件加工计划；安排好材料堆场和临时仓库设施；组织材料分批进场；做好材料的加工准备工作。

②施工过程中的现场材料管理工作，主要包括严格按限额领料单发料；坚持过程分析和检查；组织余料回收和废旧利用；经常组织现场清理。

③工程竣工阶段的材料管理工作，主要包括清理现场，回收、整理余料，做到工完场清；在工料分析的基础上，按单位工程核算材料消耗，总结经验。

8.3.4　工程项目材料管理考核

材料的考核工作应对材料计划、使用、回收及相关制度进行效果评价。材料管理考核应坚持计划管理、跟踪检查、总量控制、节奖超罚的原则。

1）材料管理评价

材料管理评价就是对企业的材料计划、采购、进场验收、存储、收发和使用的管理效果通过与签订的考核目标、材料管理指标进行分析和评价，以达到节奖超罚、改进材料管理水平的目的。

2）材料管理考核指标

（1）材料管理指标，是指在材料供应管理的过程中，对采购、管理、使用材料的相关部门的定性管理工作以量化的方式进行考核。其考核内容包括：

①材料供应兑现率。

$$材料供应兑现率=材料实际供应量÷材料计划量×100\% \qquad (8-4)$$

②材料验收合格率。

$$材料验收合格率=材料验收合格入库量÷材料进场验收量×100\% \qquad (8-5)$$

③限额领料执行率。

$$限额领料执行率=实行限额领料的材料品种数÷项目使用材料全部品种数×100\% \qquad (8-6)$$

（2）材料经济指标，是指材料在实际供应过程中为企业所带来的经济效益。其考核内容包括工程材料成本降低率。

$$工程材料成本降低率=实际材料成本降低额÷实际材料收入成本×100\% \qquad (8-7)$$

实际材料成本降低额=实际材料收入成本-实际材料发生成本

实际材料收入成本=与业主结算材料单价×与业主结算量

实际材料发生成本=实际采购价×实际使用量

8.4　工程项目机械设备管理

8.4.1　常用工程项目机械设备的分类

工程项目机械可分为施工生产用机械设备和非施工生产用机械设备。施工现场常用的施工生产用机械设备有推土机、铲运机、挖土机、装载机、压路机、蛙式打夯机、静力压桩机、起重机、打桩机、螺旋钻机、旋挖钻机、水泵、电焊机、搅拌机、混凝土罐车、混凝土泵、钢筋弯曲机、钢筋切断机、混凝土布料机、震动棒、塔式起重机、施工电梯、交通运输设备、测试仪器、科学试验设备等。

非施工生产用机械设备有印刷、医疗、生活、文教、宣传等专用设备，如建筑物内的消防水泵、生活水泵、空调压缩机、风机、施工电梯、生产线、厂房吊车等。这些机械设备主要是为满足工程项目的正常运营而安装的机械设备。

8.4.2　工程项目机械设备的获取方式

机械设备的获取方式包括购置、制造、利用、租赁、分包自带和建设单位采购。

1）购置

购置新施工机械是施工单位较为常用的方式，其特点是企业需要投入较多的初始资金，但新机械的可选择范围较大、质量可靠、维修费少、使用效率稳定、故障率低。购置施工机械应由企业管理机械的人员提出，并明确设备的可靠性和有利于设备运行、维修的要求。购置的机械设备到场后，相关人员应认真验收，及时安装、调试，应在保修期或索赔期内发现问题、解决问题。

2）制造

施工单位自制机械设备，主要是针对一些构造简单的机械设备或对机械设备有特殊要求无法购置的情况。对于这种机械设备，企业应当组织设备管理、维修、使用方面的人员参与机械设备制造设计方案的研究和审查工作，并严格按照设计方案做好设备的制造工作。机械设备制成后，相关部门应提供完整的技术资料。自制机械设备的特点是企业需要一定的资金投入，也可利用已有的技术条件，但因企业的相关人员缺乏制造经验或协作不便，导致设备质量不稳定、通用性差。因此，对于一些大型设备或通用性强的设备，企业不宜采用此方式。

3）利用

在实行项目管理制以后，利用企业原有的施工机械，即从本企业专门管理工程机械设备的部门租赁施工机械。项目部向本企业租赁机械设备，并支付一定的租金，这是目前我国建筑企业中应用比较普遍的方式。这种方式的优点是内部租赁使用费用较低，资金压力小；缺点是企业需要购置、养护大量的机械设备。企业要想减少成本，获取利润，就必须提高自身的机械设备管理水平和机械设备利用率。

4）租赁

从社会专业工程机械设备租赁市场获取。施工中使用的施工电梯、塔式起重机、混凝土泵等机械设备往往采用租赁方式。这种方式的优点是减少了自身购买机械设备的资金压力和日常维护保养费用，并由专业租赁公司进行管理；缺点是租赁使用费用较高，施工方必须及时支付租赁费，需要提前签署相关租赁合同。

5）分包自带

进入施工现场的分包工程施工队伍自带施工机械设备。对施工总包企业来说，这种方式的优点是减少了机械设备的日常管理；缺点是分包费用会相应增加。

6）建设单位采购

建设单位采购、提供的工程机械设备一般为非施工生产性机械设备。建筑物使用过程中的机械设备，建设单位往往采取自己先采购再移交施工方安装的方式。这种方式的优点是建设单位便于控制机械设备的品牌和质量，施工单位减少了采购资金压力；缺点是施工单位利润减少，双方移交设备手续烦琐，当出现工期、质量等问题时，责任较难划分。

8.4.3　工程项目机械设备管理计划

工程项目机械设备是生产的手段，随着建筑业机械化程度的提高，机械施工逐步替代了繁重的体力劳动，机械设备的数量、种类、型号逐渐增多，其作用也越来越大。因此，加强施工项目的机械设备管理，制订合理的机械设备管理计划已成为工程项目资源管理计划中较为重要的一部分。工程项目机械设备管理计划的内容包括机械设备需求计划、机械设备使用计划、机械设备保养计划和机械设备修理计划。

1）机械设备需求计划

机械设备需求计划主要用于确定施工机械设备的类型、数量、进场时间，可据此落实施工机械设备来源，组织进场方式。通过对工程施工进度计划中的每一个施工过程所需的机械设备类型、数量及施工日期进行汇总，编制机械设备需求计划。

2）机械设备使用计划

工程项目经理部应根据需求编制使用计划，其编制依据是工程施工组织设计。同样的工程可以采用不同的施工方法、生产工艺、技术安全措施，其选配的机械设备也会不同。因此，工程项目经理部在现场施工管理的过程中，既要考虑合理的施工方法、生产工艺、技术安全措施，又要考虑如何选择机械设备组织施工生产，才能最合理、最有效地保证工期和质量，降低生产成本。

机械设备使用计划一般由项目经理部的机械设备管理人员组织相关人员负责编制。中小型设备应由项目经理审批，大型机械设备则应报送企业有关职能部门审批。

3）机械设备保养计划

保养机械设备的目的是保持机械设备的良好运行状态，提高机械设备运转的可靠性和安全性，减少零件的磨损，延长机械设备的使用寿命，降低能耗，提高经济效益。由于工程项目使用和安装的机械设备较多，保养的时间、程度不尽相同，因此需要制订详细的机械设备保养计划，保证机械设备保养工作的有序进行，保证机械设备在施工中能够正常使用。

4）机械设备修理计划

机械设备修理计划是施工企业组织机械修理的指导性文件，也是企业生产经营计划的主要组成部分。企业机械设备管理部门按年度、季度编制机械设备修理计划。编制机械设备修理计划时，要结合企业施工生产的需求，尽量利用施工淡季，优先安排生产急需的重点机械设备，并平衡好各种机械设备的修理进度。

8.4.4　工程项目机械设备的选择、使用、保养和维修

1）机械设备的选择

根据机械设备的各种获取方式，选择技术安全可靠、使用费用最低的机械设备获取方式。使用费用的计算可以利用计算各种方式的等值年成本，从中挑选等值年成本最低的作为选择对象。

2）机械设备的使用

使用是机械设备管理中的一个重要环节，正确、合理地使用机械设备可以使机械设备减轻磨损，保持良好的工作性能和应有的精度。工人应该充分发挥机械设备的生

产效率，延长其使用寿命以节省费用。

为把机械设备用好、管好，企业应建立健全机械设备的操作、使用、维修规程和岗位责任制。机械设备的操作人员和维修人员必须严格遵守机械设备的操作、使用、维修规程。

（1）定人定机定岗位

机械设备使用得好坏，关键取决于直接使用机械设备的操作人员，而操作人员的责任心和技术素质又决定着设备的使用状况。

定人定机定岗位的目的是把机械设备的使用、维修、保管责任落实到人。其具体形式如下：

①多人操作或多班作业的机械设备，在定人的基础上，任命一位机长全面负责；

②一人使用保管一台机械设备的或一人管理多台机械设备的，机长对所管机械设备负责；

③当有中小型机械设备的班组不便定人定机时，应任命机组长对所管机械设备负责；

④机长、机组长负责组织、指导和监督对机械设备的安全使用、保养和维修，并负责审查、汇总原始记录资料和统计报表，以及组织技术学习、经验交流等。

（2）机械设备操作人员的要求

机械设备操作人员必须持证上岗，即通过专业培训考核合格后，经有关部门注册，操作证年审合格，在有效期范围内，所操作的机种与所持证上允许操作的机种相吻合。此外，机械设备操作人员还必须明确机组人员责任制，并建立考核制度，奖优罚劣，使机组人员按规范作业，并在本岗位上创造最优的工作业绩。机组人员责任制应对机长、机员分别制定责任内容，对机组人员应做到责、权、利三者结合，定期考核，奖罚明确到位，以激励机组人员努力做好本职工作，使其操作设备在一定条件下发挥最大效能。

机械设备操作人员的主要职责有：

①"四懂三会"。对操作技术要精益求精，要求懂得设备的构造、原理、性能和操作规程；会正确操作、维修保养和排除故障。

②遵守制度。要严格遵守操作规程，执行保养制度和岗位责任制等各项规章制度，并杜绝违章作业，确保安全生产；认真执行交接班制度，及时准确地填写设备的各项原始记录和统计报表。

③谨慎操作、完成任务。要服从指挥搞好协作，优质、高效、低耗地完成作业任务。

④保管好原机的零部件、附属设备、随机机具，做到完整齐全，不无故损坏。

（3）合理使用机械设备

合理使用就是要正确处理好管、用、养、修四者的关系，遵守机械运转的自然规律，科学地使用机械设备。

①新购、新制、经技术改造更新或大修后的机械设备，必须按技术标准进行检查、保养和试运转等技术鉴定，确认合格后，方可使用。

②对所选用的机械设备的性能、技术状况和使用要求等进行技术交底，要求严格

按照使用说明书的具体规定正确操作，严禁超载、超速等野蛮作业。

③任何机械设备都要按规定执行检查保养。机械设备的安全装置、指示仪表，要确保完好有效，若有故障则应立即排除，不得带病运转。

④当机械设备停用时，应放置在安全位置。设备上的零部件、附件不得任意拆卸，应保证设备的完整配套。

（4）建立安全生产与事故处理制度

首先，要认真执行定人定岗、机长负责制。机械操作人员须经过技术培训、安全技术教育，考试合格，并持有操作证后，方可上岗操作。

其次，要按照使用说明书上各项规定和要求，认真执行试运转、安全装置试验等工作，方可正式使用。同时，要严格执行安全技术操作规程，严禁违章作业。

最后，在机械设备大检查和保养修理中，要重点检查各种安全、保护和指示装置的灵敏可靠性。对于自制、改造更新和大修后的机械设备要保证质量，检验合格者方可使用。

机械设备事故是指机械设备运转发生异常，或人为事故而导致机械设备损坏、停机、停产等后果。设备事故分为一般事故、重大事故和特大事故三类。

事故发生后，应立即停产，并保护现场，事故情况要逐级上报，主管人员应立即深入现场调查分析事故原因，进行技术鉴定和处理，同时要制定出防止类似事故再发生的措施，并按事故性质严肃处理和如实上报。

（5）建立健全机械设备的技术档案

机械设备的技术档案是从出厂、使用到报废全过程的技术性历史记录。它为掌握机械设备的变化规律、合理使用、适时维修、做好配件准备等提供可靠的技术依据。因此，对主要的机械设备必须逐台建立技术档案，包括使用（保修）说明书、附属装置及工具明细表、出厂检验合格证、易损坏图册及有关制作图等原始资料；机械设备技术试验验收记录和交接清单；机械设备运行、消耗等汇总记录；历次主要修理和改装记录，以及机械事故记录等。

3）机械设备的保养和维修

根据建筑施工的特点，机械设备的磨损较为突出，因此做好机械设备的保养和维修，使其经常处于良好的技术状态，极为重要。企业应实行定期保养、计划检修、养修并重、以防为主的方针。

（1）机械设备的检查

检查是机械设备维护、修理的基础和首要环节，是对机械设备的运行情况、工作精度、磨损程度进行检查和校验。通过检查可全面地掌握实况、查明隐患、发现问题，以便改进维修工作，提高修理质量和缩短修理时间。

按检查时间的不同，可分为：

①日常检查。此项检查主要由操作人员对机械设备进行每天检查，并与例行保养结合。若发现不正常的情况，应及时排除或上报。

②定期检查。此项检查是在操作人员的参与下，按检查计划由专职维修人员定期执行，要求全面、准确地掌握设备性能及实际磨损程度，以便确定修理的时间和方式。

按检查技术性能的不同，可分为：

①机能检查。对机械设备的各项机能进行检查和测定，如零部件耐高温、耐高压的性能等。

②精度检查。对机械设备的精度指数进行检查和测定，为设备的验收、修理和更新提供较为科学的依据。

精度指数是指设备精度的实测值与允许值之比。精度指数越小，精度越高。各种机械设备均可按精度指数的要求进行新设备验收、大修后验收，以及确定调整、修理。

（2）机械设备的保养

保养是预防性措施，是指在零件尚未达到极限磨损或发生故障以前，对零部件采取相应的维护措施，以降低零件的磨损速度，消除产生故障的隐患，从而保证机械正常工作。延长使用寿命、降低消耗，提高机械施工的经济效益。

①例行保养（日常保养）。由操作人员每日按规定项目和要求进行，主要内容有清洁、紧固、调整、润滑、防腐。

清洁：对机械零件表面的定期检查与清洗，以减少运动零件的磨损。

紧固：对机械零部件的连接件及时检查紧固，以减少因运动件的松动而引起的零件受力不均、漏水、漏电、漏油等故障。

调整：对零件的工作参数（如间隙、角度、行程等）进行检查调整，以保证零件能够正常工作。

润滑：按操作规程定期加注或更换润滑油，以保持零件间的良好润滑，减少磨损。

防腐：向零件或机械表面涂抹油脂或防锈漆，以防止因零件或机械表面的锈蚀而影响零件的正常运转。

保养的目的是提高机械设备的效率、减少材料的消耗和降低维修费用，因此企业应充分考虑机械设备的类型及新旧程度、使用环境和条件、维修质量、燃料油和润滑油及材料配件质量等因素。

②强制保养（定期保养）。每台机械设备运转到规定的期限时，不管其技术状态如何，都必须按规定进行检查保养。定期保养一般分为一级保养、二级保养、三级保养，个别大型机械设备可实行四级保养。

一级保养：以操作人员为主，以维修人员为辅，不仅要对机械设备进行紧固、清洁、润滑，还要进行部分调整。

二级保养：以维修人员为主，主要是内部清洁、润滑、局部解体检查和调整。

三级保养：要对机械设备的主体部分进行解体检查和调整，更换达到磨损极限的零件，还要对主要零部件的磨损情况做检测、记录数据，以作为修理方案的依据。

四级保养：对大型机械设备进行更换或修复磨损的零件。

（3）机械设备的修理

机械设备在使用过程中，其零部件会逐渐产生磨损、变形、断裂等有形磨损现象，随着时间的推移，有形磨损会逐渐增加，使机械设备的技术状态逐渐恶化而出现故障，导致机械设备不能正常作业，甚至停机。为维持机械设备的正常运转，更换或修复磨损的零件，并对整机或局部进行拆卸、调整的技术作业称为修理。

机械设备的修理可分为小修、中修和大修。

①小修。小修是临时安排的修理，其目的是消除操作人员无力排除的突然故障、个别零件的损坏，或一般事故性损坏等问题，零星小修一般都是和保养结合进行，以修理人员为主，对设备进行全面清洗、部分解体检查和局部修理，由项目经理负责管理。

②中修。中修是在大修间隔期对少数机械设备进行一次性平衡修理，对其他不进行大修的机械设备只是执行检查保养。中修的目的是使整机状况达到平衡，以延长机械设备的大修间隔期。中修要更换或修复机械设备的主要零件和数量较多的其他磨损零件，并校正设备的基准，以恢复和达到规定的精度、功率和其他技术要求。中修由企业进行管理。

③大修。对设备进行全面解体，并更换或修复全部磨损零部件，恢复设备的原有的精度、性能和效率。大修由企业进行管理，费用由大修基金支付。

8.4.5　工程项目机械设备管理考核

机械设备管理考核应对机械设备的配置、使用、维护以及技术安全措施、设备使用效率和使用成本等进行分析和评价。

1）机械设备管理考核指标体系

机械设备管理的考核指标体系是机械设备管理的重要内容，对考核企业机械装备水平、施工机械化程度，以及企业在机械设备方面的综合管理水平、变化趋势有着重要意义。具体技术经济指标有机械装备生产率、机械设备完好率、机械设备利用率、主要器材和燃料的消耗率、施工机械化程度等指标。

2）机械设备操作人员考核

机械设备操作人员应持证上岗，实行岗位责任制，严格按照操作规范作业，搞好班组核算，加强考核和激励。

8.5　工程项目技术管理

8.5.1　工程项目技术管理计划

微课 8-1

工程项目技术管理

工程项目的特点是技术范围涉及广、技术难度大，做好工程技术资源管理计划工作，是做好工程项目技术管理的基础。

1）制订技术管理计划

工程项目建设前，应根据工程项目的合同、施工图纸、标准规范、环境特点、施工能力等因素制订详细的项目技术管理计划，包括技术管理组织、技术管理内容、技术管理标准、技术管理考核奖惩措施。

（1）技术管理组织。技术管理组织由项目经理牵头组建，由项目总工或项目技术负责人负责，成员还包括技术员、测量员、工长等。技术管理组织成立后，由负责人组织，制定工程项目技术管理相关制度和流程，明确管理组织中各成员的工作职责、工作范围和工作内容。对于一些技术性较强的问题，企业技术管理部门可以监督、审核或直接进行管理。

（2）技术管理内容。根据工程项目的技术复杂程度，技术管理组织应罗列出所有需要进行技术管理的项目和工作内容，并进行一定的分类。例如，图纸菲核、土方施工方案制订、施工前技术交底、测量放线、质量检查、图纸变更管理等。

（3）技术管理标准。依据工程管理合同、施工图纸、标准规范和施工环境等因素，制定技术管理工作的标准要求。例如，墙体抹灰的观感、平整度、垂直度等质量管理检查方法、检查标准。

（4）技术管理考核奖惩措施。针对技术管理内容和标准，制定技术管理工作考核内容、方法、时间，并制定相应的考核奖惩措施。

2）技术管理计划的分类

根据技术管理内容性质，技术管理计划可分为项目施工工艺技术计划、项目设计技术计划、技术开发计划、其他技术计划。

（1）施工工艺技术计划，主要是指项目施工的分项工程施工技术、工人施工操作流程、施工顺序等技术问题。例如，桩基工程未完成检测，不得进行后续垫层和基础施工；浇筑板混凝土，必须在安装完模板和钢筋绑扎分项工程后，才能进行施工；施工工艺，特别是重要的、工程量较大的、新技术的、容易出现质量通病的施工工艺，需要编制专项施工方案。因此，在工程项目开始前，企业应编制详细的项目工艺技术管理计划，保证施工工序的正常进行，确保工程质量。

（2）设计技术计划。设计技术计划主要是设计技术方案的确定、设计文件的形成、有关指导意见和措施的计划。建设单位委托的总设计单位，设计图纸包括一些专项和专业设计，这些设计往往由施工单位进行细化，如钢结构设计、幕墙设计等。

（3）技术开发计划。技术开发计划是企业层面关注的问题，是企业持续发展的保证，如现阶段发展的 BIM 技术、装配建筑技术等新技术、新工艺。技术开发的依据有国家的技术政策，如科学技术的专利政策、技术成果有偿转让政策等；产品生产发展的需要，即未来对建筑产品种类、规模、质量和功能的需要；组织的实际情况，如企业的人力、物力、财力和外部协作条件等。

（4）其他技术计划。它包括施工组织总设计及单位工程施工组织设计、施工图纸管理计划、设计变更管理计划、计量测量管理计划、标准规范及图集管理计划、技术档案管理计划等。

8.5.2　工程项目技术管理的具体内容

1）技术资料的准备

技术资料包括合同、施工图纸、标准规范及资料。

（1）合同。合同是完成工程项目的重要依据，合同中包括对工程的质量和技术要求，是施工现场必须达到的基本标准。合同的进度、投资要求，也是制定技术标准、施工工艺、施工顺序的主要依据。合同中的内容及注意事项，应由技术负责人传达到相关部门和人员，必要时应组织技术人员进行合同技术交底学习。

（2）施工图纸。施工图纸是工程项目施工的主要依据，严格按照施工图纸施工，是对现场施工的基本要求。工程的竣工验收、分部工程验收和分项、检验批的验收均是以施工图纸为依据。施工图纸的发放、执行、变更标注、竣工图的绘制等工作，应由专门人员进行管理。

（3）标准规范及资料。标准规范是进行工程项目技术管理的重要资料，根据项目的不同，应配备齐全的标准规范，满足技术管理人员的需求，包括现行的由国家、行业有关部门制定的技术规范、标准，如《建筑工程施工质量验收统一标准》《混凝土结构工程施工质量验收规范》《建筑装饰装修工程质量验收规范》《建筑施工安全检查标准》等，以及有关专业工程安全技术规范、规程，如《建设工程项目管理规范》《建设工程文件归档规范》《建筑工程冬期施工规程》等。除此之外，还有企业现有的适用项目的施工定额、施工手册、类似工程的技术资料及平时施工实践活动中所积累的资料等。收集准备这些标准规范及资料，是企业进行施工准备和编制施工方案、施工组织设计的重要依据。

2）图纸的审查和交底

工程项目施工图纸出图以后，施工单位应根据建设单位提供的施工图纸、建筑总平面图、土方竖向设计和城市管网等资料，进一步调查、收集相关原始资料和其他相关信息与资料。组织有关技术人员对设计施工图纸进行学习和自审工作，参与图纸交底会议，使参与施工的人员掌握施工图的内容、要求和特点，同时发现施工图中的问题，以便在图纸交底时统一提出，解决施工中存在的问题，保证工程施工顺利进行。

（1）熟悉图纸阶段

①熟悉图纸工作的组织。由项目经理部组织有关工程技术人员认真熟悉图纸，了解设计意图与建设单位要求以及施工应达到的技术标准，明确工程流程。

②熟悉图纸的要求。

A.先粗后细。先看建筑平面图、立面图、剖面图，对整个工程的概况有一个了解，对总的长宽尺寸、轴线尺寸、标高、层高、总高有一个大体的印象；再看细部做法，核对总尺寸与细部尺寸、位置、标高是否相符，门窗表中门窗型号、规格、形状、数量是否与结构相符等。

B.先小后大。先看小样图，再看大样图。核对在平面图、立面图、剖面图中标注的细部做法，与大样图的做法是否相符；所采用的标准构件图集编号、类型、型号，与设计图纸有无矛盾，索引符号有无漏标之处，大样图是否齐全等。

C.先建筑后结构。先看建筑图，再看结构图。把建筑图与结构图相互对照，核对其轴线尺寸、标高是否相符，有无矛盾，查对有无遗漏尺寸，有无构造不合理之处。

D.先一般后特殊。先看一般部位和要求，再看特殊部位和要求。特殊部位一般包括地基处理方法、变形缝的设置、防水处理要求和抗震、防火、保温、隔热、防尘、特殊装修技术要求。

E.图纸与说明结合。看图时对照设计总说明和图中的细部说明，核对图纸和说明有无矛盾，规定是否明确，要求是否可行，做法是否合理等。

F.土建与安装结合。看建筑、结构图纸时，有针对性地看一些安装图，核对与土建有关的安装图有无矛盾，预埋件与预留洞、槽的位置及尺寸是否一致，了解安装对土建的要求，以便考虑在施工中的协作配合。

G.图纸要求与实际情况结合。核对图纸有无不符合施工实际之处，如建筑物相对位置、场地标高、地质情况等是否与设计图纸相符；对一些特殊的施工工艺，施工单位能否做到等。

（2）自审阶段

①自审图纸的组织。首先，由施工单位项目经理部组织各工种人员对本工种的有关图纸进行审查，掌握和了解图纸中的细节；然后，由总承包单位内部的土建与水、暖、电等专业人员共同核对图纸，消除差错，协商施工配合事项；最后，总承包单位与专业承包单位（如桩基础施工、装饰工程施工、幕墙施工、钢结构施工等）在各自审查图纸的基础上，共同核对图纸中的差错及协商有关施工配合问题。

②自审图纸的要求。

A.审查拟建工程平面位置是否与审批项目总平面图位置一致，以及建筑物或构筑物的设计功能和使用要求是否符合环卫、防火及美化城市方面的要求。

B.审查设计图纸是否完整齐全，以及设计图纸和资料是否符合国家有关技术规范要求。

C.审查建筑、结构、设备安装图纸是否相符，有无"错、漏、碰、缺"，内部结构和工艺设备有无矛盾。

D.审查地基处理与基础设计同拟建工程地点的工程地质和水文地质等条件是否一致，以及建筑物或构筑物与原地下构筑物及管线之间有无矛盾。深基础的防水方案是否可靠，材料设备能否解决。

E.复核主要承重结构的承载力、刚度和稳定性是否满足要求，审查设计图纸中的形体复杂、施工难度大和技术要求高的分部分项工程或新结构、新材料、新工艺在施工技术和管理水平上能否满足质量和工期要求，选用的材料、构配件、设备等能否及时采购到。

F.审查设计是否考虑了施工的需要，各种结构的承载力、刚度和稳定性是否满足设置内爬、附着、固定式塔式起重机等的使用要求。

（3）图纸交底阶段

①图纸交底的组织。图纸交底会议由建设单位组织召开，设计单位、施工单位、监理单位共同参与，参会人员为各单位项目的负责人、技术负责人和相关人员。

②图纸交底会议议程。

A.建设单位介绍参会单位及与会人员；

B.设计单位做设计交底，主要介绍设计意图、施工中注意事项，以及新技术、新工艺和其他需要明确的问题；

C.施工单位、监理单位提出审查图纸中发现的问题，参会人员讨论、研究、协商，达成一致意见，设计单位负责对问题进行答复；

D.建设单位汇总意见，形成书面图纸交底会议纪要，各单位会签并加盖公章。

③图纸审查及交底应注意的问题。

A.设计是否符合国家的有关方针、政策和规定；

B.设计是否符合国家的有关技术规范要求，尤其是强制性标准的要求，是否符合环境保护和消防安全的要求；

C.建筑平面布置是否符合核准的按建筑红线划定的详图和现场实际情况,是否提供符合现场实际的定位坐标和高程坐标;

D.图纸及说明是否齐全、清楚、明确;

E.结构、建筑、设备的图纸及其相互之间有无错误和矛盾,图纸与说明之间有无矛盾;

F.有无特殊材料(包括新材料)要求,其品种、规格、数量能否满足需要;

G.设计是否符合施工技术装备条件,如果采取特殊技术措施,技术上有无困难,能否保证安全施工;

H.地基处理及基础设计有无问题,建筑物与地下构筑物、管线之间有无矛盾;

I.建筑物及设备的各部位尺寸、轴线位置、标高、预留孔洞及预埋件、大样图及做法说明有无错误和矛盾。

3)编制施工组织设计

施工组织设计是施工单位在施工准备阶段编制的指导拟建工程从施工准备到竣工验收,甚至保修回访阶段的技术经济、组织的综合性文件,也是编制施工预算、实行项目管理的依据,是施工准备工作的主要技术文件。现场使用的施工组织设计是在投标书施工组织设计的基础上,结合所收集的原始资料和相关信息资料,根据图纸及会审纪要,按照编制施工组织设计的基本原则,综合建设单位意见、监理单位意见、设计意图的具体要求进行编制的,以保证工程项目顺利完成。

施工单位必须在约定的时间内完成施工组织设计的编制,并填写施工组织设计报审表,报送项目监理单位。项目总监理工程师应在约定时间内,组织专业监理工程师审查,提出审查意见后,由总监理工程师审定批准。需要施工单位修改的,由总监理工程师签发书面意见,退回施工单位修改后再报审。修改的施工组织设计,总监理工程师应重新审定。已审定的施工组织设计由项目监理机构报送建设单位审查、备案。施工单位按审定的施工组织设计文件组织施工,如果需要对其内容做较大变更,应在实施前将变更书面内容报送项目监理机构重新审定。对规模大、结构复杂或属于新结构、特种结构的工程,专业监理工程师提出审查意见后,由总监理工程师签发审查意见,必要时与建设单位协商,组织有关专家会审。

施工组织设计又分为施工组织总设计和单位工程施工组织设计:

(1)施工组织总设计

施工组织总设计是以若干单位工程组成的群体工程或特大型项目为主要对象编制的施工组织设计,对整个项目的施工过程起统筹规划、重点控制的作用。它是根据初步设计或扩大初步设计图纸以及其他有关资料或现场施工条件编制,是指导整个施工现场各项施工准备和组织施工活动的技术经济文件。一般由建设总承包单位或工程项目经理部的总工程师编制。

施工组织总设计的具体作用有:为建设项目或建筑群的施工作出全局性的战略部署;为做好施工准备工作、保证资源供应提供依据;为建设单位编制工程建设计划提供依据;为施工单位编制施工计划和单位工程施工组织设计提供依据;为组织整个施工业务提供科学方案和实施方案;为确定设计方案的施工可行性和经济合理性提供依据。

施工组织总设计的编制内容包括工程概况、总体施工部署、施工总进度计划、总体施工准备与主要资源配置计划、主要施工方法、施工总平面布置图和主要技术经济指标等。其具体内容根据工程性质、规模、工期、结构特点及施工条件的不同而有所不同。

（2）单位工程施工组织设计

单位工程施工组织设计是以单位（子单位）为主要对象编制的施工组织设计，对单位（子单位）工程的施工过程起指导和制约作用，是建筑施工企业组织和指导单位工程施工全过程各项活动的技术经济文件。它是基层施工单位编制季度、月度、旬施工作业计划、分部分项工程作业设计及劳动力、材料、预制构件、施工机具等供应计划的主要依据，也是建筑施工企业加强生产管理的一项重要工作。

单位工程施工组织设计的编制内容包括：工程概况及施工特点分析；施工部署与主要施工方案；单位工程施工进度计划表；单位工程施工平面图；主要技术经济指标等。其具体内容根据工程的性质、规模、结构特点、技术复杂难易程度和广度的不同而有所不同。

对于建筑结构比较简单、工程规模小、技术要求比较低，且采用传统施工方法组织施工的一般工业与民用建筑，施工组织设计可以编制得简单一些，其内容包括施工方案、施工进度表、施工平面图，辅以简要的文字说明即可，简称为"一案一表一图"。

4）编制施工方案

施工方案是以分部分项工程或专项工程为主要对象编制的施工技术与组织方案，用以具体指导施工过程。

施工方案的编制内容包括：工程概况；施工安排（如工程施工目标、施工顺序与施工流水段、施工重难点分析及主要管理与技术措施、组织结构与岗位职责等内容）；施工进度计划与资源配置计划；施工方法及工艺要求。

施工方案有以下三种情况：专业承包单位独立承包、分包项目中的分部分项工程或专项工程所编制的施工方案；作为单位工程施工组织设计的补充，由总承包单位编制的分部分项工程或专项工程施工方案；按规范要求单独编制的强制性专项方案。

对下列达到一定规模的危险性较大的分部分项工程编制专项施工方案，要求附具安全验算结果，经施工单位技术负责人、总监理工程师签字后实施，并由专职安全生产管理人员进行现场监督，包括基坑支护与降水工程、土方开挖工程、模板工程、起重吊装工程、脚手架工程、拆除与爆破工程，以及国务院建设行政主管部门或者其他有关部门规定的其他危险性较大的工程项目。

5）制定技术管理制度

技术管理制度是关于技术管理的组织、流程、责任和执行的规定，为保证技术管理工作有序进行。

（1）图纸管理制度。对施工图纸的发放、审查、问题处理的规定。

（2）技术复核制度。涉及定位轴线，标高，尺寸，皮数杆，预留洞口，预埋件的材质、型号、规格，预制构件吊装等技术数据，都必须根据设计文件和技术标准的规定进行复核检查，并做好记录和标识，以避免因技术工作疏忽造成工程质量和安全事故。

（3）项目管理规划管理制度。项目管理规划（如施工组织设计、施工方案等）是指导工程项目施工、组织材料设备进场、组织人员进场的重要依据，应审批手续完善，不得随意变动。项目管理规划的制订、审批、交底、变更应有一定的操作程序和要求。当实施过程中主、客观条件发生变化，需要对施工项目管理规划进行修改、变更时，应报请原审批人审查同意后方可参照实施。

（4）设计变更、工程洽商管理制度。项目经理部应明确责任人，对施工中发现的图纸问题，按照规定的程序及时反馈设计单位。在设计单位完成设计变更后，做到使设计变更图有序发放、严格执行，避免设计变更没有或未准确落实到实际工程中造成经济损失及安全事故。涉及各方洽商的经济、技术、安全问题，应明确洽商人员、程序。

（5）施工日志制度。施工日志是现场客观条件、施工实际情况等的真实记录，是后期进行问题追溯、辅助进行施工索赔、证实施工质量检验评定以及质量保证等原始资料形成过程的重要依据，应明确记录责任人、记录内容、保存方式、检查方式等内容。

（6）技术交底制度。技术交底是施工单位进行技术、质量管理的一项重要制度，是把图纸要求、施工工艺、施工措施、安全生产要求贯彻到基层的一项基本管理方法。

技术交底一般分三级交底：一级交底（公司级）为施工企业总工程师向施工队或项目经理部进行施工方案实施技术交底；二级交底（项目部级）为项目经理向项目技术负责人、质量检查员、安全员及有关职能人员进行技术交底；三级交底（班组级）为项目技术负责人或技术主管工程师向各专业作业班组长或各工种工人进行技术交底。

技术交底包括图纸交底、施工组织设计交底、设计变更和工厂洽商交底、分项工程技术交底、安全交底等。

6）施工技术标准和规范的执行

工程项目施工工艺和质量检查标准均有一整套完善的国家、行业标准规范参照执行，具有一定的强制性，对工程具有重要的指导作用，应严格参照执行。

施工企业可以自行制定反映企业自身能力和要求的企业标准，以保证执行国家、行业标准规范，企业标准应高于国家、行业标准。

企业应有计划地组织各级技术管理人员学习和理解技术标准、规范，正确使用标准规范。

7）技术工作原始记录

技术工作原始记录包括建筑材料、构配件、工程用品及施工质量检验、试验、测量记录，图纸会审和交底记录，设计变更文件，技术核定报告，工程质量与安全事故分析与处理文件，事故日志等。

8）新产品、新材料、新工艺的应用管理

对新产品、新材料、新工艺的应用，应有权威的技术检验部门出示关于其技术性能的鉴定书，需要制定出质量标准以及操作规程，在施工中密切关注其实际施工效果。

9）测试仪器管理

组织建立计量、测量工作管理制度。由项目技术负责人明确责任人，制定管理制度，经批准后实施。管理制度要明确职责范围，仪表、器具的使用、运输、保管应有明确要求。建立台账定期检测制度，确保所有仪表、器具的精度、检测周期和使用状态符合要求。确保成果、记录、台账、设备的安全、有效、完整，保证记录和成果符合规定。

10）技术档案管理

技术档案是按照一定的原则、要求，经过移交、归档后整理，分专业管理、保管的技术文件材料。它记录了各建筑物、构筑物的真实情况，是技术人员、管理人员和操作人员努力工作的结晶。资料收集应做到及时、准确、完整，分类正确，传递及时，符合地方性法规要求，无遗留问题。

施工技术档案资料主要包括：

（1）施工管理档案资料：工程概况表、工程施工管理人员名单、施工现场质量管理检查记录、施工组织设计、施工方案及专项施工方案、工程开工报告及工程开工报审表、工程竣工报告、工程施工日志、工程质量事故调查记录、建设工程质量事故报告。

（2）施工准备阶段档案技术资料：技术交底记录、图纸会审及交底记录、设计变更记录、工程洽谈记录。

（3）施工测量档案资料：工程定位测量放线记录、工程定位测量记录、基槽验线记录、楼层平面放线记录、楼层标高抄测记录、建筑物垂直度和标高调量记录。

（4）施工物资档案资料：钢材合格证和复试报告、水泥出厂合格证（含出场试验报告）及复试报告、砖（砌块）出厂合格证（含出场检验报告）及复试报告、混凝土外加剂产品合格证（含出厂检验报告）及进场复试报告、防水保温材料合格证及复试报告、混凝土材料和构配件进场检验记录表。

（5）施工试验资料：土壤试验记录、砂浆及混凝土配合比申请单及通知单、混凝土试块试压报告、砂浆试块试压报告、钢筋连接试验报告、结构实体混凝土强度检验记录、结构实体钢筋保护层厚度检验记录、屋面淋水（蓄水）试验记录。

（6）施工过程资料：隐蔽工程验收记录、预检记录、班组自检记录、工序交接检查记录、地基钎探记录、地基验槽记录、地基处理记录、混凝土开盘鉴定、预拌混凝土运输单、混凝土浇筑申请单、混凝土拆模申请单、混凝土工程施工记录、地下防水效果检查记录、建筑物沉降观测记录。

（7）施工质量验收资料：检验批验收记录、分项工程质量验收记录、分部工程验收记录、单位工程质量验收记录、单位工程质量控制资料核查记录、单位工程安全和功能检验资料核查及主要功能抽查记录、单位工程观感质量检查记录。

8.5.3 工程项目技术资源考核

工程项目技术资源考核应包括技术资源管理工作计划的制订、执行，技术方案、技术措施的实施，技术问题的处置，技术资料、档案的收集、整理和归档，以及新技术、新工艺的应用效果等情况，应进行综合分析和评价。

8.6 工程项目资金管理

8.6.1 工程项目资金计划

资金在工程项目管理中起着重要作用，没有资金支持，工程项目就无法得到所需的其他资源，无法正常开展和执行，因此资金管理必须处于有序的良性循环状态。资金管理必须从计划开始，编制资金管理计划，达到强化项目资金在工程施工过程中的管理手段和控制能力，合理配置与使用项目资金。

工程项目资金计划的作用有：合理、有效地组织和控制项目资金的使用数量、时间、用途，实现对项目资金的动态管理；加速资金周转，减少因项目资金过度沉淀和分散而造成的浪费和流失；选择筹资渠道，降低项目资金成本，减少项目资金风险，提高项目资金的使用效益。

1）工程项目资金取得途径

施工单位取得工程项目施工资金有三个途径：

（1）企业借款

工程项目中标后成立项目部，项目部进行项目的独立核算。项目部都是临时性组织，随着项目的成立而成立，随着项目的完结而解散，成立时没有自有资金。由于工程项目的准备工作，以及建设单位支付工程款与实际进度的滞后，都需要项目部具备一定的资金，才能保证工程的顺利进行。通常施工企业前期对项目部进行一定的资金支持，这种方式就是企业借款。企业借款有一定的借款利息，借款利息比银行贷款利息少，一般借款期是从项目准备阶段直到项目验收期为止。

（2）银行贷款

银行贷款是项目部融资的重要途径，但是需要付出一定的资金成本。资金成本包括筹资费和资金使用费。其中，筹资费主要是指在筹资银行贷款过程中支付的手续费等；资金使用费是指因使用银行资金而向银行支付的报酬，即贷款利息。

（3）工程款

工程款是指施工单位在工程施工过程中，依据承包合同中关于付款的规定和已经完成的工程量，以预付款和工程进度款的形式，按照合同的规定向建设单位收取的款项。工程款又分为工程预付款、工程进度款和竣工验收后的款项。

①工程预付款。在目前的工程承包中，大部分工程是实行包工包料的，这就意味着施工单位必须有一定数量的备料周转资金。工程预付款就是针对施工单位为该工程项目储备必要的材料、结构构件而在开工前提供其必需的启动资金。

工程预付款应在开工通知载明的开工日期7天前支付，用于工程项目材料、工程设备、施工设备的采购及修建临时工程、组织施工队伍进场等方面。预付款在工程进度款中同比例扣回。施工单位应将预付款专用于合同工程，包工包料工程的预付款支付比例不得低于签约合同价款（扣除暂列金额）的10%，不宜高于签约合同价款（扣除暂列金额）的30%。

②工程进度款。施工企业在工程项目施工过程中，按合同规定逐月（或形象进度或控制界面）完成的工程数量计算各项费用，向监理单位、建设单位申请办理支付的工程款。一般支付完成工程量75%～85%的工程款。

③竣工验收后的款项。工程竣工后工程款的支付根据合同约定支付，具体分为以下三种情况：

A.工程竣工验收合格支付。在工程完成竣工验收后，按合同约定支付合同价或核定完成工作量的某个百分比（如支付至90%）。

B.工程竣工结算支付。竣工结算支付是指工程竣工后施工单位根据施工过程实际发生的工程变更情况，提出最终工程造价结算报告，经建设单位审核确定最终工程结算造价后，建设单位根据合同的约定进行支付。一般会在合同中约定审定结算金额的某个百分比（如支付至95%）。

C.保修期结束后的支付。保修期结束后的支付是针对合同约定的保修期的金额（如剩余的5%）。

2）工程项目资金计划的编制

编制资金计划最重要的是项目投资目标的分解。根据投资项目目标和要求的不同，一般分为按投资构成、子项目、时间进度分解资金计划。

常用的是按时间进度编制资金计划，即通常利用工程项目横道图（甘特图）分解资金计划。需要注意的是，横道图中施工过程分解层次应满足能够计算各阶段的施工成本。

3）工程项目资金计划的具体内容

（1）资金流动计划

资金流动计划包括工程项目资金的收入与支出。资金流动计划就是工程项目收入与支出计划，要做到收入有规定、支出有计划、追加投资有程序；要做到在计划范围内一切开支有审批，大宗资金支出有合同支持。其目的是使项目资金始终处于受控状态。

①资金支出计划。参与工程项目建设的单位均应重视项目资金的现金流量，并将其纳入计划。对建设单位来说，项目的建设期主要是资金支出，现金流量计划主要表现为资金支出计划，该计划与工程进度和合同所确定的付款方式有关。对施工单位来说，项目的费用支出和收入常常在时间上不平衡，对于付款条件苛刻的项目，施工单位常常需要垫付大量的资金。

由工程计划确定的成本计划是在工程上按照计划进度确定的成本消耗。但实际上，承包商对工程的资金支出与这个成本计划并不同步。比如，在施工准备期，工程需要先支付一定的费用进行施工准备，如引进劳务队、培训人员、购买设备和周转材料、搭设临建、现场布置等，这些费用（如管理费、人工费、材料费等）要分摊在后期的工程进度款中，在相应的工程实体完成、验收质量合格后，才能申请建设单位支付工程进度款，存在较大的滞后现象。

施工单位工程项目的支付计划应包括人工费支付计划、材料费支付计划、机械设备支付计划、分包工程款支付计划、现场管理费支付计划、其他费用支付计划等。

成本计划中的材料费是工程上实际消耗的材料价格。在材料使用前有一个采购、订货、运输、入库、保管的过程，材料货款的支付通常按采购合同规定支付，如订货时交付定金，到货后付清；提货时一次付清；供货方负责送到工地，货到后付款；在供应后约定时间内付款。尽量争取后付款、迟付款的方式，以减轻资金压力，减少资金成本。

②工程款收入计划。施工单位工程款收入计划，主要是指取得建设单位工程款支付的计划，它与工程进度和合同确定的付款方式、比例有关。

A.合同签订后，建设单位根据合同约定支付工程预付款，用于施工单位进行施工准备工作，预付款在工程款中按一定比例扣除。

B.工程款按月（或合同约定周期）进度收取。月末施工单位提交该月工程进度申请单，由监理工程师在28天内（或按合同约定时间）审核后递交建设单位，建设单位终审后在28天内（或按合同约定时间）支付。

C.按工程形象进度分阶段收取。在合同中约定工程项目关键节点作为支付工程款时间，有利于激励施工单位加快工期。工程项目关键节点可以是土方工程完工、地基基础工程完工、主体工程完工等。当工程进度完成以上关键节点后，建设单位按照合同约定的比例进行支付。

D.工程完工后，尽快进行工程竣工验收、工程结算，及时完成保修工作，及早收回剩余资金。

③现金流量计划。在工程款支付计划和工程款收入计划的基础上，可以得到工程的现金流量计划。现金流量包括现金流入、现金流出、净现金流量，三者之间的关系为：

净现金流量=现金流入（工程款收入）-现金流出（工程款支出）　　　　　　（8-8）

通常，企业会按时间将现金流入（工程款收入）和现金流出（工程款支出）列在一张表中，并计算出当期净现金流量（收支相抵的余额）及累计净现金流量。对施工单位来说，现金流量计划有利于项目资金的安排，保证工程项目的正常施工。现金流量计划不仅可以为施工单位提供工程款借贷计划，还可以为施工单位提供工程项目投入资金的风险分析。

④项目融资计划。由于工程款收入与支出之间的不平衡，一般工程款收入与支出之间为负现金流量，施工单位为了保证工程项目的顺利施工，必须自己垫付一部分资金，因此要想完成工程项目，施工单位必须有财务支持进行工程款融资。

工程项目融资计划的编制，首先考虑确定工程款的可能收支时间、数量，计算净现金流量和累计净现金流量，再计划这部分工程项目资金的具体来源、组成结构、币种、筹集时间以及还款的顺序、数量、时间，最后选择净现值最小的融资方案予以实施。

（2）财务用款计划编制

工程项目财务用款计划一般通过表格形式表示。

（3）年、季、月资金管理计划

项目经理部应编制年、季、月进度资金管理（收支）计划，根据实际需要可以考虑编制旬、周、日的管理（收支）计划，报审上级有关部门审批实施。

年度资金管理（收支）计划的编制，要根据施工合同工程款支付条款和年度项目进度安排，预测年内可能得到的资金收入，结合施工方案，安排工、料、机械设备费用资金分阶段投入，做好收入与支出在时间上的平衡。编制年度资金管理（收支）计划，主要是摸清工程款可能到位情况，测算融资额度，安排资金分期支付计划，平衡资金，总体安排年度资金管理工作。

季、月资金管理（收支）计划的编制，要结合生产计划的变化，安排好季度和月度的资金收支。特别是月度资金计划，先结合施工月度作业计划，计算出主要人工、材料、机械设备费用及分项收入，再结合材料月末库存，由项目经理部下属各用款部门分别编制资金使用计划，最后由项目经理主持召开资金使用计划平衡会，进行汇总和调配，确定各部门用款数。经平衡确定的资金收支计划报公司审批后，项目经理作为执行依据，进行资金分配和监督使用。

8.6.2　工程项目资金管理

工程项目资金管理应以保证收入、节约支出、防范风险和提高经济效益为目的，应在公司财务部门设立的专用账户进行资金收支预测，统一对外收支与结算。项目资金管理控制应包括资金收入与支出管理、资金使用成本管理、资金风险管理等。

1）资金收入与支出管理

（1）资金收入与支出管理的原则

资金收入与支出管理的原则主要涉及资金的回收和分配两个方面。资金的回收直接关系到工程项目能否顺利进行；而资金的分配则关系到企业能否合理使用资金，能否调动相关单位的积极性。工程项目资金的收支管理可遵循以下原则：

①以收定支原则，即以资金收入确定支出金额。虽然这样做可能使工程项目的进度和质量受到影响，但可以严格控制资金成本。

②资金使用计划原则，即根据工程项目的施工进度、建设单位支付工程款能力、企业垫资能力、分包或供应商承受能力等因素制订相应的资金计划，严格按计划进行资金的回收和支付。

（2）资金收入与支出管理要求

在工程项目资金收入与支出管理过程中，应以项目经理为中心，划定资金的管理范围和权限，按月编制资金计划，由公司财务及总会计师批准，企业财务部门监督执行，并作出分析总结；项目经理不可在公司内部银行开设独立账户，应由内部银行办理项目资金的收、支、划、转，并由项目经理签字确认。

（3）工程项目资金的收取

工程项目经理部除了对资金的收支情况进行管理外，还应按企业的授权，配合企业财务部门进行资金收取。资金的收取主要有以下五种情况：

①在签订合同后且动工前，应按施工合同约定及时收取工程预付款。

②施工中，按现场工程完成情况及时编制"月度工程进度款报量单"，于合同规定的每月日期前报送监理单位核对审批，并督促建设单位在合同规定日期内及时支付工程款。对于建设单位不能按期支付工程进度款的情况，工程项目经理部应向建设单位出具付款违约通知书，按银行的同期贷款利息（或合同规定）计息，控制资金成本。

·③当工程发生变更或建设单位违约时，施工单位应及时根据工程变更单、违约凭证，计算违约金额，出具违约索赔意向单进行索赔工作。

④施工中，对于市场上工程材料、机械设备、人工费涨价的情况，应及时取得相关证明材料。如果涨价幅度超出合同约定的比例范围，应及时出具索赔意向单，经监理单位及建设单位确认后，督促建设单位与同期工程款一并支付。

⑤竣工验收结束、工程结算完成及工程保修期结束后，应及时取得相关凭证和建设单位付款凭证，收取工程款尾款。对于合同中约定的奖励应及时收取。

2）资金使用成本管理

建立健全工程项目资金管理制度，一般项目资金由项目经理负责使用管理，由财务经理负责审核并协调组织日常管理工作，做到统一管理、归口负责、业务交接对口，建立健全责任制，明确项目预算员、材料员、技术员、工长等有关职能人员的资金管理权限及职责。

（1）按用款计划控制资金使用

各部门人员在支取费用时，应按照资金管理制度填写用款申请单。各项支出的有关发票和结算验收单据，由各用款部门负责人签字，并经审批人签认后，向财务部门报账审核。

财务部门要根据实际用款，做好记录，每周编制银行存款情况汇总表，以反映当期银行的存款收入、支出和结存数。各部门对原计划支出数不足部分，应书面报项目经理，按相关制度审批追加，审批单交财务部门。

（2）设立财务台账，记录资金支出

工程项目经理部应设立财务台账，做好会计核算的补充记录，进行债权债务的明细核算，可由财务人员或有关业务部门登账。对于明细台账，财务人员应定期和财务台账核对，做到账账相符，还应和仓库保管员的收发实物账及其他业务结算核对，做到账物相符。因此，只有做到财务台账总体可控，才有利于发挥财务资金管理作用。

（3）加强财务核算，及时盘点盈亏

加强财务核算是指在建筑工程项目实施过程中，通过精确记录和计算各类费用支出与收入，确保财务数据的准确性与完整性；及时盘点盈亏则是指定期对项目的财务状况进行审查，对比实际收益与预算成本，以明确项目的盈利或亏损情况，从而为项目的成本控制、资源分配和决策调整提供关键依据。

3）资金风险管理

工程项目经理部应注意建设单位资金到位情况，签订好施工合同，明确工程款支付办法和建设单位供料范围，在发包方付款资金不足的情况下，尽量要求发包方供应部分材料，防止采购和委托属于建设单位供应的材料设备和分包工程，以免造成损失和资金压力。如果出现工程垫资超出原计划控制幅度的情况，要考虑调整施工方案，压缩规模，甚至暂缓施工，积极与建设单位协调，争取尽快回收资金。

8.6.3　工程项目资金考核

工程项目资金的考核有多种考核指标体系，一般可分为固定资金和流动资金的考核。固定资金是在建设项目实施过程中不改变自己的实物形态，只是根据在使用过程中的损耗程度，将它们的价值以折旧费的形式体现，转入工程建设中。

流动资金是以货币形式表现的，如生产资金、材料资金、成品资金等。

8.7   工程项目信息管理

8.7.1   工程项目信息管理概念

工程项目信息管理是对项目信息的收集、整理、分析、处理、存储、传递和使用等活动，通过对各个系统、各项工作和各种数据的管理，使项目的信息可以方便、有效地获取、存储、存档、处理和交流。

项目信息管理的目的旨在通过有效的项目信息传输的组织和控制为项目建设提供增值服务。

8.7.2   工程项目信息管理的任务

1）信息管理手册的编制

建设单位、施工单位和项目参与的各方都有各自的信息管理任务，为充分利用和发挥信息资源的价值，提高信息管理的效率以及实现有序的、科学的信息管理，各方都应编制各自的信息管理手册，以规范信息管理工作。信息管理手册描述和定义信息管理做什么、谁做、什么时候做和其工作成果是什么等，它的主要内容包括信息管理的任务（信息管理任务目录）；信息管理任务分工表和管理职能分工表；信息的分类；信息的编码体系和编码；信息输入输出模型；各项信息管理工作的工作流程图、信息流程图；信息处理工作平台及其使用规定；各种报表和报告的格式及报告周期；项目进度的月度报告、季度报告、年度报告和工作总报告的内容及其编制；工程档案管理制度；信息管理的保密制度等。

2）信息管理部门的工作任务

项目管理班子中各部门的管理工作都与信息处理有关，而信息管理部门的主要工作任务是：

（1）负责编制信息管理手册，在项目实施过程中进行信息管理手册的必要修改和补充，并检查和督促其执行。

（2）负责协调和组织项目管理班子中各部门的信息处理工作。

（3）负责信息处理工作平台的建立、运行和维护。

（4）与其他部门协同组织收集信息、处理信息和形成各种反映项目进度和项目目标控制的报表和报告。

（5）负责工程档案管理等。

在国际上，许多建设工程项目都专门设立信息管理部门（或称为信息中心），以确保信息管理工作的顺利进行；也有一些大型建设工程项目专门委托咨询公司从事项目信息动态跟踪和分析，以信息流指导物质流，从宏观上对项目的实施进行控制。

3）信息管理的工作流程

各项信息管理的工作流程如下：

（1）信息管理手册编制和修订的工作流程。

（2）为形成各类报表和报告，收集信息、录入信息、审核信息、加工信息、信息传输和发布的工作流程。

（3）工程档案管理的工作流程等。

4）基于互联网的信息处理平台

基于工程项目大量数据处理的需要，企业应重视利用信息技术手段进行信息管理，其核心的手段是基于互联网的信息处理平台。

8.7.3　工程项目信息的分类、编码和处理

1）项目信息的分类

工程项目的各参与方可以根据各自对项目管理的需求确定信息的分类，但为了信息交流的方便和实现部分信息共享，各参与方应尽可能作出一些统一分类的规定，如项目的分解结构应统一。我们可从不同的角度对工程项目信息进行分类：

（1）按项目管理工作的对象，即按项目的分解结构，如子项目1、子项目2等进行信息分类。

（2）按项目实施的工作过程，如设计准备、设计、招标投标和施工过程等进行信息分类。

（3）按项目管理工作的任务，如投资控制、进度控制、质量控制等进行信息分类。

（4）按信息的内容属性，如组织类信息、管理类信息、经济类信息、技术类信息和法规类信息等进行分类（如图8-1所示）。

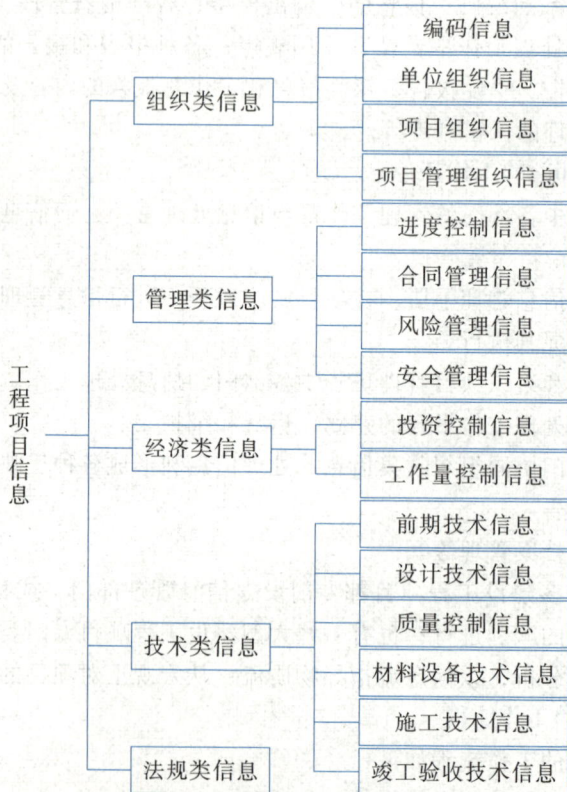

图8-1　工程项目的信息分类

①组织类信息，如建筑业的组织信息、项目参与方的组织信息、与建筑有关的组织信息和专家信息等；

②管理类信息，如工程量控制、合同管理等；

③经济类信息，如建设市场的市场信息、项目融资的信息等；

④技术类信息，如与设计、施工和物资有关的技术信息等；

⑤法规类信息，如国家、地方出台的有关建设项目的法律、法规、规定等信息。

为了满足项目管理工作的要求，企业需要对工程项目信息进行综合分类，即按不同维度进行分类，如第一维，按项目的分解结构；第二维，按项目的实施工作过程；第三维，按项目的管理工作任务。

2）项目信息的编码

（1）编码的内涵。编码由一系列符号（如文字）和数字组成，编码是信息处理的一项重要的基础工作。

（2）服务于各种用途的信息编码。一个工程项目有不同类型和不同用途的信息，为了有组织地存储信息，方便信息的检索和加工整理，必须对项目的信息进行编码：

①项目的结构编码，依据项目结构图对项目结构的每一层的每一个组成部分进行编码；

②项目管理的组织结构编码，依据项目管理的组织结构图，对每一个工作部门进行编码；

③项目的政府主管部门和各参与单位编码（组织编码），包括政府主管部门编码、建设单位的上级单位或部门编码、金融机构编码、工程咨询公司编码、设计单位编码、施工单位编码、物资供应单位编码、物业管理单位编码等；

④项目实施的工作项编码（项目实施的工作过程编码）应覆盖项目实施的工作任务目录的全部内容，包括设计准备阶段的工作项、设计阶段的工作项、招标投标工作项、施工和设备安装工作项、项目动工前的准备工作项等；

⑤项目的投资项编码（建设方）/成本项编码（施工方），它并不是预算定额确定的分部分项工程的编码，应综合考虑概算、预算、标底、合同价和工程款的支付等因素，建立统一的编码，以服务于项目投资目标的动态控制；

⑥项目的进度项（进度计划的工作项）编码，应综合考虑不同层次、不同深度和不同用途的进度计划工作项的要求，建立统一的编码，服务于项目进度目标的动态控制；

⑦项目进度报告和各类报表编码，项目进展报告和各类报表编码应包括项目管理形成的各种报告和报表的编码；

⑧合同编码，应参考项目的合同结构和合同分类，应反映合同的类型、相应的项目结构和合同签订的时间等特征；

⑨函件编码，应反映发函者、收函者、函件内容所涉及的分类和时间等，以便函

件的查询和整理；

⑩工程档案编码，应根据有关工程档案的规定、项目的特点和项目实施单位的要求等而建立。

以上这些编码是因不同的用途而编制的，如投资项编码和成本项编码服务于建设单位的投资控制工作和施工单位的成本控制；进度项编码服务于进度控制工作。有些编码并不是针对某一项管理工作而编制的，如投资控制、成本控制、进度控制、质量控制、合同管理、编制项目进度报告等都要使用项目的结构编码，因此就需要进行编码的组合。

3）项目信息的处理

现在，信息处理已逐步向电子化和数字化方向发展，但建筑业的信息化程度明显落后于其他行业，大部分工程项目的信息处理还在沿用传统的方法和模式，因此企业应采取措施，促进信息处理由传统的方式向基于网络的信息处理方式发展，以充分发挥信息资源的价值和信息对项目目标控制的作用。

基于网络的信息处理平台是由一系列硬件和软件构成的，包括数据处理设备，如计算机、打印机、扫描仪、绘图仪等；数据通信网络，即构成网络系统的有关硬件设备和相应的软件；软件系统，如操作系统和服务于信息处理的应用软件等。

数据通信网络主要有以下三种类型：

（1）局域网（LAN）：由与各网点连接的网线构成网络，各网点对应于装备有实际网络接口的用户工作站。

（2）城域网（MAN）：在大城市范围内两个或多个网络的互联。

（3）广域网（WAN）：在数据通信中，用来连接分散在广阔地域内的大量终端和计算机的一种多态网络。

互联网是目前最大的全球性网络，它连接覆盖了100多个国家的各种网络，如商业性网络（.com 或 .cn）、大学网络（.ac 或 .edu）、研究网络（.org 或 .net）和军事网络（.mil）等，并通过网络连接数以千万台的计算机，以实现连接互联网的计算机之间的数据通信。互联网由若干个学会、委员会和集团负责维护和运行管理。

工程项目的建设单位和各参与方往往分散在不同的地点、城市、国家，因此其信息处理应考虑充分利用远程数据通信的方式，如：

（1）通过电子邮件收集信息和发布信息。

（2）通过基于互联网的项目专用网站（如 Project Specific Web Site，PSWS）实现施工单位内部、施工单位与各参与方之间的信息交流、协同工作和文档管理（如图8-2所示），或通过基于互联网的项目信息门户（如 Project Information Portal，PIP）的公用信息平台实现施工单位内部、施工单位与各参与方之间的信息交流、协同工作和文档管理。

（3）召开网络会议。

（4）基于互联网的远程教育与培训等。

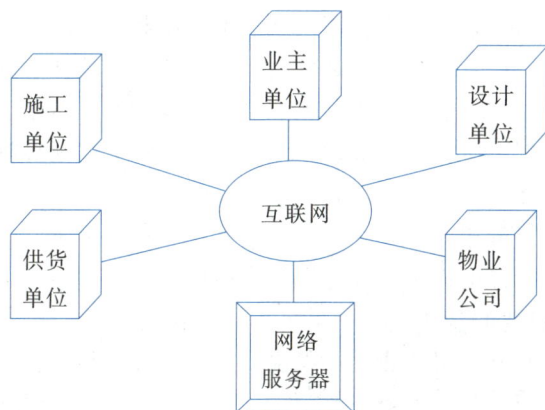

图8-2 基于互联网的信息处理平台

8.7.4 工程管理信息化

信息化最初是从生产力发展的角度来描述社会形态演变的综合性概念，信息化和工业化一样，是人类社会发展的新标志。

信息化的出现给人类带来新的资源、新的财富和新的社会生产力，形成了以创造型信息劳动者为主体，以电子计算机等新型工具体系为基本劳动手段，以再生产性信息为主要劳动对象，以高技术型企业为骨干，以信息产业为主导产业的新一代信息生产力。在传统经济中，人们对资源的争夺主要表现在占有土地、矿产和石油等，而今天，信息资源日益成为争夺的重点，带来了国际社会新的竞争方式、竞争手段和竞争内容。在信息技术开发和应用领域，尤其在网络技术方面存在的差距，导致信息获取和创新产生落差，于是产生了国与国、地区与地区、产业与产业、社会阶层与社会阶层之间的"数字鸿沟"。

我国不仅在生产力各个领域应用信息技术与工业发达国家相比存在较大的数字鸿沟，在国内各地区间也存在数字鸿沟，并有不断扩大的趋势，数字鸿沟造成的差别正在成为我国继城乡差别、工农差别、脑体差别"三大差别"之后的"第四大差别"。

在产业与产业之间，由于建筑业的特征，建筑业信息技术的开发和应用及信息资源的开发和利用效率较差，使建筑业相比于其他产业存在较大的数字鸿沟。

1）工程管理信息化的含义

信息化指的是信息资源的开发和利用，以及信息技术的开发和应用。工程管理信息化指的是工程管理信息资源的开发和利用。工程管理信息化属于领域信息化的范畴，它和企业信息化也有联系。

我国实施国家信息化的总体思路如下：

（1）以信息技术应用为导向。

（2）以信息资源开发和利用为中心。

（3）以制度创新和技术创新为动力。

（4）以信息化带动工业化。

（5）加快经济结构的战略性调整。

（6）全面推动领域信息化、区域信息化、企业信息化和社会信息化进程。

　　我国的建筑业和基本建设领域应用信息技术与工业发达国家相比，尚存在较大的数字鸿沟，它反映在工程管理应用的观念上，也反映在有关技术的应用方面。

　　工程管理的信息资源包括组织类工程信息、管理类工程信息、经济类工程信息、技术类工程信息、法规类工程信息等。在建设一个新的工程项目时，企业应重视开发和利用国内外同类或类似工程项目的有关信息资源。

　　信息技术在工程管理中的开发和应用，包括在项目决策阶段的开发管理、实施阶段的项目管理和使用阶段的设施管理开发和应用信息技术。

2）工程管理信息化的意义

　　工程管理信息化有利于提高建设工程项目的经济效益和社会效益，以达到为项目建设增值的目的。

　　（1）工程管理信息资源的开发和信息资源的充分利用，可汲取类似项目的经验和教训，许多有价值的信息将有助于决策期多种可能方案的选择，有利于项目实施期的项目目标控制，也有利于项目建成后的运行。

　　（2）通过信息技术在工程管理中的开发和应用，可以实现信息存储的数字化、集中化，信息处理和变换的程序化，信息传输的数字化、电子化，信息获取便捷，信息透明度提高，信息流扁平化的目标。

　　（3）信息技术在工程管理中的开发和应用的意义如下：

　　①信息存储的数字化、集中化有利于项目信息的检索和查询，有利于数据和文件版本的统一，有利于项目的文档管理；

　　②信息处理和变换的程序化有利于提高数据处理的准确性，有利于提高数据处理的效率；

　　③信息传输的数字化、电子化有利于提高数据传输的抗干扰能力，使数据传输不受距离限制，有利于提高数据传输的保真度和保密性；

　　④信息获取便捷、信息透明提高和信息流扁平化有利于项目各参与方之间的信息交流和协同工作。

8.7.5　工程项目管理信息系统的功能

1）工程项目管理信息系统的含义

　　工程项目管理信息系统主要用于项目的目标控制。管理信息系统（Management Information System，MIS）是基于计算机管理的信息系统，但主要用于企业的人、财、物、产、供、销的管理。工程项目管理信息系统与管理信息系统服务的对象和功能是不同的。

　　工程项目管理信息系统通过对项目管理有关数据的收集、记录、存储、过滤，将数据处理的结果提供给项目管理人员。它是项目进展的跟踪和控制系统，也是信息流的跟踪系统。

　　工程项目管理信息系统可以在局域网或基于互联网的信息平台上运行。

2）工程项目管理信息系统的功能

　　（1）投资控制功能。这一功能包括项目的估算、概算、预算、标底、合同价、投资使用计划和实际投资的数据计算和分析；项目的估算、概算、预算、标底、合同价、投资使用计划和实际投资的动态比较（如概算和预算的比较、概算和标底的比较、概算和合同价的比较、预算和合同价的比较等），并形成各种比较报表；计划资金投入和实际资金投入的比较分析；根据工程的进展进行投资预测等。

（2）成本控制功能。这一功能包括投标估算的数据计算和分析；计划施工成本；计算实际成本；计划成本与实际成本的比较分析；根据工程的进展进行施工成本预测等。

（3）进度控制功能。这一功能包括计算工程网络计划的时间参数，并确定关键工作和关键路线；绘制网络图和计划横道图；编制资源需求量计划；进度计划执行情况的比较分析；根据工程的进展进行工程进度预测。

（4）合同管理功能。这一功能包括合同基本数据查询；合同执行情况的查询和统计分析；标准合同文本查询等。

有些工程项目管理信息系统还包括质量控制和办公自动化的功能。

3）工程项目管理信息系统的意义

20世纪70年代初，国际上已有工程项目管理信息系统的商业软件。目前，工程项目管理信息系统现已被广泛地应用于业主方和施工方的项目管理。应用工程项目管理信息系统的意义有：

（1）实现项目管理数据的集中存储。

（2）有利于项目管理数据的检索和查询。

（3）提高项目管理数据处理的效率。

（4）确保项目管理数据处理的准确性。

（5）可以方便地形成各种项目管理需要的报表。

▬ 单元总结 ➡

建设工程项目资源管理是建设工程项目管理的重要组成部分，其工作内容主要集中在工程项目施工阶段，它是保证建设工程项目顺利施工的必要条件。通过本单元的学习，熟悉建设工程项目资源管理的概念、范围、内容和目的，掌握建设工程项目资源的基本管理方法，进一步建立起工程项目管理的计划、组织、指挥、协调和控制的工作思维习惯，并能自觉地运用到建设工程管理工作中。

▬ 单元练习 ➡

一、单项选择题

1.工程项目资源管理的目的是（　　）。

A.降低项目成本　　　　　　　　B.确保项目顺利完成

C.提高资源利用率　　　　　　　D.保证项目质量

2.（　　）属于工程项目资源管理中人力资源管理的内容。

A.人员的招聘与培训　　　　　　B.材料的采购与存储

C.机械设备的调配与维护　　　　D.技术方案的制订与执行

3.工程项目材料管理计划的编制依据不包括（　　）。

A.施工进度计划　　B.材料市场价格　　C.施工组织设计　　D.工程量清单

4.工程项目机械设备管理计划不包括（　　）。

A.机械设备需求计划　　　　　　　　B.机械设备使用计划

C.机械设备保养计划　　　　　　　　D.机械设备采购计划

5.工程项目技术管理计划的制订不包括（　　）。

A.技术管理的组织　　　　　　　　　B.技术管理的内容

C.技术管理的标准　　　　　　　　　D.技术管理的考核与奖惩措施

6.工程项目资金管理计划的编制不需要考虑（　　）。

A.项目投资目标　　B.施工进度安排　　C.企业财务状况　　D.市场材料价格

7.工程项目信息管理的核心是（　　）。

A.信息收集　　　　B.信息处理　　　　C.信息传递　　　　D.信息存储

8.工程项目资源管理中，（　　）不属于材料管理的内容。

A.材料的采购　　　B.材料的运输　　　C.材料的使用　　　D.材料的生产

9.工程项目机械设备的选择应考虑（　　）。

A.设备的先进性　　B.设备的适用性　　C.设备的经济性　　D.以上都是

10.工程项目技术管理中，技术交底不包括（　　）。

A.图纸交底　　　　　　　　　　　　B.施工组织设计交底

C.设计变更交底　　　　　　　　　　D.安全技术交底

二、多项选择题

1.工程项目资源管理包括（　　）。

A.人力资源　　　　　　　B.材料资源　　　　　　　C.机械设备资源

D.证书资源　　　　　　　E.资金资源

2.工程项目人力资源管理的内容包括（　　）。

A.人员的确定　　　　　　B.人员的培训　　　　　　C.人员的考核

D.人员的激励　　　　　　E.人员的辞退

3.工程项目材料管理计划的编制依据包括（　　）。

A.施工进度计划　　　　　　　　　　B.材料消耗定额

C.材料市场价格　　　　　　　　　　D.施工组织设计

E.工程量清单

4.工程项目机械设备管理计划包括（　　）。

A.机械设备需求计划　　　　　　　　B.机械设备使用计划

C.机械设备保养计划　　　　　　　　D.机械设备修理计划

E.机械设备更新计划

5.工程项目技术管理计划的制订包括（　　）。

A.技术管理的组织　　　　　　　　　B.技术管理的内容

C.技术管理的标准　　　　　　　　　D.技术管理的考核与奖惩措施

E.技术管理的流程

6.工程项目资金管理计划的编制需要考虑（　　）。

A.政府的税收政策　　　　　　　　　B.施工进度安排

C.企业财务状况　　　　　　　　　　D.市场材料价格

E.合同条款

三、判断题

1.工程项目资源管理中，人力资源是最关键的资源。　　　　　　　　　（　　）

2.工程项目材料管理计划的编制只需要考虑施工进度计划。　　　　　（　　）

3.工程项目机械设备的选择只需要考虑机械设备的先进性。　　　　　（　　）

4.工程项目技术管理计划的制订不需要考虑技术管理标准。　　　　　（　　）

5.工程项目资金管理计划的编制不需要考虑企业财务状况。　　　　　（　　）

6.工程项目信息管理的核心是信息存储。　　　　　　　　　　　　　（　　）

四、简答题

1.简述工程项目资源管理的目的。

2.简述工程项目人力资源管理的内容。

3.简述工程项目材料管理计划的编制依据。

4.简述工程项目机械设备管理计划的内容。

5.简述工程项目技术管理计划的内容。

6.简述编制工程项目资金管理计划时需要考虑的因素。

教学单元 9
建设工程项目后管理

教学目标

☐ 知识目标：了解项目实施完成后的管理内容、竣工验收与工程结算的相关知识；理解项目后管理相当于对建筑产品进行售后服务；掌握以工程项目维修和回访作为产品质量保障的服务内容，完成保修期限所需的各项服务任务。

☐ 能力目标：学生学习本单元知识点，可以更加全面地丰富项目管理的全过程以及收尾工作的具体内容，并以业主方或者施工方的角色充分了解项目建成后所需承担的各项任务，形成完整的项目管理体系；通过学习完成最终的项目后评价，评价参与的工程项目是否达到国家对可持续发展相关规定的要求。

☐ 素养目标：培育和弘扬高效、严谨、精益求精的工匠精神；在实际工作中坚持一切从实际出发，理论联系实际，提升在实践中认识世界和改造世界的能力；坚持解放思想、实事求是、与时俱进、求真务实，不断进行理论创新和实践创新。

9.1　竣工验收管理

9.1.1　工程项目竣工验收的基本概念

1）工程项目竣工

工程项目竣工是指工程项目承建单位按照设计施工图纸和工程承包合同所规定的内容，完成工程项目建设的全部工程内容，达到建设单位的使用要求。工程项目竣工标志着工程建设任务的全面完成。

2）竣工验收

工程项目的竣工验收是项目施工阶段的最后一个程序，是建设成果转入使用的标志，也是全面考核建设成果的重要环节。

工程项目竣工验收是指施工单位将竣工的工程项目和有关资料移交给建设单位，并接受由建设单位负责组织的，由勘察单位、设计单位、施工单位、监理单位共同参与的，以批准的设计任务书和设计文件（如施工图纸和设计变更资料等）以及国家（或部门）出台的施工验收规范和质量验收统一标准为依据的，按照一定的程序和手续进行的一系列检验和接收工作的总称。

根据被验收的对象不同，竣工验收可划分为单位工程验收、单项工程验收和工程整体验收。通常情况下，竣工验收是指整体验收。

通过竣工验收，建设单位与承建单位可以核定技术标准与经济指标。如果达到竣工验收要求，则双方可以解除合同中各自承担的经济与法律责任。工程项目竣工验收后，建设单位应在规定的时间内将竣工验收报告和有关文件报送建设行政主管部门备案。

9.1.2　工程项目竣工验收的标准和依据

1）竣工验收的基本条件和标准

工程项目必须达到以下基本条件，才能组织竣工验收：

（1）工程项目按照工程合同的规定和设计图纸的要求已全部施工完毕，达到了国家规定的质量标准，能够满足生产和使用的要求。

（2）交工工程达到窗明、地净、水通、灯亮及采暖通风设备正常运转。

（3）主要工艺设备已安装配套，经试运转合格，能够形成生产能力，生产出设计文件中所规定的产品。

（4）职工公寓中必要的生活设施能够满足初期的需求。

（5）生产准备工作能够适应投产初期的需求。

（6）建筑物周围2m以内的场地清理完毕，施工残余渣土全部运出现场。

（7）竣工决算已完成。

（8）交于建设单位的技术档案资料齐全，符合交工要求。

如遇到一些客观因素，施工单位不能解决或需要很长时间才能解决的，为了尽快发挥建设投资的经济效益和社会效益，在坚持竣工验收基本条件的基础上，通常对具备下列条件的工程项目视为达到竣工标准，并组织竣工验收：

①房屋室外或住宅小区内的管线已经全部完成，但个别不属于承包商施工范围的市政配套设施尚未完成，因而造成房屋尚不能使用的建筑工程；

②非工业项目中的房屋工程已建成，但电梯尚未到货而未安装，或已安装但不能与房屋同时使用；

③工业项目中的房屋建筑已经全部建成，但因主要工艺设计变更或主要设备未到货，而部分设备基础未做的工程。

已具备竣工验收条件的工程项目，3个月内不办理验收投产和移交固定资产手续的，取消企业和主管部门（或地方）的基建试车收益，由银行监督全部上缴财政。如果3个月内办理竣工验收确有困难，经验收主管部门批准，可以适当延长期限。

2）竣工验收的依据

工程项目竣工验收的依据，是用于衡量项目是否达到要求的准则。由于项目性质不同，地理位置不同，行业、类型不同，应达到的标准、参考的验收依据也有所不同。《建筑工程施工质量验收统一标准》（GB50300—2013）是各专业工程质量验收规范的统一指导性标准，可与其他专业质量验收规范配合使用。

工程项目除了必须符合国家规定的竣工验收标准外，还应以下列文件作为依据：

（1）上级主管部门的有关工程竣工的文件和规定。

（2）建设单位和施工单位签订的合同。

（3）工程勘察报告、批准的设计文件、施工图纸及说明书（如设计变更单、会议纪要等）、技术设备说明书等。

（4）国家现行的工程施工与验收规范、建筑工程质量评定标准以及各种省市规定的技术标准。

（5）工程项目可行性研究报告。

（6）建筑工程竣工验收技术资料。

此外，从国外引进的新技术和成套设备的项目，以及中外合资建设项目，应按照签订的合同或相关的设计文件等进行验收。

9.1.3　工程项目竣工验收的程序和流程

工程项目竣工验收的程序和流程如下：

1）搞好施工项目的收尾工作

（1）项目经理组织有关人员检查施工中有无丢项、漏项，发现问题立即处理。

（2）保护好工程的成品项目，并做好封闭工作。

（3）有序拆除施工现场的各种临时设施、临时管线等，并组织清理施工现场。

（4）有计划地组织材料、工具等各种物资的回收、退库。

（5）做好电气线路和各种管线的交工前检查，进行电气工程的全负荷试验。

（6）有生产工艺设备的工程项目，要进行设备的试车检验。

2）做好各项竣工验收的准备工作

（1）绘制竣工图，向建设单位移交工程档案资料，并编制移交清单。

（2）编制竣工结算表。

（3）准备工程竣工通知书、工程竣工报告、工程竣工验收证明书、工程保修证书等。

（4）组织好工程自验，发现问题及时处理。

（5）准备好工程质量评定的各项资料，为正式工程质量评估提供资料和依据，为技术档案资料移交归档做准备。

3）竣工自验

（1）自验的标准应与正式验收一样。

（2）施工单位内部各方组成自检人员进行自检。

（3）分层分段、分房间由自检人员逐一全面检查，发现问题做好记录并按标准修正。

（4）通过复检解决全部遗留问题。

4）正式验收

在以上工作进行的同时，工程竣工验收工作可根据《房屋建筑和市政基础设施工程竣工验收规定》，按以下程序展开：

（1）工程完工后，施工单位向建设单位提交工程竣工报告，申请工程竣工验收。实行监理的工程，工程竣工报告须经总监理工程师签署意见。

（2）建设单位收到工程竣工报告后，对符合竣工验收要求的工程，组织勘察单位、设计单位、施工单位、监理单位组成验收组，制订验收方案。对于重大工程和技术复杂的工程，可以根据需要邀请有关专家参加验收组。

（3）建设单位应当在工程竣工验收 7 个工作日前将验收的时间、地点及验收组名单书面通知负责监督该工程的工程质量监督机构。

（4）建设单位组织工程竣工验收。

①建设单位、勘察单位、设计单位、施工单位、监理单位分别汇报工程合同的履约情况、在工程建设各个环节执行法律法规的情况和工程建设强制性标准的使用情况；

②审阅建设单位、勘察单位、设计单位、施工单位、监理单位的工程档案资料；

③实地查验工程质量；

④对工程勘察、设计、施工、设备安装的质量和各管理环节作出全面评价，形成由验收组人员签署的工程竣工验收意见。

当参与工程项目竣工验收的各方不能形成一致意见时，应协商提出解决方法，待意见一致后，重新组织工程项目竣工验收。

工程项目竣工验收合格后，建设单位应及时提出工程竣工验收报告。工程竣工验收报告的主要内容有工程概况，建设单位执行基本建设程序的情况，对工程勘察、设计、施工、监理等方面的评价，工程项目竣工验收的时间、程序、内容和组织形式，以及工程竣工验收意见等。

负责监督该工程的工程质量监督机构应对工程项目竣工验收的组织形式、验收程序、验收标准等情况进行现场监督，发现有违反建设工程质量管理规定行为的，责令改正，并依据工程项目竣工验收的监督情况编制工程项目质量监督报告。

建设单位应自工程项目竣工验收合格之日起 15 日内，依照《房屋建筑和市政基础设施工程竣工验收备案管理办法》的规定，向工程所在地的县级以上地方人民政府建设行政主管部门备案。

9.1.4　工程项目竣工验收中遗留问题的处理

在竣工验收时，工程项目会存在或多或少的遗留问题，常见的遗留问题和主要处理方法如下：

1）遗留的尾工问题

（1）属于承包合同范围内遗留的尾工，要求承包商在限定的时间内扫尾完成。

（2）属于承包合同之外的少量尾工，建设单位可以一次或分期划给施工单位包干实施。

（3）分期建设投产的工程项目，前一期工程验收时遗留的少量尾工，可以在建设后一期工程时组织解决。

2）协作配套工程问题

（1）原材料、协作配套供应的物资等未落实的或发生变化的，应由建设方尽快解决。

（2）投产后，发生亏损的工程项目仍应按时组织验收。

3）"三废"治理工程问题

对于"三废"治理工程不符合要求的工程项目，在未解决前不允许投料试车生产。

4）劳保安全措施问题

劳保安全措施必须与主体工程同时建成、同时交付使用。对遗留未完成的或必须新增的劳保安全措施，应在完成后另行组织验收。

5）工艺技术和设备缺陷问题

对于工艺技术有问题、设备有缺陷的项目，除应追究有关方的经济责任外，可根据不同情况区别对待。

（1）经过投料试车生产，证明设备性能确实达不到设计能力的项目，在征得原批准单位同意后，可在验收中根据实际情况重新核定设计能力。

（2）主管部门审查同意，可继续作为投资项目进行调整、攻关，以期达到预期生产能力，或另行调整用途。

在竣工验收时，对遗留问题的解决应依据《建设项目（工程）竣工验收办法》的规定，实事求是地进行妥善处理，核实剩余工程数量，按要求留足工程材料，明确责任单位，限期完成。

9.2　工程项目竣工结算

9.2.1　工程项目竣工结算的流程和步骤

微课 9-1

工程竣工结算
的流程和步骤

（1）结算申请。工程完工并验收合格后，施工单位可以根据合同的约定编制工程竣工结算书。编制完成后，出具书面结算申请书，与工程竣工结算书一并上报。

（2）监理批准。监理单位在规定时间内组织核实工程是否通过验收、工程竣工结算书中所附结算资料是否属实，并经总监理工程师签署意见后提交工程部。

（3）工程部在规定时间内组织专业人员对现场实际完成的工程量、工程质量、技术材料（如竣工图及资料）进行验收，并经部门负责人签字后提交物资部。

（4）物资部负责人签字后提交档案部门。

（5）档案部门在规定时间内对移交的材料按照档案管理要求进行验收交接，经部门负责人签字后提交计划部。

（6）计划部在规定时间内组织人员对结算价款进行审核确定，经部门负责人签字后提交综合管理部（审计）审核。

（7）综合管理部（审计）审核后，提交财务部审核。

（8）在接到工程结算审批单后，财务部应对结算合同的已付款情况以及涉及财务方面的事宜（如水电费、工程借款、其他往来款等）进行复核，并出具意见。经公司领导审批后，按公司的相关规定办理支付手续。

9.2.2　工程竣工结算书的编制

工程竣工结算书在编制时通常涉及以下内容：

（1）封面（注明工程项目名称、合同标段名称、单位工程名称、合同编号和编制单位名称；加盖单位公章，授权委托人签字，编制人签字盖章）。

（2）目录。

（3）编制说明。

（4）工程（预）结算汇总表。

（5）工程量差（预）结算表。

（6）工程设计变更（预）结算表及预算。

（7）现场签证（预）结算表及预算。

（8）工程洽商（预）结算表及预算。

（9）工程材料价差调整明细表。

（10）工程应扣甲供材料明细表。

（11）标外工程（甲方另委）项目（预）结算表。

（12）索赔事宜确认函。

（13）奖罚细则。

9.2.3　工程竣工结算审计

工程竣工结算审计的内容如下：

（1）施工合同及附件、协议书。

（2）补充协议。

（3）中标（中选）通知书。

（4）施工企业规费计取标准。

（5）建设项目安全文明施工评价得分及措施费率核定表。

（6）图纸会审纪要（应签字盖章，手续齐全且清楚）。

（7）开、竣工报告和工期延期联系单（应签字盖章，手续齐全且清楚）。

（8）竣工验收记录（应签字盖章，手续齐全且清楚）。

（9）招标文件、招标工程量清单及电子盘、招标答疑纪要、招标补遗。

（10）投标文件商务标及电子盘。

（11）投标文件技术标。

（12）承包人编制的结算书及电子盘（盖承包人和造价编制人员的签章，并经建设单位签字后送审）。

（13）地勘报告。

（14）施工图及电子盘（按《技术制图复制图的折叠方法》折叠成A4大小，幅面为297mm×210mm）。

（15）承包方、发包方、监理方按规定签字认可的竣工图纸（按《技术制图复制图的折叠方法》折叠成A4大小，幅面为297mm×210mm）。

（16）经审定的施工组织设计、施工方案或专项施工方案（应签字盖章，手续齐全且清楚）。

（17）原始地貌标高抄测记录。

（18）材料、设备认质核价单（应连续编号，签字盖章，手续齐全且清楚）。

（19）设计变更单、技术核定单（应连续编号，签字盖章，手续齐全且清楚，附件完备）。

（20）现场签证单（应连续编号，签字盖章，手续齐全且清楚，附件完备）。

（21）甲供材料（设备）收货验收单。

（22）隐蔽工程验收记录（应签字盖章，手续齐全且清楚）。

（23）吊装工程记录、安装工程调试记录、调试报告（应签字盖章，手续齐全且清楚）。

9.3　工程项目回访保修

9.3.1　施工总结

施工结束后，施工单位应认真总结工程项目施工过程中的经验和教训，以提高技术和管理水平。施工总结包括技术、经济和管理三个方面。

1）技术方面

施工单位可以总结在施工中采用了哪些新材料、新技术、新工艺、新设备，施工效率提高了多少，工程质量改进了几个等级，获得了哪些成功经验等。

2）经济方面

施工单位可以总结工程项目总造价或总成本的消耗情况及其原因，全员劳动生产率的变化情况及其原因，设备利用率和完好率的变化情况及其原因，工程质量优良品率的变化情况及其原因等。

3）管理方面

施工单位可以总结采用了哪些先进的管理方式、管理手段，产生了哪些良好的效果等。

9.3.2　工程保修

工程项目竣工后，施工单位还应依照国家的相关规定，在一定时期内主动回访建设单位或用户，对工程项目发生的因施工单位责任造成的建筑物使用功能不良或无法使用的问题，由施工单位负责修理，以保证工程项目的正常使用。

1）工程回访保修的意义

（1）体现了工程项目承包者对工程项目负责到底的精神，有利于施工单位重视管理，加强责任心，树立良好的工作作风。

（2）能够发现问题，找到工程质量的薄弱环节，有利于不断改进施工工艺，总结施工经验，提高施工技术和质量管理水平。

（3）加强了施工单位同建设单位和用户的联系沟通，有利于增强建设单位和用户对施工单位的信任感，提高施工单位的社会信誉，树立良好的企业形象。

2）工程保修的范围

按照回访保修制度的要求，各种类型的建筑工程及建筑工程的各个部位，都应该实行保修，主要是由于施工单位的责任，尤其是由于施工质量不良而造成的问题。工程保修范围如下：

（1）屋面、地下室、外墙、阳台、厕所、浴室、厨房等处渗水、漏水。

（2）各种通水管道漏水、各种气体管线漏气、通气孔和烟道不通。

（3）水泥地面有较大面积空鼓、裂缝或起砂。

（4）内墙抹灰有较大面积起泡、空鼓、脱落，外墙粉刷自动脱落。

（5）暖气管线安装不良，局部不热，管线接口处不严而造成的漏水。

（6）其他由于施工不良而造成的无法使用或使用功能不能正常发挥的工程部位。

若遇到以下两种情况，则不属于工程保修范围，应由建设单位自行组织修理。

（1）由于用户使用不当而造成的建筑功能不良或损坏。

（2）工业产品项目发生问题。

（3）由第三方造成的建筑功能不良或损坏。

（4）不可抗力造成的质量缺陷。

3）工程保修的时间

按国家对保修期的规定，在正常使用条件下房屋建筑工程的保修期应从工程竣工验收合格之日算起，其最低保修期限为：

（1）基础设施工程、房屋建筑的地基基础工程和主体结构工程，为设计文件规定的该工程的合理使用年限。

（2）防水工程，有防水要求的卫生间、房间和外墙面的防渗漏为5年。

（3）供热与供冷系统为2个采暖期、供冷期。

（4）电气管线、给排水管道、设备安装为2年。

（5）装修工程为2年。

（6）住宅小区内的给排水设施、道路等配套工程及其他项目的保修期限由建设单位和施工单位在合同中约定。

4）工程保修期间的经济责任

对于建筑工程的质量保修，我国颁发了《房屋建筑工程质量保修办法》和《房屋建筑工程质量保修书》（示范文本）。按照有关规定，对各类型的建筑工程及其各个部位，施工单位应按照有关规定履行保修义务。保修的经济责任应按下列方式处理：

（1）施工单位未按国家有关规范、标准和设计要求施工造成的质量缺陷，由施工单位负责返修并承担经济责任。

（2）因建筑材料、构配件和设备质量不合格引起的缺陷，属于施工单位的或经其验收同意的，由施工单位承担经济责任；属于建设单位采购的，由建设单位承担经济责任。

（3）因设计单位造成的质量缺陷，应由设计单位承担经济责任；当由施工单位修理时，费用数额应按合同约定，不足部分应由建设单位补偿。

（4）因发包人指定的分包人造成的质量缺陷，应由发包人自行承担经济责任。

（5）因使用单位使用不当造成的质量缺陷，应由使用单位自行负责。

（6）因使用单位未经许可自行改建造成的质量缺陷，应由使用单位自行承担经济责任。

（7）因地震、洪水、台风等不可抗力原因造成损坏或非施工原因造成的事故，施工单位不承担经济责任。

（8）不属于施工单位责任，但使用单位有意委托施工单位修理维护的，施工单位应为使用单位提供修理维护等服务，由使用单位承担相应的费用。

5）工程保修的实施

（1）房屋建筑工程在保修期限内出现质量缺陷，建设单位应向施工单位发出保修通知。施工单位接到保修通知后，应当到现场核查情况，在保修书约定的时间内予以保修；发生涉及结构安全或者严重影响使用功能的紧急抢修事故，施工单位接到保修通知后，应当立即到达现场抢修。

（2）发生涉及结构安全的质量缺陷，建设单位应当立即向当地建设行政主管部门报告，采取安全防范措施，由原设计单位或具有相应资质等级的设计单位提出保修方案，施工单位实施保修，原工程质量监督机构负责监督。

（3）保修完后，由建设单位或房屋建筑所有人组织验收，涉及结构安全的，应当报当地建设行政主管部门备案。

（4）施工单位不按工程质量保修书约定保修的，建设单位可以另行委托其他单位保修，由原施工单位承担相应责任。

（5）保修费用由质量缺陷的责任方承担。

（6）工程竣工验收后，不向建设单位出具质量保修书的，质量保修的内容、期限违反规定的，以及施工单位不履行保修义务或者拖延履行保修义务的，由建设行政主管部门责令改正并处罚款。

9.3.3　工程回访

为了掌握已交工程项目投入使用和运行后所反映的工程施工质量及建设单位对已交工程的意见和要求，施工单位应编制回访计划，主动对交付使用的工程进行回访。

1）工程回访工作的要求

为做好工程回访工作，施工单位应做到以下要求：

（1）制定工程回访制度，对回访的要求、职责、程序及回访的实施等作出规定。

（2）编制回访工作计划，包括回访的工程名称、对象、时间、内容、方式、责任部门和责任人等。

（3）做好工程回访记录，包括参与回访的人员、发现的质量问题、回访对象的意见、对质量问题的处理意见、主管部门对执行单位回访工作的验收签证等。

（4）编写"回访服务报告"。

2）工程回访的形式

工程回访的方式一般有以下五种：

（1）季节性回访。这种回访一般是雨季回访屋面、墙面的防水情况；冬季回访采暖系统的情况。

（2）技术性回访。这种回访主要是了解在工程施工过程中所采用的新材料、新技术、新工艺、新设备等的技术性能和使用后的效果。

（3）保修期满前的回访。这种回访一般是在保修期即将结束之前进行回访，使建设单位注意建筑物的维修和使用。

（4）例行性回访。根据回访工作计划安排，对已交付竣工验收并在保修期内的工程统一组织回访。

（5）特殊性回访。特殊性回访是对某一特殊工程进行回访，做好记录，包括竣工验收前的访问和竣工验收后的回访。对重点工程，应组织专访。

9.4　工程项目后评价

9.4.1　工程项目后评价的定义

工程项目后评价是相对于项目的可行性研究和项目前评价而言的，可行性研究和项目前评价是在项目建设前进行的，而工程项目后评价是在项目建成投产达到设计生产能力后，对项目的目的、执行过程、效益、作用和影响进行系统、客观地分析和总结的一种技术经济活动。

通过对投资活动实践的检查总结，确定投资预期的目标是否达到，项目或规划是否合理有效，项目的主要效益指标是否实现；通过分析评价找出成败的原因，总结经验教训，并通过及时有效的信息反馈，为未来项目的决策提供建议，也为项目实施运营中出现的问题提供改进建议，从而达到提高投资效益的目的。

9.4.2　工程项目后评价的内容

工程项目后评价的基本内容包括工程项目目标后评价、工程项目效益后评价、工程项目影响后评价、工程项目持续性后评价和工程项目管理后评价。

1）工程项目目标后评价

该项评价的任务是评定项目立项时各项预期目标的实现程度，并对项目原定决策目标的正确性、合理性和实践性进行分析评价。

2）工程项目效益后评价

工程项目效益后评价，即财务评价和经济评价。

3）工程项目影响后评价

该项评价主要有经济影响后评价、环境影响后评价、社会影响后评价。

4）工程项目持续性后评价

项目的持续性是指在项目的资金投入全部完成之后，项目的既定目标是否还能继续，项目是否可以持续发展，项目业主是否能够依靠自己的力量独立实现既定目标，项目是否具有可重复性，即是否可在将来以同样的方式建设同类项目。

5）工程项目管理后评价

项目管理后评价是以项目目标和效益后评价为基础，结合其他相关资料，对项目整个生命周期中各阶段管理工作进行评价。

9.4.3　项目后评价的步骤和方法

1）工程项目后评价的步骤

（1）提出问题。

（2）筹划准备。

（3）深入调查，收集资料。

（4）分析研究。

（5）编制项目后评价报告。

2）工程项目后评价的方法

（1）统计预测法

统计预测法是以统计学原理和预测学原理为基础，对工程项目已经发生的事实进行总结和对工程项目未来发展前景作出预测的项目后评价方法。

（2）对比分析法

对比分析法是将客观事物加以比较，以达到认识事物的本质和规律，并在此基础上作出正确的评价。对比分析法通常是把两个相互联系的指标数据进行比较，从数量上展示和说明研究对象规模的大小、水平的高低、速度的快慢，以及各种关系是否协调。

（3）逻辑框架法

逻辑框架法是将一个复杂项目的多个具有因果关系的动态因素组合起来，用一张简单的框图分析其内涵和关系，以确定项目的范围和任务，分清项目目标和达到目标所需的逻辑关系，从而评价项目活动及其成果的方法。

（4）定量和定性相结合的效益分析法

这一方法就是综合运用数据指标来量化项目效益，并考量无法直接量化的因素，全面评估建筑工程项目在经济效益、社会效益、质量、安全等多方面的综合效益。

9.4.4　项目后评价报告

项目后评价报告是评价结果的汇总，是反馈经验教训的重要文件。

项目后评价报告必须反映真实情况，报告的文字要准确、简练，尽可能不用过分生疏的专业词汇，报告的结论、建议要和问题分析相对应，并把评价结果与未来规划以及政策的制定、修改相联系。

项目后评价报告的主要内容包括摘要、项目概况、评价内容、主要变化和问题、原因分析、经验教训、结论和建议、基础数据和评价方法说明等。

项目后评价成果（经验、教训和政策建议）应成为编制规划和投资决策的依据。项目后评价报告应作为企业重大决策失误责任追究的重要依据。

在新项目立项后，应尽可能参考项目后评价指标体系，建立项目管理信息系统，随项目进程开展监测分析，改善项目日常管理，并为项目后评价积累资料。

━单元总结━➡

工程项目竣工验收是施工阶段的最后程序，标志着建设成果转入使用，分为单位工程验收、单项工程验收和工程整体验收。验收依据因项目性质、地理位置、行业和类型而异。《建筑工程施工质量验收统一标准》（GB50300—2013）是指导性标准，可与其他专业质量验收规范配合使用。竣工验收报告的主要内容包括工程概况，建设程序执行情况，各方面评价，验收的时间、程序、内容、组织形式及意见。工程保修是施工单位对建设成果负责的表现，确保项目正常使用。工程项目后评价是在项目建成后对项目的目的、执行过程、效益等进行系统分析的技术经济活动。

━单元练习━➡

一、单项选择题

1.工程项目竣工验收的最后一个程序是（　　）。

A.竣工自验　　　　　　　　　　B.正式验收

C.搞好施工项目的收尾工作　　　D.各项竣工验收准备工作

2.工程竣工结算的流程中，第一步是（　　）。

A.结算申请　　　　　　　　　　B.监理批准

C.工程部组织核实　　　　　　　D.部门负责人签字后提交档案部门

3.工程保修的范围不包括（　　）。

A.屋面、地下室、外墙、阳台、厕所、浴室、厨房等处渗水、漏水

B.各种通水管道漏水、各种气体管线漏气、通气孔和烟道不通

C.水泥地面有较大面积空鼓、裂缝或起砂

D.由于用户使用不当而造成的建筑功能不良或损坏

4.工程项目后评价的内容不包括（　　）。

A.项目目标后评价　　　　　　　B.项目实施过程后评价

C.项目效益后评价　　　　　　　D.项目持续性后评价

5.工程竣工验收报告主要包括（　　）。

A.工程概况

B.建设单位执行基本建设程序的情况

C.对工程勘察、设计、施工、监理等方面的评价

D.以上都是

6.工程回访的形式不包括（　　）。

A.季节性回访　　　　　　　　　B.技术性回访

C.保修期满前的回访　　　　　　D.特殊性回访

7.工程项目后评价的步骤不包括（　　）。

A.提出问题   B.筹划准备

C.深入调查，收集资料   D.直接实施改进措施

二、多项选择题

1.工程项目竣工验收的依据包括（   ）。

A.上级主管部门的有关工程竣工的文件和规定

B.建设单位和施工单位签订的合同

C.工程勘察报告、批准的设计文件、施工图纸及说明书（如设计变更单、会议纪要等）、技术设备说明书等

D.国家现行的工程施工与验收规范、建筑工程质量评定标准以及各种省市规定的技术标准

E.建设项目可行性研究报告

2.工程竣工结算书编制的内容包括（   ）。

A.封面   B.目录   C.市场信息价

D.工程（预）结算汇总表   E.工程量差（预）结算表

3.工程保修的经济责任处理方式包括（   ）。

A.施工单位承担   B.建设单位承担   C.使用单位承担

D.保险公司承担   E.政府部门承担

4.工程项目后评价的内容包括（   ）。

A.工程项目责任后评价   B.工程项目实施过程后评价

C.工程项目效益后评价   D.工程项目影响后评价

E.工程项目持续性后评价

三、判断题

1.工程项目竣工验收是施工阶段的最后程序，标志着建设成果转入使用。（   ）

2.工程项目竣工结算的流程中，监理批准后直接提交工程部。   （   ）

3.工程保修范围包括由于用户使用不当而造成的建筑功能不良或损坏。（   ）

4.工程项目后评价是在项目建成后对项目的效益进行系统分析的技术经济活动。

                                                        （   ）

四、简答题

1.简述工程项目竣工验收的程序。

2.简述工程项目竣工结算的流程。

3.简述工程保修的意义。

4.简述工程项目后评价的内容。

教学单元 10
建设工程项目风险管理

教学目标

☐ 知识目标：了解建设工程项目风险管理与沟通的内容；理解工程项目风险的分类、识别与评估；理解工程项目沟通的方式；掌握工程项目风险的响应以及风险的控制；掌握工程项目沟通的渠道。

☐ 能力目标：能够有效地应用本单元知识，分析解决工程项目中存在的风险，并能通过正确的沟通方式和渠道，使项目实施和运行过程更加顺畅。

☐ 素养目标：培养学生正确的价值观，引导学生树立认真踏实、一丝不苟的作风，培养追求卓越、精益求精的工匠精神。

10.1　建设工程项目风险管理概述

10.1.1　风险的定义

风险可以从经济学、保险学、风险管理学等不同的角度给出不同的定义，至今尚无统一的定义。目前，学术界和实务界较为普遍接受的两种定义：

第一种，风险是指与出现损失有关的不确定性。

第二种，风险是指在一定条件下、一定时期内，某一事件的预期结果与实际结果间的变动程度。变动程度越大，风险越大；反之，风险就越小。

因此，风险应具备两个条件：一是不确定性；二是产生损失后果。由此可知，肯定发生损失后果的事件不是风险，没有损失后果的不确定性事件也不是风险。

10.1.2　风险的性质

1）客观性

风险是客观存在的，无论是自然现象中的地震、洪水，还是现实社会中的矛盾、冲突等，都是不可能根除的，只能采取措施降低其对工程项目的不利影响。随着社会发展和科技进步，人们对自然界和社会的认识逐步加深，对风险的认识也逐步提高，但仍然存在大量的风险。

2）可变性

风险是否发生、风险事件的后果如何，都是难以确定的。但是，人们可以通过历史数据和经验，对风险发生的可能性和后果进行一定的分析预测。

3）阶段性

项目在不同阶段存在的主要风险有所不同。在项目决策阶段，主要风险可能是政策风险、融资风险等；在项目实施阶段，主要风险可能是工程风险和建设风险等；在项目运营阶段，主要风险可能是市场风险、管理风险等。因此，风险对策也要因时而变。

4）多样性

依行业和项目所具有的特殊性，不同的行业和项目具有不同的风险。例如，高新技术行业投资项目的主要风险可能是技术风险和市场风险；基础设施行业投资项目的主要风险可能是工程风险和政策风险。因此，企业必须结合行业特征和项目的具体情况来识别风险。

5）相对性

对于项目的不同风险管理主体，可能会有不同的风险，而同一风险因素对不同主体的影响是不同的，甚至是截然相反的。例如，对业主而言，工程风险可能会产生不利的后果，而对保险公司而言，正是由于工程风险的存在，才使得保险公司有了通过工程保险而获利的机会。

10.1.3　风险的分类

（1）按风险所造成的后果不同，可分为纯粹风险和投机风险。

①纯粹风险。这类风险只会造成损失，而不会带来机会或收益。例如，一旦发生

自然灾害，必将导致重大损失，甚至人员伤亡；若未发生自然灾害，也只是不造成损失，并不会带来额外的收益。

②投机风险。这类风险可能带来机会，获得利益，也可能隐含威胁，造成损失。

（2）按风险来源不同，可分为自然风险和人为风险。

①自然风险。由于自然力的作用，造成财产毁损或人员伤亡的风险属于自然风险。

②人为风险。由于人的活动而带来的风险是人为风险。人为风险又可分为行为风险、经济风险、技术风险、政治风险和组织风险等。

（3）按风险对象不同，可分为财产风险、人身风险和责任风险。

①财产风险，是指财产所遭受的损害、破坏或贬值的风险。例如，正在建设中的工程因自然灾害而造成的损失。

②人身风险，是指由于疾病、伤残、死亡所引起的风险。

③责任风险，是指由于法人或自然人的行为违背了法律、合同或道义上的规定，给他人造成财产损失或人身伤害。

（4）按风险产生的原因不同，可分为政治风险、社会风险、经济风险、自然风险和技术风险。

①政治风险，是指项目所处的宏观环境的局势稳定性、项目建设和运营所受到的法律法规的约束和政策性调控影响，以及有关项目的审核批准过程中存在的各种不确定性问题。

②社会风险，是指项目所在地区的技术经济发展水平，对项目的支持配合力度、协作化程度，以及所在地区的社会治安状况。

③经济风险。经济风险在项目的全寿命周期内长期存在，影响频率高，交叉作用多见，原因较为复杂。经济风险主要包括合同风险、建设成本风险、项目的竣工风险和税收政策风险。

④自然风险。自然界气候的变化、灾害的发生和不良的地质条件等不确定性因素，都是每个项目无法避免的。

⑤技术风险。技术风险大多属于人为风险。人们受知识水平所限，在预测、评估各种技术方案时必然产生相应的不确定性。

（5）按风险的影响范围不同，可分为工期风险和费用风险。

①工期风险。对建设工程项目而言，影响工期履约和造成工期风险的因素很多，工程项目在整个实施过程中都受到政治经济形势、资源条件、技术发展情况等因素的影响，使得工期的实际值可能偏离其计划值，造成工期延误，降低投资效益。

②费用风险。费用风险可理解为因成本费用的不确定性而引起的额外费用增加。

总之，在建设工程项目中可能会遇到的风险有很多，这就对风险管理提出了很高的要求，处理风险时要尽量考虑全面，这样才能在进行风险管理时采取行之有效的方法减少损失。

10.1.4 工程项目风险管理

1）工程项目风险管理的定义

工程项目风险管理是指为了达到一个组织的既定目标，而对组织所承担的各种工程项目风险进行管理的系统过程，其采取的方法应符合公众利益、人身安全、环境保护以及有关法规的要求。工程项目风险管理包括策划、组织、领导、协调和控制等方面的工作。

工程项目风险管理是整个项目管理的一个部分，其目的是保证项目总目标的实现。工程项目风险管理注重对意外事件、突发事件及容易造成重大损失的事件的预测、防范、应对和控制。

2）工程项目风险管理的特征

（1）工程项目风险管理的主体是工程项目的当事人。

（2）工程项目风险管理是通过项目风险识别和风险度量等工作发现项目风险，制定项目风险应对措施和选择管理方法。其核心是优化组合各种工程项目风险管理技术。

（3）工程项目风险管理的目标是以最低的成本获得最大安全保障。为此，在工程项目风险管理决策时要处理好成本和效益的关系，搞好经济决策。

（4）工程项目风险管理是一个动态的过程。在工程项目风险管理方案的实施过程中，必须根据风险状态的变化及时调整工程项目风险管理的方案，以获得好的工程项目风险管理效果。

3）工程项目管理与风险管理的关系

风险管理是项目管理理论体系的一个部分，风险管理是为目标控制服务的。通过一系列的风险管理，可以定量分析和评价各种风险因素和风险事件对建设工程预期目标和计划的影响，从而使目标规划更合理、更可行。

风险对策是目标控制措施的重要内容。风险对策的具体内容体现了主动控制与被动控制相结合的要求，风险对策更强调主动控制。

4）工程项目风险管理的工作流程

工程项目风险管理过程包括项目实施全过程的风险识别、风险评估、风险响应和风险控制。

（1）项目风险识别。组织应识别项目实施过程中的各种风险。组织识别项目风险应遵循下列程序：收集与项目风险有关的信息；确定风险因素；编制项目风险识别报告。

（2）项目风险评估。组织应按下列内容进行风险评估：风险因素发生的概率；风险损失量的估计；风险等级的评估。

（3）项目风险响应。组织应确定针对项目风险的对策进行风险响应，常用的风险对策包括风险规避、风险减轻、风险自留、风险转移等策略。

（4）项目风险控制。在整个项目进程中，组织应收集和分析与项目风险相关的各种信息，获取风险信号，预测未来的风险并提出预警，纳入项目进展报告；组织应对可能出现的风险因素进行监控，根据需要制订应急计划。

10.2　建设工程项目风险识别

风险识别是识别和确定项目可能存在的风险因素，并初步确定这些风险因素可能给项目带来的影响。风险识别需要在充分认识风险特征的基础上，识别项目潜在的风险和引起这些风险的具体风险因素，只有将项目的主要风险因素揭示出来，才能通过风险评估确定风险发生的可能性和损失程度，进而找出关键风险因素，提出风险对策。风险识别的结果是建立项目的风险清单。

微课 10-2
风险识别

10.2.1　风险识别的目的

风险识别是风险分析的基础，作为风险分析的第一步，其目的如下：

（1）对项目产生重要影响的风险，按照风险来源和特征进行风险分类。项目风险有其自身的特征，应根据这些特征来识别风险因素。

（2）分析风险产生的原因或条件。每种风险都存在自己的原因，要仔细检查引起这些风险的具体因素。

（3）寻找风险事件，即风险发生的直接表现。检查风险事件的后果及其表现，决定应对策略，衡量风险处理的成本。

（4）明确风险征兆，即风险发生的间接表现。利用风险预警的重要信号，组织可以提前采取措施防范风险或减轻风险的不利影响。

风险识别是项目风险分析过程中比较费时费力的阶段。特别是对于重大公共投资项目，面临更多的新情况，存在技术、经济、社会、环境等方面的风险因素，从中筛选出主要风险因素更加困难。为此，组织需要规范风险识别工作：

第一，建立规范化的风险识别框架，明确风险识别的范围和流程，以提高效率、降低成本、节约时间。

第二，选择合理、恰当的风险识别方法，既要经济，又要可靠。随着风险管理的发展，出现了众多的风险识别方法，各自具有不同的特点和适用条件，满足不同类型项目的风险识别需求。

第三，组建专业的风险识别小组。识别内外部的风险需要分析者富有经验和创造性，但个人的知识、经验和视野具有局限性，较好的方法是选择若干相关专业领域的专家，组成一个风险分析小组来进行风险识别。

10.2.2　风险识别的步骤

识别风险的过程包括对所有可能的风险事件的来源和结果进行客观的调查分析，以形成工程项目风险清单。这一过程可分为五个环节：

1）不确定性分析

影响工程项目的因素很多，且大部分都是不确定的。风险管理是对这些不确定因素进行分析，识别其中哪些不确定因素会使工程项目发生风险，并分析潜在的损失类型或危险类型。

2）编制风险源清单

在项目不确定性分析的基础上，将不确定因素及其可能引发的损失类型或危险类型列出清单，并对每一种风险来源进行说明，作为进一步分析的基础。

3）确定各种风险事件和可能的结果

根据风险源清单中的各种风险源，推测可能发生的风险事件以及相应风险事件可能出现的损失。

4）进行风险分类

根据工程项目的特点，按风险的性质和可能的结果及彼此间可能发生的关系对风险进行分类。对风险进行分类的目的是加深对风险的认识和理解，进一步识别风险的性质，有助于制定风险管理的目标和措施。

5）明确工程项目风险清单

按工程项目风险的大小或轻重缓急，列出风险事件清单，不仅可以展示工程项目面临的总体风险情况，还可以让管理人员在认识到自己所面临的风险时，了解其他管理人员所面临的风险以及风险之间的联系和可能的连锁反应。工程项目风险清单的编制一般应在风险分类分组的基础上进行，并对风险事件的来源、后果、时间与次数作出说明。

10.2.3　风险识别的主要方法

投资项目可行性研究阶段所涉及的风险因素较多，各行业和各项目又不尽相同，因此风险识别要根据各行业和各项目的特点，采用适当的方法进行。风险识别应遵循分析和分解原则，把综合性的风险问题分解为多层次的风险因素。常用的方法包括解析法、SWOT分析法、专家调查法、问卷调查法和情景分析法等。下面主要介绍解析法、SWOT分析法和专家调查法。

1）解析法

解析法是将一个复杂系统分解为若干个子系统进行分析的方法，通过对子系统的分析来把握整个系统的特征。

（1）经济风险。例如，全球或区域性的经济萧条带来需求的低增长或负增长，导致购买力降低，从而影响了项目产品或服务的消费需求。

（2）政策风险。例如，国家产业政策、技术政策、土地政策等的调整，或对部分投资过热行业的行政管制及银行相应地控制信贷，导致一些正在建设的项目资金供应中断，面临资金短缺的风险。

（3）技术风险。例如，技术的不断创新、新产品的不断出现，导致原有产品的生命周期缩短。

（4）管理风险。例如，因项目组织管理不善、项目团队缺乏经验、主要管理者流失等问题所引发的项目管理风险。

（5）经营风险。例如，竞争者采用新的竞争策略，或新的竞争者加入了同一目标市场，导致市场竞争格局发生了重大变化，使得企业的市场份额不断下降。

（6）消费风险。例如，由于消费态度、消费习惯和消费方式的变化，影响了产品销售。

2）SWOT分析法

SWOT分析法，即优势（strengths）、劣势（weakness）、机会（opportunity）和威胁（threats）分析，又称态势分析法，是由安德鲁斯教授于1971年在其《公司战略概论》一书中首次提出的。SWOT分析法自创立以来，广泛应用于企业战略研究与竞争分析，成为战略管理的重要分析工具。目前，SWOT分析法除应用于企业战略制定之外，还在政策制定、项目评价、规划编制等方面得到广泛应用。

SWOT分析法具有分析直观、使用简单的优点。在没有精确的数据支持和更专业的分析工具的情况下，SWOT分析法也可以得出较有说服力的结论。但正是因为这种直观和简单，使得SWOT分析法不可避免地具有精度不够的缺陷。例如，SWOT分析法通过罗列优势、劣势、机会和威胁四个维度的各种表现，来形成一种模糊的企业竞争地位的描述，并据此作出判断，这不免具有一定程度的主观臆断。所以，在使用SWOT分析法时，应注意在罗列作为判断依据的事实时，要尽量真实、客观、准确，并提供一定量的数据以弥补定性分析的不足。

3）专家调查法

专家调查法是一种通过向领域内的专家咨询和调查，收集他们对项目风险的看法和意见，从而识别和评估风险的方法，适用于风险分析的全过程。由于专家调查法比一般的经验识别法更具客观性，因此它的应用范围更为广泛。

专家调查法包括德尔菲法、头脑风暴法、风险识别调查法和风险对照检查法，它们均是较为常用的方法。下面简要介绍德尔菲法和头脑风暴法。

（1）德尔菲法

德尔菲法是在专家个人判断法和专家会议法的基础上发展起来的一种专家调查法。它广泛应用于规划咨询、市场预测、技术预测、方案比选、社会评价等领域。1964年，美国兰德公司首次将德尔菲法应用于技术预测，此后被迅速推广。德尔菲法尤其适用于长期预测，如当预测时间跨度长达10～30年，以及预测缺乏历史数据时，采用德尔菲法能够取得较好的效果。

德尔菲法的基本步骤：

第一步，建立预测工作组。德尔菲法对于组织的要求很高。进行调查预测的第一步就是成立预测工作组，负责调查预测的组织工作。工作组的成员应正确认识并理解德尔菲法的实质，并具备必要的专业知识和数理统计知识，熟悉计算机统计软件，能够进行必要的统计和数据处理。

第二步，选择专家。在明确预测范围和种类后，依据预测问题的性质选择专家。这是德尔菲法进行预测的关键步骤。选择的专家要与预测的专业领域相关，知识面广泛，经验丰富，思路开阔，富有创造性和洞察力。一般而言，选择专家的数量为20人左右，可依据预测问题的规模和重要程度进行调整。

第三步，设计调查表。调查表设计的质量直接影响预测的结果。调查表没有统一的格式，但基本要求是所提问题应明确，回答方式应简单，便于对调查结果进行汇总和整理。

第四步，组织调查实施。一般调查要经过2～3轮，第一轮将预测主体和相应预测时间表发给专家，给专家较大的空间自由发挥，第二轮将经过统计和修正的第一轮调查结果发给专家，让专家对较为集中的预测事件评价、判断，提出进一步的意见，经预测工作组整理统计后，形成初步预测意见。如有必要可再依据第二轮的预测结果编制调查表，进行第三轮预测。

第五步，汇总处理调查结果。将调查结果汇总，进行进一步的统计分析和数据处理。有关研究表明，专家意见的概率分布一般接近或符合正态分布，这是对专家意见进行数理统计处理的理论基础。一般计算专家估计值的平均值、中位数、众数和平均主观概率等指标。

（2）头脑风暴法

头脑风暴法是最常用的风险识别方法，它借助专家的经验，通过会议方式分析和识别项目的风险。会议的领导者要善于发挥专家和分析人员的创造性思维，让他们畅所欲言，发表自己的看法，对风险源进行识别，然后根据风险类型进行风险分类。头脑风暴法是通过专家的创造性思考，来产生大量的观点、问题和议题的方法。其特点是多人讨论、集思广益，可以弥补个人判断的不足，常采取专家会议的方式来相互启发、交换意见，使风险识别更加细致，常用于目标比较单纯的议题。如果议题的涉及面较广、包含因素较多，可以分解目标，再对单一目标或简单目标使用本方法。

10.3　建设工程项目风险估计与评价

1）风险评估的定义

风险评估又称风险测定、风险估算，是通过定性和定量分析方法来测量项目风险发生的可能性和破坏程度的大小，对风险按潜在危险大小进行优先排序和评价、制定风险对策和选择风险控制方案有重要的作用。在一个项目中存在各种各样的风险，风险评估可以说明风险的实质是建立在有效辨识项目风险的基础上的。风险评估较多采用统计法、分析法和推断法，一般需要一系列可信的历史统计数据和相关数据，以及足以说明被估计对象的特性和状态的数据做保证；当资料不全时往往依靠主观推断来弥补，此时项目管理人员掌握科学的风险评估方法、技巧和工具就显得格外重要。

风险估计的对象是工程项目的各单个风险，估计的内容包括风险事件发生的概率及可能发生的损失

2）风险事件发生的概率

风险事件发生的概率和概率分布是风险评估的基础，因此风险评估的首要工作是确定风险事件的概率分布。一般而言，风险事件的概率分布应由历史资料确定，这样得到的即为客观概率。当项目管理人员没有足够的历史资料确定风险事件的概率分布时，可以利用理论概率分布进行风险估计。

由于项目管理活动的独特性很强，项目风险的来源相差甚远。因此，项目管理班子成员在许多情况下只能根据样本个数不多的小样本对风险事件发生的概率进行估计。有些新项目是前所未有的，根本就没有可利用的数据，项目管理人员只能根据自己的经验预测风险事件的概率或概率分布，即主观概率。

3）风险事件后果的估计

风险事故造成的损失可从损失性质、损失范围和损失的时间分布三个方面来衡量。损失性质是指损失是属于政治性的、经济性的，还是技术性的。损失范围包括严重程度、变化幅度和分布情况。其中，严重程度和变化幅度分别用损失的数学期望和方差表示。损失的时间分布是项目成败的关键。如果数额很大的损失一次就落到项目上，则项目很有可能因为流动资金不足而失败；如果同样数额的损失是在较长的时间内分几次发生，则项目班子可以设法弥补，使项目坚持下去。

这三个方面的不同组合使得损失的情况千差万别，因此任何单一的标准都无法准确地估计风险水平。

在估计风险损失时，描述性标准最容易用、费用最低；定性的标准次之；定量的

标准最难、最耗费时间。

4）风险损失的衡量

风险损失的衡量就是以定量的方式确定风险损失的大小。施工项目风险损失包括以下方面：

（1）成本风险

成本风险导致的损失可以直接用货币形式来表现，即法规、价格、汇率和利率等的变化或资金使用不当等风险事件引起的实际投资超出计划投资的数额。

（2）进度风险

进度风险导致的损失由以下三个部分组成：

①货币的时间价值。进度风险的发生可能会对现金流动造成影响，在利率的作用下引起经济损失。

②额外费用。它包括加班的人工费、机械使用费和管理费等一切因追赶进度所发生的非计划费用。

③延期投入使用的收入损失。这方面损失的计算相当复杂，除了延误期间内的收入损失外，还有由于产品投入市场过迟而失去的市场份额。

（3）质量风险

质量风险导致的损失包括事故引起的直接经济损失、修复和补救等措施发生的费用及第三者责任损失等。其具体内容有：

①建筑物、构筑物或其他结构倒塌所造成的直接经济损失；

②复位纠偏、加固补强等补救措施和返工的费用；

③重创造成的工期延误的损失；

④永久性缺陷对建设工程使用造成的损失；

⑤第三者责任的损失。

（4）安全风险

安全风险导致的损失包括：

①受伤人员的医疗费用和补偿费；

②财产损失，如材料、设备等财产的损毁或被盗；

③因工期延误带来的损失；

④为恢复建设工程正常实施所发生的费用；

⑤第三者责任损失。

这里的第三者责任损失，是指建设工程实施期间，对因意外事故可能导致的第三者的人身伤亡或财产损失所进行的经济赔偿及必须承担的法律责任。

由以上内容可知，成本增加可以直接用货币来衡量，进度的拖延会导致经济损失，质量事故和安全事故会产生经济影响，而第三者责任除了承担法律责任外，还要承担经济赔偿责任。因此，风险损失最终可以归纳为经济损失。

需要注意的是，在建设工程实施过程中某一风险事件的发生往往会导致一系列的损失。例如，地基的坍塌引起塔式起重机的倒塌，并进一步造成人员伤亡和建筑物的损坏等，从而影响了施工项目的目标——成本、进度、质量和安全，造成了巨大的经济损失。

5）风险评估的方法

（1）风险期望值法

根据风险的概念，用风险事件发生的可能性和风险可能导致后果的严重程度的乘积来表示风险期望值。

$$R=P \cdot F \tag{10-1}$$

式中：R——风险期望值；P——风险事件发生的可能性；F——风险可能导致后果的严重程度。

根据式（10-1）计算风险期望值，可以用近似的方法来估计风险的大小。首先，将风险事件发生的可能性 P 分为"很大""中等""极小"三个等级；其次，将风险可能导致后果的严重程度 F 分为"轻度损失（轻微伤害）""中度损失（伤害）""重大损失（严重伤害）"三个等级。P 和 F 的乘积就是风险期望值 R，可分为"可忽略风险""可容许风险""中度风险""重大风险""不容许风险"五个等级。

（2）LEC 方法

将风险的大小用事故发生的可能性（L）、人员暴露于危险环境中的频繁程度（E）和事故后果的严重程度（C）三个自变量的乘积衡量（见表10-1）。

表10-1　各项参数的分数值对应表

事故发生的可能性（L）		人员暴露于危险环境中的频繁程度（E）		事故后果的严重程度（C）	
分数值	L	分数值	E	分数值	C
10	必然发生的	10	连续暴露	100	大灾难，许多人死亡
6	相当可能	6	每天工作时间暴露	40	灾难，多人死亡
3	可能，但不经常	3	每周一次暴露	15	非常严重，一人死亡
1	可能性极小，完全意外	2	每月一次暴露	7	严重，人员重伤

$$S=L \cdot E \cdot C \tag{10-2}$$

式中：S——风险的大小；L——事故发生的可能性；E——人员暴露于危险环境中的频繁程度；C——事故后果的严重程度。

10.4　建设工程项目风险控制

10.4.1　风险分配

1）风险分配的原则

对工程项目施工阶段的风险分配，业主起主导作用。通常由作为买方的业主组织起草招标文件、选择合同条件，而承包商或供应商则处于从属地位。当然，业主一般不能随心所欲，不顾主客观条件，把风险全部推给对方，而对自己免责。风险分配应遵循下列原则：

（1）风险分配应有利于降低工程造价，有利于履行合同。

（2）合同双方谁能更有效地防止和控制某种风险或减少该风险引起的损失，就由谁承担该风险。

（3）风险分配应有助于调动承担方的积极性，认真做好风险管理工作，从而降低成本，节约投资。

从上述原则出发施工承包合同中的风险分配通常是双方各自承担自己责任范围内的风险，对于双方均无法控制的自然和社会因素引起的风险，则由业主承担。这是因为承包商很难将这些风险事先估算在合同价格中，若由承包商承担这些风险，则承包商势必只能将风险在投标报价中体现，即增加其投标报价。因此，在这种情况下，当风险不发生时，相对而言会增加业主/项目法人的工程造价；当风险估计不足时，则会造成承包商亏损，且难以保证工程的顺利进行。

2）项目法人/业主应承担的风险

在工程项目施工合同中，一般要求项目法人/业主承担下列风险：

（1）不可抗力的社会因素（如战争、暴乱、罢工等）或自然因素（如洪水、地震、飓风等）造成的损失和损坏。但工程所在国以外的战争、承包商自身工人的动乱以及承包商延误履行合同后发生的情况等除外。

（2）不可预见的施工现场条件的变化造成的损失或损坏。它是指施工过程中出现了招标文件中未提及的不利的现场条件，或招标文件中虽提及但与实际出现的情况差别很大，且这些情况在招、投标时又是很难预见到的，由此而造成的损失或损坏。在实际工程中，这类问题多出现在地下工程中，如土方开挖现场出现了岩石，与招标文件所述的现场条件差别很大；设计指定了土石料场，其土石料不能满足强度或其他技术指标的要求；开挖现场发现了古代建筑遗迹、文物或化石；开挖中遇到有毒气体等。

（3）工程量变化而导致的价格变化的风险。对单价合同而言，因单价合同的合同价是按工程量清单上的估计工程量计算的，而支付款项是按施工实际的支付工程量计算的，由于两种工程量不一致，就会出现合同价格变化的风险。若采用的是总价合同，则此项风险由承包商承担。另一种情况是某项作业的工程量变化很大，导致施工方案变化，从而引起合同价格的变化。

（4）设计文件缺陷风险。设计文件有缺陷而造成的损失或成本增加，由承包商负责的设计除外。

（5）法规变更风险。国家或地方的法规变化导致的损失或成本增加，由承包商延误履行合同的除外。

3）承包商应承担的风险

在工程项目施工合同中，一般规定由承包商承担的风险如下：

（1）投标文件的缺陷，是指由于对招标文件的错误理解，或者勘察现场时的疏忽，或者投标中的漏项等造成投标文件有缺陷而引起的损失或成本增加。

（2）对业主提供的水文、气象、地质等原始资料分析或运用不当而造成的损失和损坏。

（3）由于施工措施失误、技术不当、管理不善、控制不严等造成施工中的一切损失和损坏。

（4）分包商工作失误造成的损失和损坏。

10.4.2　风险对策

1）风险对策的基本要求

（1）风险对策研究应贯穿于可行性研究的全过程。可行性研究是一项复杂的系统工程，而风险因素又可能存在于技术、市场、工程、经济等各个方面。在正确识别投

微课 10-3

风险对策

资项目各方面的风险因素之后，应从方案设计上采取规避、防范风险的措施，才能防患于未然。因此，风险对策研究应贯穿于可行性研究的全过程。

（2）风险对策应具有针对性。投资项目可能涉及各种各样的风险因素，且各个投资项目又不尽相同。风险对策研究应有很强的针对性，结合行业特点，针对特定项目主要的或关键的风险因素提出必要的措施，将其影响降低到最低程度。

（3）风险对策应具有可行性。可行性研究阶段所进行的风险对策研究应立足于现实客观的基础之上，提出的风险对策应是切实可行的。所谓可行，不仅要在技术上可行，还要在财力、人力和物力上也是可行的。

（4）风险对策应具有经济性。规避、防范风险是要付出代价的，如果提出的风险对策所花费的费用远大于可能造成的风险损失，则该对策将毫无意义。在风险对策研究中应将规避、防范风险措施所付出的代价与该风险可能造成的损失进行权衡，旨在寻求以最少的费用获取最大的风险效益。

（5）风险对策研究是项目有关各方的共同任务。风险对策研究是投资项目风险管理的基础，有助于避免项目决策的失误。因此，风险对策应是投资项目有关各方的共同任务。项目发起人和投资者应积极参与和协助进行风险对策研究，并真正重视风险对策研究的结果。

2）风险控制的策略和措施

由于风险具有威胁和机会并存的特征，因此风险对策可分为威胁（消极风险）的应对策略和机会（积极风险）的应对策略。前者的具体对策一般包括风险回避、风险减轻、风险转移和风险自留，针对的是可能给项目带来消极影响的风险；后者针对的是可能给项目带来机会的风险，采取的策略是着眼于对机会的把握和充分利用。由于在投资项目决策过程中组织更关注于可能给项目带来威胁的风险，因此下面陈述的主要风险对策仅涉及威胁的应对策略。

（1）风险回避。风险回避是一种彻底规避风险的做法，即断绝风险的来源。就投资项目的可行性研究而言，这意味着提出推迟或否决项目的建议或者放弃采纳某一具体方案。在可行性研究的过程中，通过信息反馈彻底改变原方案的做法也属于风险回避。例如，风险评估报告显示产品市场存在严重风险，若采取风险回避的对策，就会作出缓建（待市场变化后再予以考虑）或放弃项目的决策。虽然这样做避免了风险，但也放弃了投资获利的机会。因此，组织应慎重采用这一对策，只有在对风险的存在与发生、对风险损失的严重性有把握的情况下，才有积极意义。风险回避一般适用于以下两种情况：一是某种风险可能会造成相当大的损失，且发生的频率较高；二是应用其他风险对策防范风险时代价昂贵，得不偿失。

（2）风险减轻。风险减轻是指将风险事件发生的可能性或影响降低到可以接受的范围内。这也是绝大部分项目采用的风险对策。提前采取措施以降低风险发生的可能性或影响，比风险发生后再设法补救要有效得多。关于风险对策的研究应重视对风险控制措施的研究，对识别出的关键风险因素可逐一提出技术上可行的、经济上合理的预防措施，将风险损失控制在最低程度。在进行可行性研究的过程中，风险对策研究提出的风险控制措施应运用于方案的再设计中；在可行性研究完成之时，风险对策研究可针对决策、设计和实施阶段提出不同的风险控制措施，以防患于未然。风险减轻的具体措施有：通过降低技术方案的复杂性来降低风险事件发生的概率；通过增加风险技术方案的安全冗余度来降低风险发生所带来的负面影响。

风险减轻必须针对项目的具体情况提出防范、化解风险的措施预案，既可以在项目内部采取技术措施、工程措施和管理措施等，也可以采取向外分散的方式来减少项目承担的风险。例如，银行为了规避风险，只贷给投资项目所需资金的一部分，让其他银行和投资者共担风险。

（3）风险转移。风险转移是指试图将项目业主可能面临的风险转移给他人承担，以避免风险损失的一种方法。风险转移是把风险管理的责任简单地推给他人，而并非消除风险。实行这种策略要遵循两个原则：一是必须让承担风险者得到相应的报酬；二是对于具体风险，谁最有能力管理就让谁分担。

风险转移有两种方式：一是将风险源转移出去；二是只把部分或全部风险损失转移出去。就投资项目而言，第一种风险转移方式是风险回避的一种特殊形式。例如，将已做完前期工作的项目转给他人，或将其风险大的部分转给他人承包建设或经营。第二种风险转移方式又可分为保险转移方式和非保险转移方式两种。保险转移方式是在工程项目实施阶段常见的一种风险对策。

工程保险是针对工程项目在建设过程中可能出现的因自然灾害和意外事故而造成的物质损失，或依法对第三者的人身伤亡或财产损失承担的经济赔偿责任提供保障的险种。一般情况下，建筑工程一切险、安装工程一切险和第三者责任险都属于强制性保险。

非保险转移方式是项目前期工作涉及较多的风险对策。比如，在采用新技术可能面临较大的风险时，组织可以在技术合同谈判中提出加上保证性条款，将风险损失全部或部分转移给技术转让方，也可以在设备采购和施工合同中采用总价合同的形式将风险转移给卖方。

非保险转移主要有以下三种方式：

①出售。通过买卖契约将风险转移给其他单位。例如，组织可以通过发行股票或债券筹集资金，股票或债券的认购者在取得项目的一部分所有权时，也承担了一部分风险。

②发包。发包是指通过从组织外部获得货物、工程或服务而把风险转移出去。发包时可以在多种合同形式中选择，建设项目的施工合同按计价形式划分，有总价合同、单价合同和成本加酬金合同。

③免责合同。在合同中列入免责条款，在某些风险事故发生时，组织可以不用承担相应的风险责任。

无论采用何种风险转移方式，风险的承担方应具有更强的风险承受能力或风险处理能力。

（4）风险自留。风险自留就是将可能的风险损失留给项目业主自己承担。风险自留分为两种情况：一种可能是主动的。例如，已知项目有风险，当采取某种风险措施，其费用支出大于自担风险的损失时，组织会主动接受风险。常见的主动接受策略是建立应急储备，安排一定的时间、资金或资源来应对风险。

另一种可能是被动的。例如，已知项目有风险，且无法采用合理的应对策略，当风险事件不影响项目实施时，组织可能会获得高额利润，因此只能被动地保留和承担这种风险。

为了应对风险自留，可以事先制定后备措施。一旦项目的实际进展情况与计划不同，就需要动用后备措施。后备措施主要以下三种方式：

①预备费。预备费是一笔事先准备好的资金，用于补偿差错、疏漏及其他不确定性对项目费用的影响。预备费在项目预算中要单独列出，不能分散到具体费用项目之下，否则，项目班子就会失去对支出的控制。

预备费一般分为基本预备费和涨价预备费两类。基本预备费用于补偿估价和实施过程中的不确定性；涨价预备费用于应对通货膨胀和价格波动。

②进度后备措施。对于项目进度方面的不确定性因素，项目各方一般不希望以延长时间的方式来解决，因此项目各方需要制订出一个较紧凑的进度计划，争取项目在各方要求完成的日期前完成。从网络计划的观点来看，进度后备措施就是在关键路线上设置一段时差或浮动时间。项目工序不确定的程度越高，任务越含糊，关键路线上的时差或浮动时间就越长。

③技术后备措施。技术后备措施专门用于应对项目的技术风险，它可以是一笔资金或是一段时间。当预想的情况未出现，并需要采取补救行动时，才可以启用这笔资金或这段时间。

单元总结

工程项目信息管理的主要任务包括组织项目基本情况信息的收集及系统化，编制项目信息管理手册；按照项目实施、项目组织、项目管理工作过程建立项目管理信息系统，在实际工作中保证系统正常运行，并控制信息流。

风险具有客观性、损失性和不确定性的特征。风险识别是风险管理的基础，风险识别的方法包括解析法、SWOT分析法、专家调查法、问卷调查法和情景分析法等。工程项目风险评估包括风险事件发生的概率、风险事件后果的评估、风险损失的衡量等内容。消积风险的策略包括风险规避、风险减轻、风险转移、风险自留等。

单元练习

一、单项选择题

1.关于风险管理的工作流程，排序正确的是（   ）。
A.风险评估、风险识别、风险控制、风险转移
B.风险控制、风险转移、风险评估、风险识别
C.风险识别、风险评估、风险控制、风险转移
D.风险评估、风险识别、风险转移、风险控制
2.对建筑工程项目而言，风险是指可能出现的（   ）的不确定因素。
A.影响项目目标实现   B.影响项目风险控制
C.影响项目团队建设   D.影响项目组织协调
3.既可能带来损失，也可能产生利益的风险是（   ）。
A.投机风险   B.纯粹风险   C.自然风险   D.人为风险
4.工程风险对业主可能产生不利影响，但给保险公司带来了获利机会，这种现象

体现了风险的（   ）。

    A.客观性　　　　　B.阶段性　　　　　C.相对性　　　　　D.多样性

5.风险是不可能完全根除的，只能采取措施降低其不利影响，这种现象体现了风险的（   ）。

    A.客观性　　　　　B.阶段性　　　　　C.相对性　　　　　D.多样性

6.关于风险分析的说法，正确的是（   ）。

    A.风险函数的两个基本变量是风险事件发生的概率和风险事件对项目目标的影响

    B.风险分析的四个基本阶段是风险识别、风险定性分析、风险定量分析和确定风险等级

    C.风险事件发生的概率与风险事件对项目的影响程度成正比

    D.损失较小的风险事件均可定性为较小风险

7.按风险评价矩阵方法区分风险程度，风险发生可能性大，且造成的损失严重将使项目由可行变为不可行的风险属于（   ）。

    A.中等风险　　　　B.较大风险　　　　C.重大风险　　　　D.高级风险

8.为应对采用新技术的风险，业主可在技术合同谈判中增加保证性条款，以保证当新技术达不到设计能力或设计消耗指标时能够获得技术转让方的赔偿。这种风险对策属于（   ）。

    A.风险回避　　　　B.风险控制　　　　C.风险转移　　　　D.风险自留

9.彻底规避风险，断绝风险的来源的风险对策是（   ）。

    A.风险控制　　　　B.风险转移　　　　C.风险自留　　　　D.风险回避

二、多项选择题

1.风险对策研究的基本要求包括（   ）。

    A.贯穿于项目投资决策的全过程　　　　B.具有针对性

    C.具有可行性　　　　　　　　　　　　D.具有经济性

    E.能够满足各有关方的需求

2.风险理论中的风险量包括（   ）。

    A.不确定的损失程度　　　　　　　　　B.风险控制的力度

    C.风险因素的多少　　　　　　　　　　D.损失发生的概率

    E.实际损失的大小

3.下列选项中，可供施工单位选择的风险对策有（   ）。

    A.风险回避　　　　　　　　　　　　　B.风险自留

    C.风险减轻　　　　　　　　　　　　　D.风险评估

    E.风险转移

4.属于风险转移的措施有（   ）。

    A.业主为项目办理保险　　　　　　　　B.发包

    C.免责合同　　　　　　　　　　　　　D.出售

    E.预备费

5.关于项目决策分析与评价中项目风险对策的说法，正确的有（   ）。

    A.制定风险对策需要权衡代价与损失

B.风险防范工作应在项目开工建设时进行

C.风险自留是项目业主主动选择的结果

D.通过与施工方签订总价合同来应对风险的做法，属于风险转移

E.通过可行性研究彻底改变原方案来应对风险的做法，属于风险回避

6.风险识别的主要方法包括（   ）。

A.解析法   B.SWOT分析法

C.问卷调查法   D.头脑风暴法

E.情景分析法

三、判断题

1.工程项目风险管理的目的是保证项目总目标的实现。   （   ）

2.风险识别是风险分析的基础，作为风险分析的第一步，其目的是对项目产生重要影响的风险进行分类。   （   ）

3.风险评估的首要工作是确定风险事件的概率分布。   （   ）

4.风险损失的衡量就是定量确定风险损失值的大小。   （   ）

5.风险分配应遵循有利于降低工程造价和有利于履行合同的原则。   （   ）

6.风险控制的策略包括风险回避、风险减轻、风险转移和风险自留。   （   ）

四、简答题

1.简述建设工程项目风险管理的概念。

2.简述建设工程项目风险管理的特点。

3.简述建设工程项目风险管理的程序。

4.简述建设工程项目风险识别的流程。

5.简述建设工程项目风险控制的应对措施。

6.简述风险评估的方法。

主要参考文献

［1］全国一级建造师执业资格考试用书编写委员会．建设工程项目管理［M］．北京：中国建筑工业出版社，2025．

［2］全国二级建造师执业资格考试用书编写委员会．建设工程施工管理［M］．北京：中国建筑工业出版社，2024．

［3］中华人民共和国住房和城乡建设部．建设工程项目管理规范：GB/T 50326—2017［S］．北京：中国建筑工业出版社，2017．

［4］中华人民共和国住房和城乡建设部．工程建设施工企业质量管理规范：GB/T 50430—2017［S］．北京：中国建筑工业出版社，2017．

［5］许欢欢，佘娜．建设工程项目管理［M］．沈阳：东北大学出版社，2017．

［6］赵杉，吴学荣，迟朝娜．建设工程项目管理［M］．武汉：华中科技大学出版社，2019．

［7］李晓东，林琳．房地产项目开发［M］．上海：上海交通大学出版社，2015．

［8］蓝兴洲，周玲．工程招投标与合同管理［M］．2版．重庆：重庆大学出版社，2024．

［9］韩国波．建设工程项目管理［M］．重庆：重庆大学出版社，2011．

［10］李启明．建设工程合同管理［M］．3版．北京：中国建筑工业出版社，2018．

［11］钟汉华，涂群岚，万巨波．建设工程项目管理［M］．南京：南京大学出版社，2011．

［12］李海凌，王莉．建设工程招投标与合同管理［M］．北京：机械工业出版社，2018．